“十四五”高等职业教育规划教材

信息检索实用教程

主　编◎伍丹阳　陈昭稳　何　涛

副主编◎赵英海　王海龙　肖锐锋　申　健

中国铁道出版社有限公司
CHINA RAILWAY PUBLISHING HOUSE CO., LTD.

内容简介

本书内容包括图书信息检索、论文信息检索、标准规范信息检索、专利信息检索、网络数据库信息检索和外文信息资源检索等。本书层次分明、深入浅出，既有原理阐述和理论推导，也有大量的实例分析，具有系统性和科学性。

本书适合作为高等职业院校信息素养课程的教材，也可以作为科研人员从事信息检索和学术研究的参考用书。

图书在版编目（CIP）数据

信息检索实用教程 / 伍丹阳，陈昭稳，何涛主编 .—北京：中国铁道出版社有限公司，2021.8（2026.1 重印）
"十四五"高等职业教育规划教材
ISBN 978-7-113-28322-3

Ⅰ.①信… Ⅱ.①伍…②陈…③何… Ⅲ.①信息检索－高等职业教育－教材 Ⅳ.① G254.9

中国版本图书馆 CIP 数据核字（2021）第 171170 号

书　　名：信息检索实用教程
作　　者：伍丹阳　陈昭稳　何　涛

策　　划：祁　云　　　**编辑部电话：**（010）63549458
责任编辑：祁　云　包　宁
封面设计：付　巍
封面制作：刘　颖
责任校对：苗　丹
责任印制：赵星辰

出版发行：中国铁道出版社有限公司（100054，北京市西城区右安门西街 8 号）
网　　址：https://www.tdpress.com/51eds
印　　刷：三河市兴达印务有限公司
版　　次：2021 年 8 月第 1 版　2026 年 1 月第 2 次印刷
开　　本：787 mm×1 092 mm 1/16　**印张：**15.5　**字数：**327 千
书　　号：ISBN 978-7-113-28322-3
定　　价：42.00 元

前　言

随着互联网上的信息越来越丰富，人们一方面越来越相信所需要的信息能够在网上迅速找到，另一方面也常常为要花不少时间才能找到所需的准确信息而烦恼。于是，搜索引擎在人们工作和生活中扮演的角色越来越重要，关心和研究如何从网络上有效获取信息的人也越来越多。

本书是编者多年来教学和科研实践的结晶。实践内容丰富，相关案例分析生动，使得本书不仅可以作为教材，还可以作为打算进入这个领域的读者的入门参考书。例如通过学习第 1 章图书信息检索，读者可以了解图书的基本知识，掌握图书出版信息的检索、纸本图书的检索借阅与电子图书的检索下载，理解数据库的检索特点，掌握通过各种途径获取所需电子图书资源的方法。本书编者均在信息检索领域工作多年，在对本书内容的选取和篇章结构的安排中做了大量工作，谨慎而考究。在介绍技术性内容的章节中，还融入了大量实用案例以及编者的工作体会，从而使得本书具有较强的感染力。

本书由伍丹阳、陈昭稳、何涛任主编，赵英海、王海龙、肖锐锋、申健任副主编，蒋一锄、左荣欣参与编写。

具体编写分工是：第 1 章由伍丹阳、王海龙编写；第 2 章由陈昭稳编写；第 3 章由何涛编写；第 4 章由申健编写；第 5 章由赵英海、肖锐锋编写；第 6 章由蒋一锄编写，附录由左荣欣编写。全书由伍丹阳统稿。

我们在编写过程中查阅了大量资料，借用了许多同行的相关成果，在此对相应作者表示谢意。在借鉴国内外的相关研究成果时，还做了细致深入的调查，进行了认真严谨的思考、讨论，并将饱含着我们关于信息检索教学的理解和思考的成果呈现在本书中。

本书难免会有不足之处，敬请读者批评指正。我们的工作只希望起到抛砖引玉的作用，可以吸引更多的信息检索领域的理论者和实践者加入到研究工作中，引起人们对高校信息检索这门学科的广泛关注，并不断思考和探索，使之更趋于完善。

编　者

2021 年 5 月

目　录

第1章 图书信息检索

学习目标

了解图书的基本知识，掌握图书出版信息的检索、纸本图书的检索借阅与电子图书的检索下载，理解数据库的检索特点，掌握通过各种途径获取所需电子图书资源的方法。

重点难点

图书出版信息检索；电子图书的检索与下载阅读。

授课内容

（1）图书的定义、分类及特点。

（2）图书出版信息检索。

（3）纸本图书检索与借阅。

（4）电子图书检索与下载阅读。

建议学时 4学时。

图书是以传播知识为目的，将文字、符号或图形记载于某种载体上并有一定形式的著作物。它往往是著者对某个专题或分支在收集大量第一手资料的基础上进行深入研究，并将有关知识信息做历史的、全面的、系统的总结，认真筛选，反复核对鉴别和融会贯通后编写而成的。通过图书的创作、生产与传播，人们可以获得经济、简便、系统的信息知识。因此人类在以非凡能力与勇气发明创造的同时也创造着记录自身发展的图书。

1.1 图书的定义、分类及特点

1.1.1 图书的定义

图书是一种重要文献，有广义和狭义之分。广义的图书泛指各种类型的读物，既包括甲骨文、金石拓片、手抄卷轴，又包括当代出版的书刊、报纸，甚至包括声像资料读物、缩微胶片（卷）及机读目录等新技术产品。狭义的图书仅指由出版社（商）出版的不包括封面和封底在内 50 页及以上的印刷品，具有特定的书名和著者名，编有国际标准书号，有定价并取得版权保护的出版物。

1.1.2 图书的分类

图书有以下分类方法。

（1）按图书载体，可分为纸质图书和数字图书。《中国图书馆分类法》是国内使用最广泛的图书分类体系，按学科性质，纸质图书分为 22 个基本大类：A 马克思主义、列宁主义、毛泽东思想、邓小平理论；B 哲学、宗教；C 社会科学总论；D 政治、法律；E 军事；F 经济；G 文化、科学、教育、体育；H 语言、文字；I 文学；J 艺术；K 历史、地理；N 自然科学总论；O 数理科学和化学；P 天文学、地球科学；Q 生物科学；R 医药、卫生；S 农业科学；T 工业技术；U 交通运输；V 航空、航天；X 环境科学、安全科学；Z 综合性图书。

（2）按出版方式，数字图书又可分为电子书 1.0、电子书 2.0、电子书 3.0。电子书 1.0 直接来源于纸质图书，与纸质图书内容相同、版式相同。电子书 2.0 是指从生产到发布都只采用数字化形式的电子读物，例如榕树下等文学网站上的一些原创读物。电子书 3.0 是指集成了实时变化、动画、视频、声音等模块，可实现交互功能的多媒体读物，例如 Blio 交互式电子书和苹果公司的 iOS 系统中所集成的多媒体要素的图书应用。

（3）按图书销量多少，可分为畅销书和非畅销书。畅销书是指那些受到社会大众欢迎，且销售量出色的书籍，许多报纸、杂志与媒体都会定期公布书籍销售排行榜。

（4）按图书内容，可分为教育图书、专业图书和大众图书。教育图书主要面向学生，又分为基础教育图书和高等教育图书。专业图书主要面向专业技术人才，专业图书以行业为分类标准，通常又分为财经图书、法律图书、科技图书与医学图书。大众图书即一般图书，面向所有类型的读者，是指与大众的日常生活、休闲阅读以及文化体验相关的图书，通常又分为小说图书、传记图书、少儿图书、老年图书、艺术图书、旅游图书、保健图书、科普图书、理财图书、励志图书等。

（5）按图书语言，可分为中文图书和外文图书。

（6）按图书用途，可分为非工具书和工具书。工具书的编辑目的是专供查考、检索资料而非通读，是一种在学习和工作中可以作为工具使用的特定类型的书籍，以解决工作或学习过程中所遇到的某些疑难问题；工具书的编排方法是按某种特定体例编排，以体现其易检性；工具书的内容是广泛吸收已有研究成果，所提供的知识、信息比较成熟可靠，叙述简明扼要，概括性强。例如，《说文解字》《新华字典》《辞海》等汇集各种语言中的字词及短语，分别给予拼写、发音和词义解释等信息，并按字顺组织起来，方便读者随时查检特定词语信息的字典、词典；《中国大百科全书》《中华常识百科全书》等百科全书；《中国统计年鉴》《中国人口年鉴》《中国经济年鉴》《中国经济特区开发区年鉴》《中国教育统计年鉴》《中国电影年鉴》

《中国年鉴》《世界知识年鉴》等逐年出版，提供相应年份内各行现行资料的年鉴；《无机物热力学数据手册》《物理化学手册》《联合国手册》《国外科技核心期刊手册》;《机械工程手册》《橡胶工业手册》《溶剂手册》《电子器件数据手册》等以简明、缩写方式提供专门领域内基本的既定知识和实用资料的手册；《北京天津地方志人物传记索引》《英语姓名译名手册》等传记资料类工具书；《世界地名词典》《世界地名录》《世界地名译名手册》《世界地图集》《中国公路与旅游地图册》《中国世界自然与文化遗产旅游》;《欧洲大陆》等地理资料类工具书；《中国企事业名录大全》《中国工商企业名录大全》《日本对华企业名录》等机构名录；《永乐大典》《通典》《唐会要》等中国古代编纂的类书和政书；《四库全书总目》《全国总书目》《全国新书目》《全国报刊索引》《中国电子科技文摘》《机械制造文摘》等书目、索引和文摘;《中国国家标准》《中国国家标准汇编》等对重复性事务和概念所做的统一规定，以科学、技术和实践经验综合成果为基础，经有关方面协商一致，由主管机构批准，以特定形式发布，作为共同遵守的准则和依据的工具书。

1.1.3　图书的特点

图书具有以下特点。

（1）图书具有明显的单本独立性。每一本书通常都有自己单独的、与众不同的书名，拥有明确的、集中的主题，独立而完整的内容。

（2）图书内容的结构具有较强的系统性。图书一般是针对一定的主题，根据观点，按照一定的结构体系，系统有序地介绍有关内容。

（3）图书内容的观点具有相对的稳定性。图书的内容一般不像报纸、杂志那样强调新闻性和实践性。图书往往侧重于介绍比较成熟、可靠、在一定时间内相对稳定的观点。

（4）图书内容的文体具有前后一致的统一性。一本杂志的内容往往是多种文体并存，但一本书的内容则通常采用前后一致的文体。科技图书在体例格式、名词术语、图表形式、计量单位以及数字的使用等方面，一般都有严格的统一要求。

（5）图书的篇幅具有较强的灵活性。与期刊不同，图书的篇幅可以根据需要灵活掌握。但是篇幅的灵活性并不意味着随意性。一本书往往在写作时就对篇幅大小有比较明确的规定和约定。

（6）图书出版的时间具有较强的机动性。图书的出版周期一般比较长，但选择何时出版却具有一定的机动性，这与期刊的按月或按季度定期出版不一样。图书的出版通常根据事先指定的年度出版计划和长期出版的规划，合理地安排出版时间。

1.2　图书出版信息检索

图书是学习和进行科学研究要参阅的重要文献。随着社会的进步，科技日新月异，图书的出版发行日益增多，其数量呈现指数增长。为了方便读者的使用，从图书的发行到保存，一般都会构建相应的检索工具，来方便读者了解认识它，为有效获取它提供便捷途径。

根据检索工具对图书揭示的深度不同，一般有两种类型的工具：一种是图书目录检索，包括纸本工具书，网上书刊题录数据库，以及网络书店、出版社网站等的书目检索系统，通过图书目录检索，获得所需图书的详细介绍信息及地址信息，方便进一步获取全文；另一种是全文检索，包括全文图书数据库以及一些网络图书在线阅读网站。

1.2.1 联机公共目录检索系统

联机公共目录查询（ online public access catalog ， OPAC ）是一种基于网络的书目检索系统，指图书馆将自己馆藏的书目记录装载到计算机网络上的快速存取设备中，使用户能够通过计算机网络联机检索图书馆系统的书目数据。

联机公共目录查询包括单一馆藏目录和联合目录：单一馆藏目录是某一个图书情报机构的书目检索系统，中国国家图书馆（http://www.nlc.gov.cn）、上海图书馆（http://www.library.sh.cn）、美国国会图书馆（http://www.loc.gov）的 OPAC ；联合目录是多个图书情报机构合作建立的书目检索系统，如中国高等教育文献保障系统（ China Academic Library & Information System，CALIS ）、面向中国的高校建设的 CALIS 联合目录公共检索系统 (http://opac.calis.edu.cn)、美国 OCLC 公司（Online Computer Library Center，联机计算机图书馆中心）、面向世界范围图书馆的联合书目系统 WorldCat（http://worldcat.org）等。

联机公共目录检索系统揭示了文献的自身描述信息，馆藏地点、可借阅情况等馆藏信息，其通常提供题名、著者、分类号、出版社等多种检索途径和检索方式，用户可以方便灵活地查询书目信息，了解图书、期刊的收藏情况。联合目录公共查询系统还是进行馆际互借和文献传递的基础。

下面对国内外一些比较有代表性的联机公共查询目录系统进行介绍。

1. 中国国家图书馆联机公共目录查询系统（http://opac.nlc.cn）

国家图书馆历史悠久，其前身是筹建于 1909 年 9 月 9 日的京师图书馆，1912 年 8 月 27 日正式开馆接待读者，馆舍设在北京广化寺。1916 年正式接受国内出版物的呈缴本，标志着开始履行国家图书馆的部分职能。之后，馆名几经更迭，馆舍几经变迁。1931 年，文津街馆舍落成（现为国家图书馆古籍馆），成为当时国内规模最大、最先进的图书馆。

新中国成立后，更名为北京图书馆。1975 年兴建北京图书馆新馆，1987 年落成。1998 年北京图书馆更名为国家图书馆，对外称中国国家图书馆。2004 年 12 月 28 日，国家图书馆二期工程暨国家数字图书馆工程奠基，2008 年 9 月 9 日接待读者。

中国国家图书馆馆藏宏富，古今中外，集精撷萃。截至 2017 年 12 月，馆藏文献已达 3 768.62 万多册（件），尤以典藏古籍善本闻名。馆藏殷墟甲骨、敦煌遗书、赵城金藏、《永乐大典》、《四库全书》等极为珍贵；外文善本中最早的版本为 1473—1477 年欧洲印刷的《摇篮本》。中国国家图书馆全面入藏中文图书，115 种文字的外国文献资料占馆藏的 50%，是国内外国文献的最大藏家。馆内还设有名人手稿、革命历史文献、中国博士论文等专藏，是联合国与外国政府出版物的指定收藏馆。随着信息载体的变化，还入藏了大量电子出版物，截至 2020 年底，数字资源总量达 1 000 TB。作为全国馆际互借中心，与全国 558 家文献信息提供单位建立馆际互借关系，年均受理量超过 3 万件。已与 117 个国家和地区的 557 家机构开展文献交换合作。中国国家图书馆联机公共目录查询系统 (http://opac.nlc.cn）如图 1.1 所示。

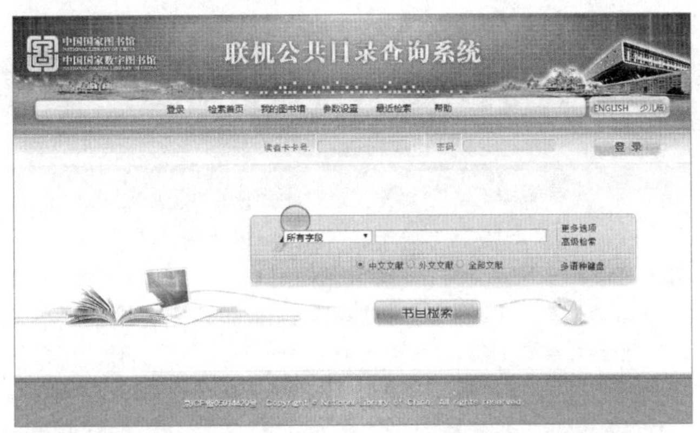

图1.1　中国国家图书馆联机公共目录查询系统

2. 上海图书馆联机公共目录查询系统（http://ipac.library.sh.cn/）

上海图书馆成立于 1952 年，上海科学技术情报研究所成立于 1958 年。1995 年 10 月，上海图书馆与上海科学技术情报研究所合并，成为综合性研究型公共图书馆和行业情报中心，同时也是全国文化信息资源共享工程上海市分中心、上海市中心图书馆总馆、上海市古籍保护中心和上海市软科学研究基地“前沿技术发展研究中心”。截至 2020 年底，上海图书馆现藏中外文献 5 600 余万册（件），其中古籍善本、碑帖尺牍、名人手稿、家谱方志、西文珍本、唱片乐谱、近代报刊及专利标准尤具特色。上海图书馆联机公共目录查询系统 (http://ipac.library.sh.cn/）如图 1.2 所示。

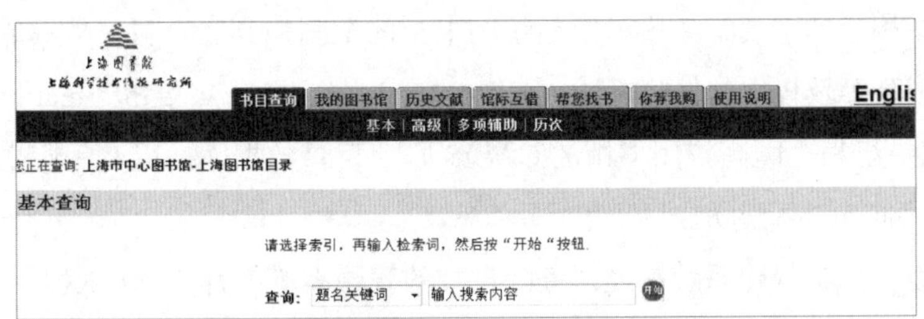

图1.2　上海图书馆联机公共目录查询系统

3. 美国国会图书馆联机公共目录查询系统（http://catalog.loc.gov）

美国国会图书馆建于 1800 年，是美国的四个官方国家图书馆之一，也是全球最重要的图书馆之一。美国国会图书馆是在美国国会的支持下，通过公众基金、美国国会的适当资助、私营企业的捐助及致力于图书馆工作的全体职员共同努力建成的。它是美国历史最悠久的联邦文化机构，已经成为世界上最大的知识宝库之一，是美国知识与民主的重要象征，在美国文化中占有重要地位。馆藏 3 000 多万种书籍，涵盖了 470 种语言，各类收藏近 1.21 亿项，超过 2/3 的书籍是以多媒体形式存放的。其收藏超过 5 800 万份手稿，是美国最大的稀有书籍珍藏地点，当中包括了《古登堡圣经》等。美国国会图书馆联机公共目录查询系统（http://catalog.loc.gov) 如图 1.3 所示。

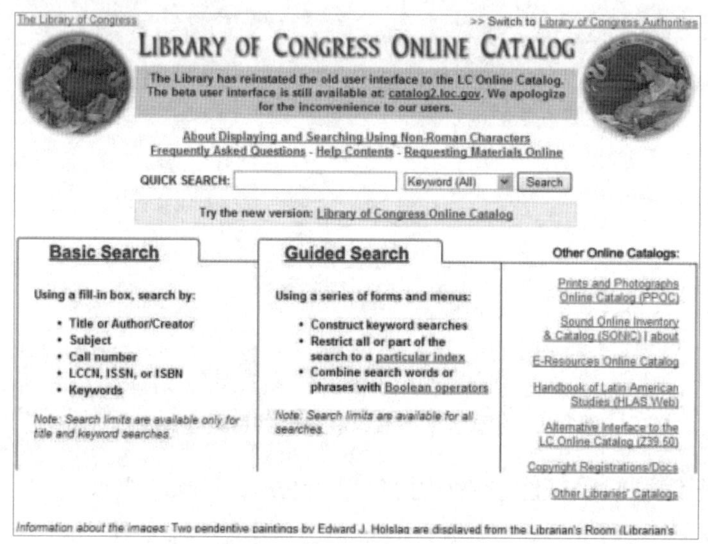

图1.3 美国国会图书馆联机公共目录查询系统

4. CALIS 联合目录公共检索系统（http://opac.calis.edu.cn）

联合目录（union catalogue）是指一种联合两个以上图书馆馆藏目录的数据库。使读者只需从单一窗口来检索多个图书馆的馆藏，通过联合目录检索，使读者知道哪个图书馆收藏自己所需要的馆藏资源。

目前国内主要的联合目录数据库有中国科学院文献情报中心（中国科学院国家科学图书馆的前身）牵头构建的主要汇集中科院系统图书馆的全国期刊联合目录数据库、图书联合目录数据库，中国高等教育文献保障系统（China Academic Library & Information System，CALIS）构建的主要汇集全国高校图书馆的 CALIS 联合目录数据库，以及一些主要汇集地方高校的联合目录，如浙江高校联合目录等。

中国高等教育文献保障系统是经国务院批准的我国高等教育“211 工程”“九五”“十五”总体规划中三个公共服务体系之一。CALIS 的宗旨是在教育部的领导下，把国家的投资、现代图书馆理念、先进的技术手段、高校丰富的文献资源和人力资源整合起来，建设以中国高等教育数字图书馆为核心的教育文献联合保障体系，实现信息资源共建、共知、共享，以发挥最大的社会效益和经济效益，为中国的高等教育服务。CALIS 联合目录数据库始建于

1997 年，2000 年 3 月 CALIS 联机合作编目系统正式启动。截至目前，联合目录中图书、连续出版物和古籍的记录总数已达 706 万多条，包括中文、西文、日文和俄文四种语种。其检索界面如图 1.4 所示。

图1.4 CALIS联合目录公共检索系统

CALIS 联合目录数据库提供简单和高级两种检索方式。首页面是简单检索，默认在全部字段检索，可以选择在题名、责任者、主题、ISBN、ISSN 等精确字段检索。高级检索界面可以同时对多个字段进行组配限定，如图 1.5 所示。

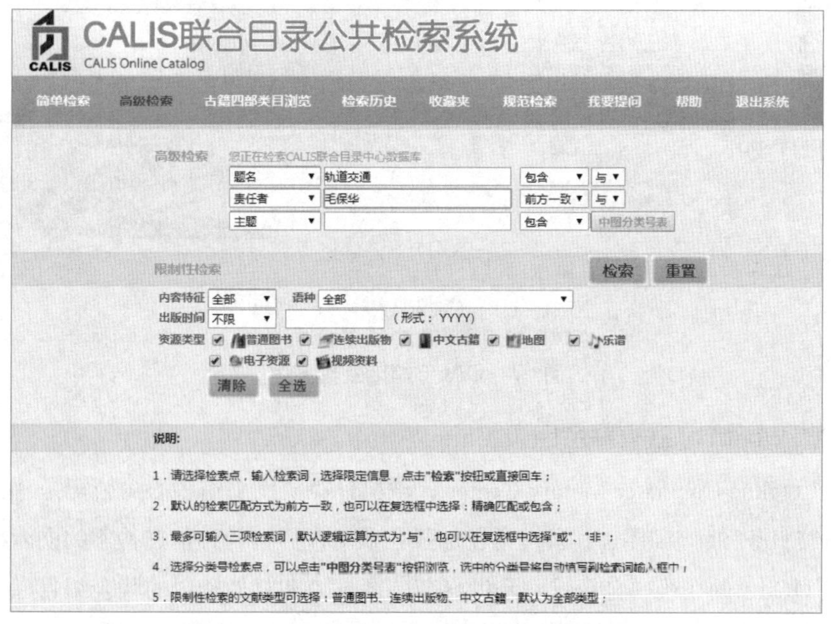

图1.5 CALIS联合目录公共检索系统高级检索

在检索结果中单击所选图书条目的题名链接，显示该书的详细信息；单击该条目“馆藏”

列链接，显示该书的馆藏信息，如图 1.6 所示。如果要进行馆际互借，在开通权限的基础上可直接通过页面提供的“请求馆际互借”按钮下单申请，也可以通过 CALIS 提供给成员馆的馆际互借系统（http://gataway.cadlis.edu.cn) 由成员馆下单申请借阅，如图 1.7 所示。

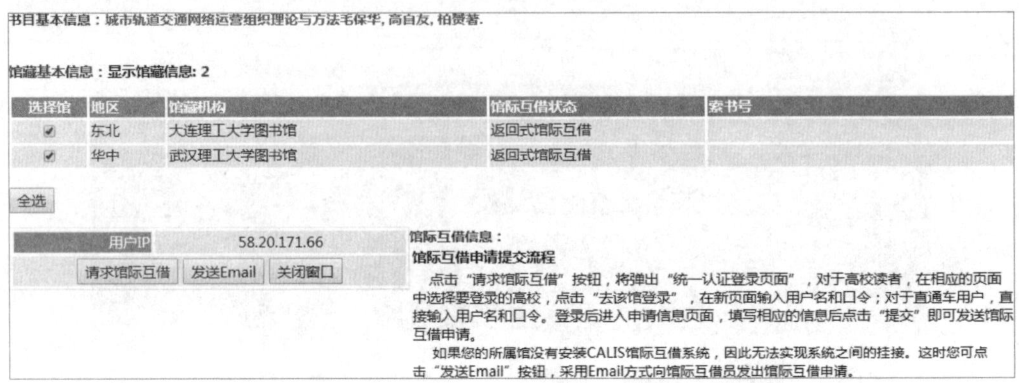

图1.6　CALIS联合目录公共检索系统检索馆藏信息显示

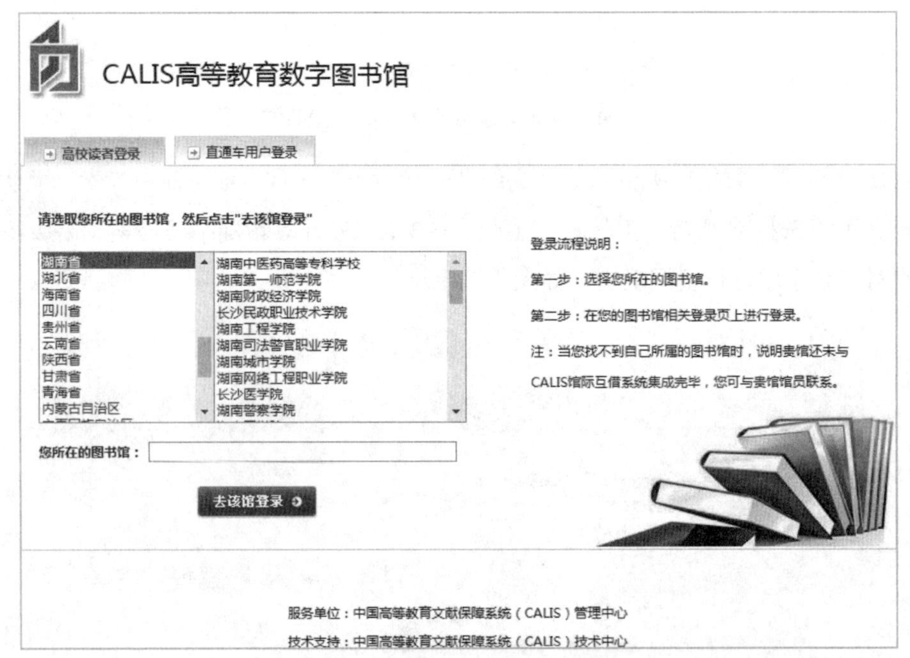

图1.7　CALIS馆际互借系统

5. OCLC WorldCat 联机联合目录（http://worldcat.org）

OCLC（Online Computer Library Center，联机计算机图书馆中心）公司是一家不以营利为目的图书馆服务和研究组织,其宗旨是在加强公众对世界上各种信息检索的同时减少成本。WorldCat 是 OCLC 的在线联合目录，是世界范围图书馆和其他资料的联合编目库，同时也是世界最大的联机书目数据库，目前可以搜索近 9 000 家图书馆的书目数据，覆盖了从公元前 1000 年到现在的资料，基本上反映了世界范围内的图书馆所拥有的图书和其他资料。它的主题广泛，每年记录增长 200 多万条。该库每天更新，如果需要常常搜索的话可以创建一个免费账户，它可以让你建立一个个人列表，写下观感和从 Amazon 上直接购买。WorldCat 首页如图 1.8 所示，检索结果列表如图 1.9 所示。

图1.8　WorldCat检索示例

图1.9　WorldCat检索结果列表

1.2.2　网上书店、出版社书目系统

1. 当当网图书（http://book.dangdang.com）

当当网是由国内著名出版机构科文公司、美国老虎基金、美国 IDG 集团、卢森堡剑桥集团、亚洲创业投资基金（原名软银中国创业基金）于 1997 年共同投资成立的。1999 年 11 月，当当网（www.dangdang.com）服务平台正式开通。

目前当当网在线销售的商品包括图书、音像、美妆、家居、母婴、服装和 3C 数码等几十个大类，其中在库图书、音像商品超过 80 万种，百货近 50 万种。当当网于美国时间 2010 年 12 月 8 日在纽约证券交易所正式挂牌上市，成为中国第一家完全基于线上业务、在美国上市的 B2C 网上商城。

在当当网上订购图书非常方便，读者注册账号即可下单订购，支持网上在线费用支付，一些城市提供货到付款服务。

当当网图书检索界面如图 1.10 所示。

图1.10 当当网图书检索界面

2. 亚马逊网上书店（http://www.amazon.cn）

亚马逊公司最初叫 Cadabra，于 1994 年在华盛顿州登记，创始人是杰夫 · 贝佐斯，性质是基本的网络书店。经营一段时间后，具有远见的贝佐斯看到了网络的潜力和特色，发现实体的大型书店提供 30 万本书时，网络书店能够提供比 30 万本书更多的选择给读者。贝佐斯将 Cadabra 以地球上孕育最多种生物的 Rio Amazonas 重新命名，于 1995 年 7 月重新开张。该公司 1996 年改到德拉瓦州登记，并在 1997 年 5 月 15 日在美国纳斯达克证券交易所上市。现在，亚马逊从事各种物品的网上交易，拥有最大的物品清单。

亚马逊网络书店平台的特色不仅仅是查询快捷、订购方便，还刊载各种媒介上的书评。许多书的作者把有关自己的访谈录放到网站上，让读者充分了解自己。网站还邀请读者撰写自己的读后感，在网站上还能找到许多书的节选以及相关材料的链接，亚马逊通过这些途径分析读者的购书习惯并向读者推荐书目。

亚马逊网上书店图书检索界面如图 1.11 所示。

图1.11 亚马逊网上书店图书检索界面

3. 中国互动出版网（http://www.china-pub.com/）

中国互动出版网隶属于北京奥维博世图书发行有限公司，成立于 2000 年 7 月，主营各类专业技术、教育类图书，与国内外数百家出版社建立了供货关系，目前网站图书品种近

240 万种，专业中英文可供图书品种市场覆盖率超过 90%。

中国互动出版网图书检索界面如图 1.12 所示。

图1.12　中国互动出版网图书检索界面

4. 蔚蓝网（http://www.wl.cn）

蔚蓝网于 2000 年 3 月在清华大学创建，以服务于校园的经营理念，从考试、计算机、教材教辅等学生、教师们重点关注的图书做起，以快捷的图书资讯，优质的配送服务，实惠的价格，很快发展为中国校园网内最大的电子商务网站。经过数年发展，积累了丰富的网站运营、管理经验，并且开发了大型的网上书城系统，蔚蓝网逐步开放，现已成为社会化的网上书城，为所有读者提供在线购买图书的优质服务。目前在线销售的图书达 80 万种，期刊杂志达 1 万种，超过 500 万的用户遍及中国大陆、港澳台及海外地区，每天约十万人在蔚蓝网查询图书信息和购买图书。

蔚蓝网图书检索界面如图 1.13 所示。

图1.13　蔚蓝网图书检索界面

5. **巴诺网上书店**（Barnes and Nobles，http://www.barnesandnoble.com）

巴诺书店1873年创立于美国伊利诺伊州。巴诺网上书店上线于1997年3月，主要销售纸质图书、杂志、音像制品、软件、电子图书、电子报纸和电子杂志等。巴诺在全美曾经最多时共拥有1 300多家书店，其中包括700多家巴诺超级书店、600多家大学书店，通过持有约36%的巴诺网上书店股份，巴诺成为美国最大的网上书籍销售商之一。

巴诺网上书店图书检索界面如图1.14所示。

图1.14 巴诺网上书店图书检索界面

1.3 纸本图书检索与借阅

图书馆是搜集、整理、收藏图书资料以供人阅览、参考的机构，早在公元前3000年就出现了图书馆，图书馆有保存人类文化遗产、开发信息资源、参与社会教育等职能，因此纸本图书获取的基本途径就是当地图书馆。一个区域内的图书馆形态多种多样，一般来说有公共图书馆、高校图书馆、科研图书馆、中小学图书馆、企业图书馆等，为区域内不同行业、不同层次的用户提供相同的图书馆服务。下面以公共图书馆（衡阳市图书馆）和高校图书馆（湖南高速铁路职业技术学院图书馆）的纸本图书检索借阅为例进行介绍。

1.3.1 公共图书馆检索借阅

以衡阳市图书馆为例，它是市政府建立的纯公益性公共文化服务机构，是全省唯一成建制保存到建国后的市级公共图书馆，主要负责收集、整理、保存、开发、利用和传递文献资源，开展图书馆公共文化服务。馆藏图书56万余册，其中古籍和民国图书3.8万余册、衡阳名人著作等地方文献近2万册最具价值，藏书量和古籍善本存量居全省市州前列。

在衡阳市图书馆检索借阅图书的步骤如下：

（1）申请办理借阅证，持本人有效身份证件，交纳押金 100 元，即可办理借阅证。读者持借阅证可以办理图书外借手续。

（2）使用个人计算机或图书馆检索机登录衡阳市图书馆首页（http://www.hengyanglib.org/），找到书目查询链接，如图 1.15 所示。

图1.15　衡阳市图书馆首页

（3）进入图书馆 OPAC 馆藏查询系统，进行纸本图书检索，如图 1.16 所示。在高级检索界面可以添加题名、作者、ISBN 号等，越是精确的条件，越可以更加准确地找到你所需要的图书。

图1.16　衡阳市图书馆OPAC馆藏查询系统

（4）进入图书检索列表，查找需要的图书，如图 1.17 所示。

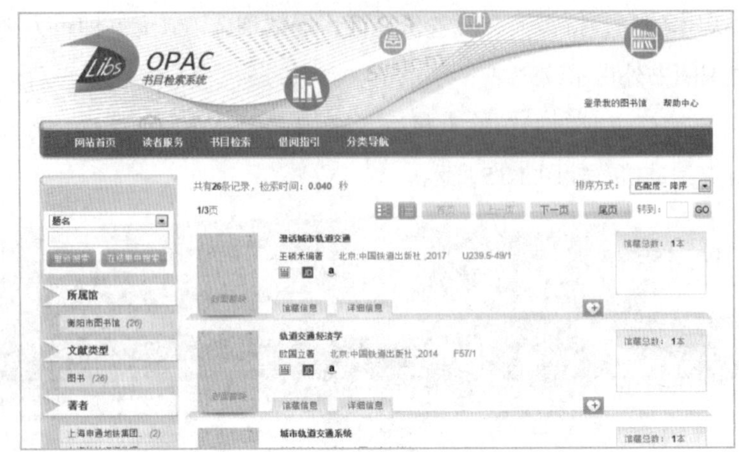

图1.17 衡阳市图书馆OPAC检索结果列表

（5）查找到图书后进入详细书目页，查看图书索书号、馆藏信息，如图 1.18 所示。如果馆藏信息为“在馆”，即可记录索书号到相应书库查找纸本图书，最后在书库管理员处办理借阅手续。

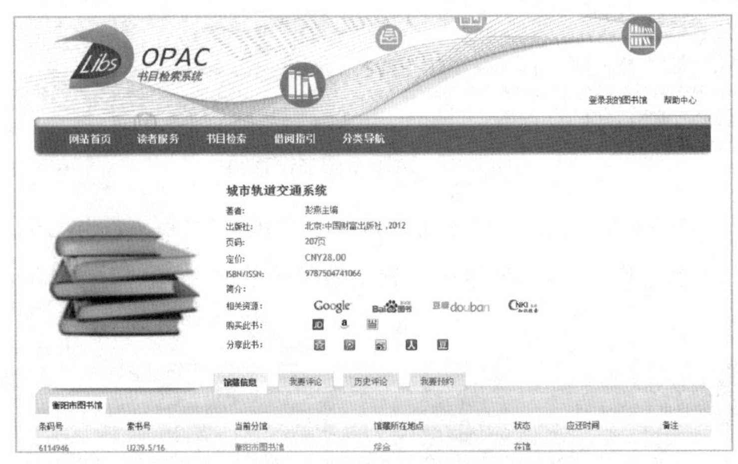

图1.18 衡阳市图书馆OPAC图书信息

1.3.2 高校图书馆检索借阅

以湖南高速铁路职业技术学院图书馆为例，湖南高速铁路职业技术学院图书馆馆藏纸质图书 55.59 万册，中外文纸质期刊 600 余种，电子期刊 5 891 种。文献收藏以铁路工程技术、交通土建、市政工程、铁路运营管理、铁路通信信号、计算机应用、文秘导游和应用英语等为主。图书馆下设流通部、期刊阅览部、采访编目部和信息服务部；拥有自科、社科、典籍三大书库；分别设有为教师和学生专用的现刊阅览室、过刊阅览室、电子阅览室等。

在湖南高速铁路职业技术学院图书馆检索借阅图书的步骤如下：

（1）湖南高速铁路职业技术学院图书馆针对在校师生开放，借阅时须本人持图书馆一卡通才能办理借阅手续。

（2）使用个人计算机或图书馆书库中的图书检索机登录到图书馆首页（http://203.93.209.195:9017/），如图 1.19 所示，可以在首页检索条内进行简单检索，也可以单击书目检索链接进入简单检索界面。

图1.19　湖南高速铁路职业技术学院图书馆首页

（3）简单检索界面在匹配方式项上可以选择前方一致、分词检索、包含、绝对一致四种，如果尽可能完全找出某一范围的文献选择“分词检索”或者“包含”；如果只想准确查找某一本文献选择“绝对一致”；如果想将输入的检索词始终在题名前部则选择“前方一致”，如图 1.20 所示。

图1.20　湖南高速铁路职业技术学院图书馆OPAC简单检索

（4）在出现的多字段检索界面中，在检索栏中输入检索词，在检索条件中，OPAC 提供了多种途径进行检索，如题名、责任者、索书号、出版者等，可根据需要选择使用，如图 1.21 所示。

图1.21 湖南高速铁路职业技术学院图书馆OPAC多字段检索

（5）在组合检索界面中，可以任意添加检索条件，如题名、责任者、主题词、文献名等，如图 1.22 所示。与多字段检索不同的是，在组合检索界面中检索方式全为“前方一致”。

图1.22 湖南高速铁路职业技术学院图书馆OPAC组合检索

（6）单击“检索”按钮进入图书检索列表，查找需要的图书，如图 1.23 所示。

图1.23 湖南高速铁路职业技术学院图书馆OPAC检索结果列表

（7）查找到图书后单击书名进入书目详细信息页。在书目详细信息页中可以查看索书号、馆藏信息、评论信息、相关借阅等，如图 1.24 所示。如果书刊状态为“在架”，即可记录索书号到对应书库查找图书，最后在书库管理员处办理借阅手续。

图1.24　湖南高速铁路职业技术学院图书馆OPAC书目信息

1.4　电子图书检索与下载阅读

1.4.1　电子图书

1. 电子图书的概念

电子图书是经过数字化的、以 Internet 为载体的图书。具体而言，电子图书是指借助数字化技术产生并在网络上运行，拥有二进制数字编码形式的，具有独创性并能以某种有形形式加以复制的图书。这里所说的数字化技术是指依靠计算机技术把由字符、图形、图像、声音等形式组成的信息输入计算机系统转换成二进制数字，利用通信技术加以传输，并在需要时把这些数字化了的信息再还原成字符、图形、图像、声音等形式的技术。

2. 电子图书的特点

电子图书与传统印刷型图书相比具有以下特性：

（1）电子图书具有高度灵活性。电子图书是一种数字化产品，借助数字技术的加工和编辑功能，不同的字符、图形、图像和声音在数字状态下可以任意组合、增幅、修改、移动和重新排序。

（2）电子图书具有使用方便、容易普及的特性。网络技术的迅猛发展以及网络上信息的高速传输，使电子图书的复制更加迅捷、方便、经济。

（3）电子图书具有较强的技术性。数字图书的传播和使用需要利用数字编码的存储技术、加工技术和传播技术。

3. 电子图书的分类

按载体划分，主要有三种：第一种是光盘电子图书，只能在计算机上单机阅读；第二种是网络电子图书，包括免费网络电子书、网络图书馆（电子图书服务系统，如超星等），可通过互联网访问阅读；第三种是便携式电子图书，特指一种存储了电子图书内容的电子阅读器。

按内容划分，就其内容而言可以说涉及各个学科，如数学、物理、化学、生物、经济、管理、文学、历史等。

按电子图书内容存储的文件格式划分，主要有图像格式和文本/超文本格式两种。图像格式的电子图书就是把已有的传统纸张图书扫描到计算机中，以图像格式存储；文本/超文本格式是指基于文本的电子图书，通常是将书的内容作为文本，并有相应的应用程序。应用程序会提供华丽的界面、基于内容或主题的检索方式、方便的跳转、书签功能及语音信息等。

4. 电子图书阅读器

电子图书较强技术性的表现之一，就是电子图书的使用必须借助于一种阅读器。电子图书阅读器是一种用来阅读电子图书的电子设备，目前主要有三种类型：手提式阅读器、专门化阅读器和桌面式阅读器。

（1）手提式阅读器是指那些可以阅读电子图书的手提电脑、掌上电脑等，这类设备阅读电子图书需要预装专门的软件，并且主要用来阅读日记、电子邮件读物等类型的文献。手提式阅读器的屏幕较小，并且在同一时间只能存储有限数量的电子图书。

（2）专门化阅读器是专门设计用来阅读电子图书的设备，它们不具备手提式设备所拥有的多种功能。但这种阅读器的屏幕较大，能够同时存储 10 部小说，并且电子图书的购买可以直接由阅读器自身来进行，要购买的图书被电子图书公司联机存放在个性化的虚拟书架上，读者（购买者）可以从阅读器中删除或增加图书。

（3）桌面式阅读器是一种安装在 PC 上的软件，通过这种软件将 PC 转换成电子图书阅读器。这种软件使用特殊字体使人的眼睛更为舒适，并且能够对图书进行加密，以防止备份或印刷。这类阅读软件目前最常用的是 Glassbook 和 Microsoft Reader。

5. 电子图书的服务模式

电子图书对图书馆的主要挑战就是如何将这种新的文本格式集成到传统图书馆服务模式中。电子图书的特点决定了它并不适用已有的采集和流通模式，但电子图书数量的剧增，又使得图书馆绝对不可以忽视对这一部分资源的管理和使用。

（1）电子图书阅读器的流通模式

为用户提供电子图书服务的最初想法是从电子图书阅读器的流通问题开始的。这些阅读器装载了大量的文本，而这些文本又是按照常规编目，并包含在图书馆 OPAC 中的。如果某个用户想要阅读一本电子图书，那目录就会将这个用户引导到电子图书阅读器所在的地方，如咨询台、电子阅览室等。阅读器也可以借出馆外，但必须有一个借阅期限，就像图书馆的其他图书一样。用户无法自己将图书下载到阅读器上，也无法在自己的阅读器上阅读图书馆的电子图书。

对于将电子图书集成到图书馆服务中去，预载电子图书阅读器的流通只是一种短期的解决方案。因为阅读器的流通意味着图书馆不仅要提供电子图书，而且要同时提供阅读电子图书的设备，这就好像图书馆既要提供声像磁带，又要提供播放机一样。尽管如此，由于电子图书阅读器在市场上仍然很少，所以目前图书馆阅读器的流通仍是必要的。

（2）电子图书的流通模式

从长远来看，图书馆将会只流通电子图书，用户要在自己的阅读器上阅读电子图书。因为电子图书是电子文件，图书馆用户可以从图书馆目录中直接下载，这既可以在图书馆中进行，也可以通过图书馆的 Web 站点进行。

每一本借出的电子图书将被自动分配一个加密证书，这个证书除了包含借阅期限等信息外，也能够阻止电子图书被复制到其他阅读器上。借期一到，证书就会失效，电子图书将会自动从用户的阅读器中删除，图书馆目录随之也会自动生成这本电子图书的一个备份，以供再次借阅。这样图书馆就不需要发过期通知,不需要收过期罚款,用户也可以不到图书馆中来。

（3）电子图书的采购模式

电子图书使得图书馆有可能在很短的时间内为其用户提供任何一本书。目前图书馆用户只能马上借到图书馆所实际拥有的书，而一旦图书馆没有用户所需要的书，那就只有通过馆际互借的途径来解决，这通常要花费几天的时间。而在电子图书的环境中，如果图书馆没有用户所需要的书，就可以在几分钟内为用户购到。图书馆员只要登录到供应商的站点，购买相关的图书，直接将其下载到图书馆目录中，然后就可以借给用户了。

电子图书的即时存取性必将对图书馆的传统资源建设模式造成巨大影响。图书馆习惯于使用“即事”（just-in-case）模式采购图书，即图书是根据需要期望购买的，图书馆员选择那些他们认为读者需要或将会需要的图书。电子图书资源建设则使得“即时”(just-in-time）模式成为可能，即用户的需求可以在几分钟内得到满足。这就意味着图书馆可以更准确地购买那些用户需要的书。制订可行的电子图书采购政策将是一件费时费力的事情，最有可能的情况是，图书馆对于大部分电子图书仍将采用预购的方式（按照传统的选择标准），只有一小部分是用户需求的直接结果。

1.4.2 超星电子图书

1. 超星电子图书简介

超星公司是国内最早从事纸质资料的数字化以及制作电子出版物的公司之一，于 2000 年建成世界最大的中文数字图书馆。2000 年 5 月，超星数字图书馆被列为国家 863 计划中国数字图书馆示范工程，超星数字图书馆目前藏书量达到 260 万种，涵盖中国图书馆分类法 22 个大类。在全国建设有 20 多个数字化加工中心，每年的新增图书超过 15 万种。同时，该平台拥有来自全国 500 多家专业图书馆的大量珍本、善本、民国时期图书等稀缺文献资源。

超星电子图书采用国家 863 数字图书馆示范工程的标准 PDG 格式，最大限度地保证图书的原文原貌，图书完整、整洁、无歪斜或黑边等质量问题。同时，图书在网络传输中采用单页传送而不是整本传送技术，大大节约了读者看书的等待时间，同时也提高了图书的利用效率。读者可以根据自己的需要去选择图书当中的个别页码进行阅读。另外，该平台还拥有高清晰、高质量的 epub 文本图书，提高了用户阅读体验。迄今为止，超星阅览器 SSReader 已经成为国内使用人数最多、技术最成熟、创新点最多的图书阅览器。而超星数字图书馆因其在同行业中处于数字图书资源数量最多、专业资源最为权威、加工能力最大、技术最为成熟、用户最多的优势地位，也被公认为数字图书馆行业的第一品牌。

2. 超星电子图书检索方法

下面以镜像站点为例，介绍超星数字图书馆的检索平台与检索方法，如图 1.25 所示。该检索平台使用方便，易操作，分为基本检索、高级检索和分类浏览三种检索方式。

图1.25 超星数字图书馆镜像站点首页

（1）基本检索

基本检索方式提供书名、作者、目录和全文检索四个检索项，默认为书名。其检索界面如图 1.26 所示。

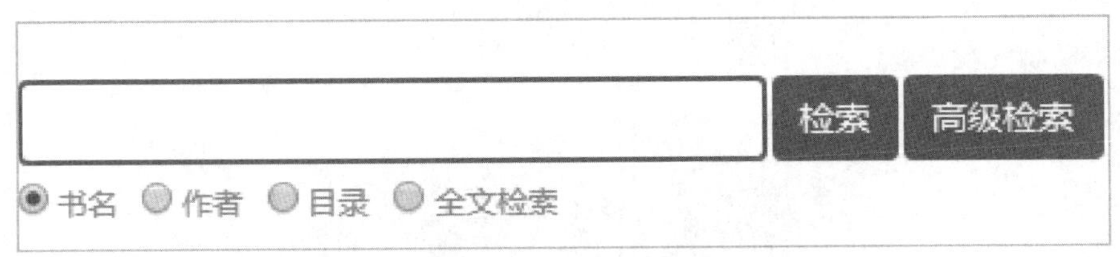

图1.26　超星数字图书馆的基本检索界面

检索步骤如下：

① 根据检索要求，选择检索项书名、作者、目录或者全文检索。

② 在检索项内输入关键词，如“轨道”“轨道交通”等。多个关键词之间以一个空格隔开，如“轨道交通”，即要求检索文献中包括“轨道”与“交通”两个词。

③ 按【Enter】键或单击“检索”按钮，搜索到的图书将显示在网页上。为便于查阅，关键词以醒目的红色显示。检索结果还可按“书名”“出版日期”进行排序。

④ 检索结果出来后，选择“在结果中搜索”，则可进行二次检索。

（2）高级检索

单击首页上的“高级检索”按钮，即可进入高级检索界面，如图 1.27 所示。高级检索提供书名、作者、主题词、图书出版年代、分类和中图分类号的组合查询功能。高级检索可以实现图书的多条件查询，对于目的性较强的读者建议使用这种检索方式。

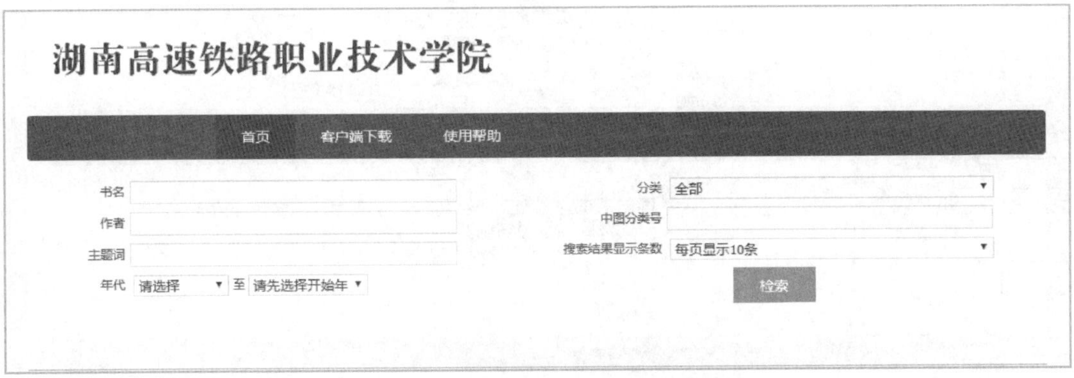

图1.27　超星数字图书馆的高级检索界面

（3）分类浏览

超星数字图书馆将图书按《中国图书馆分类法》分成 22 个子图书馆，即 22 个大类，大类下面再分二级类、三级类等，末级分类显示的是图书信息，单击书名链接即可阅读图书。超星数字图书馆的分类界面如图 1.28 所示，其分类浏览界面如图 1.29 所示。

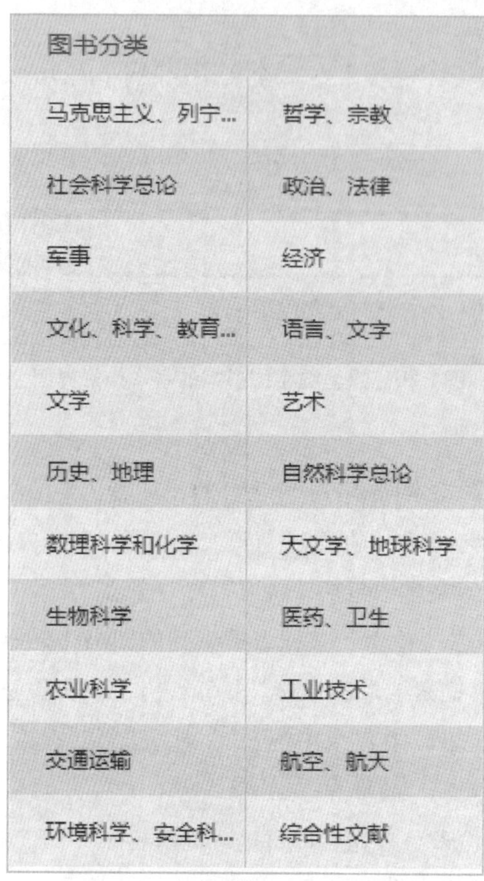

图1.28 超星数字图书馆主分类界面

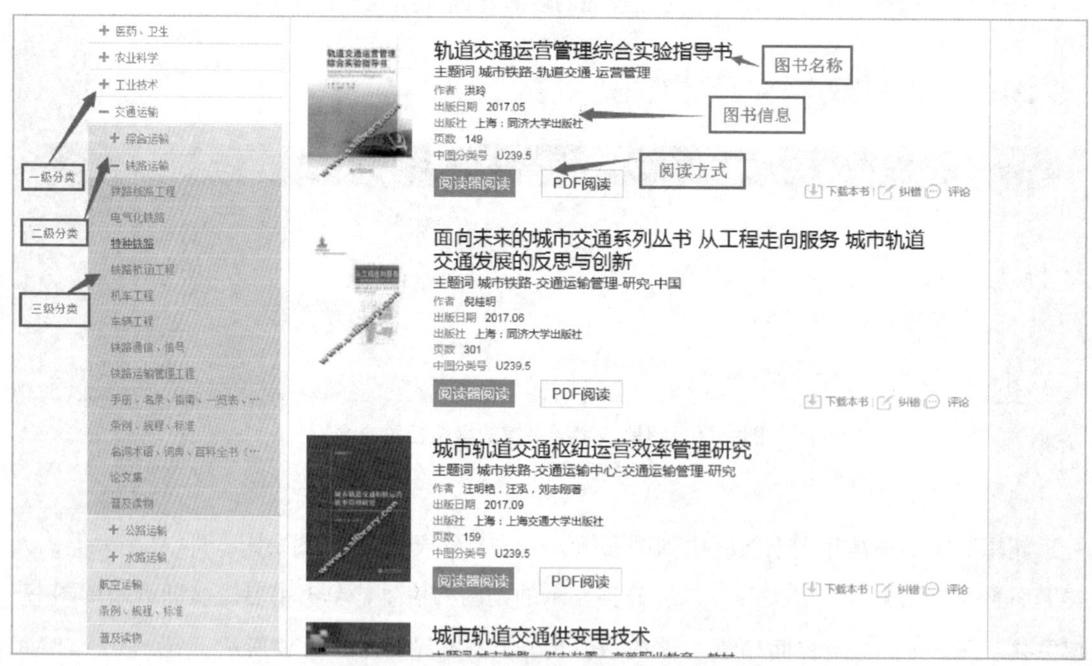

图1.29 超星数字图书馆的分类浏览界面

3. 检索结果处理

（1）检索结果页面

检索结果页面分为三个区域：上方为检索区域，读者可以根据需要进一步检索；左下方为分类浏览区域，读者可以对检索结果按学科进行分类浏览；右下方为检索结果区域，列出了每一本书的简单书目信息。

单击书名或者封面，即可转到图书的详细书目信息页面。

（2）图书阅读

超星电子图书应用超星自主研发的压缩技术与图片扫描技术，支持电子图书网页阅读、PDF 阅读和阅读器阅读等三种阅读方式。图书以阅读器阅读，如图 1.30 所示。图像格式的图书支持网页阅读，如图 1.31 所示。文本格式的图书支持 PDF 阅读，如图 1.32 所示。

图1.30　超星阅读器阅读界面

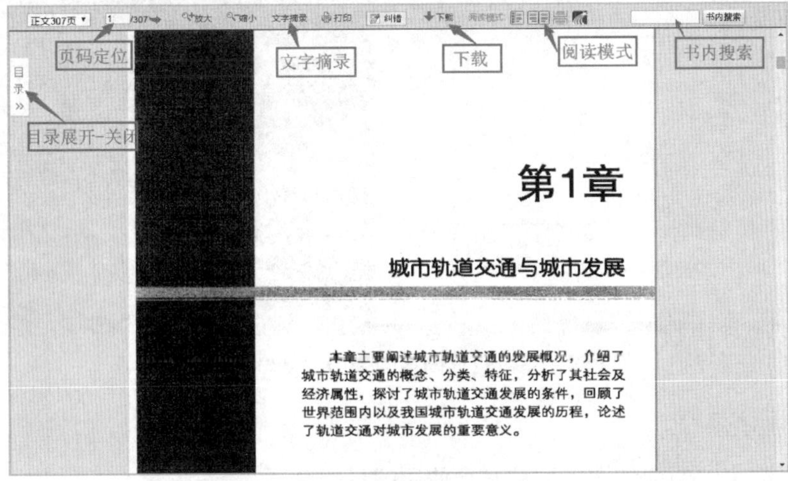

图1.31　超星网页阅读界面

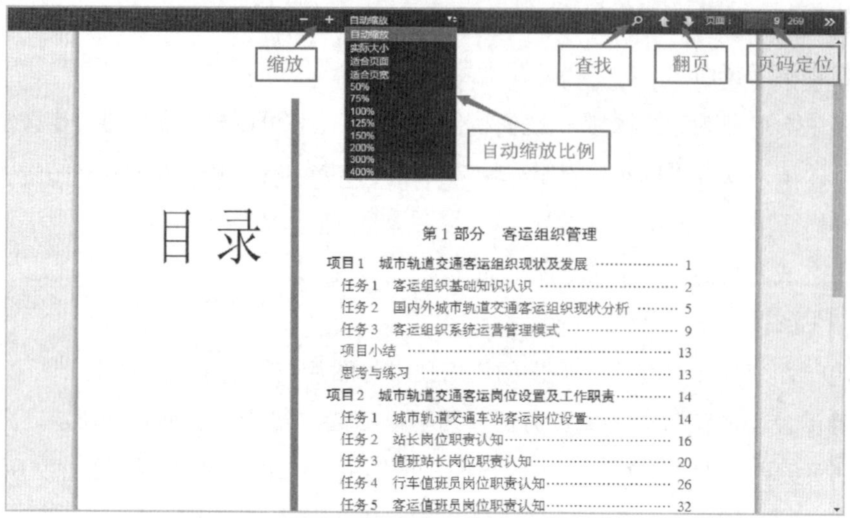

图1.32　超星PDF阅读界面

（3）文字摘取

为了方便读者收集整理，超星电子图书支持文字摘录、打印、下载等功能。

网页阅读中的“文字摘录”和阅读器中的“复制”按钮都可以为读者提供文字提取的功能。以网页阅读为例，单击按钮，选取需要提取的文字，页面会弹出文字提取窗口，单击“复制”按钮，将其粘贴到目标文档即可。值得注意的是，系统会在每一段识别的文字后面自动显示该段文字的出处，这为读者保存图书信息提供了极大方便，如图 1.33 所示。

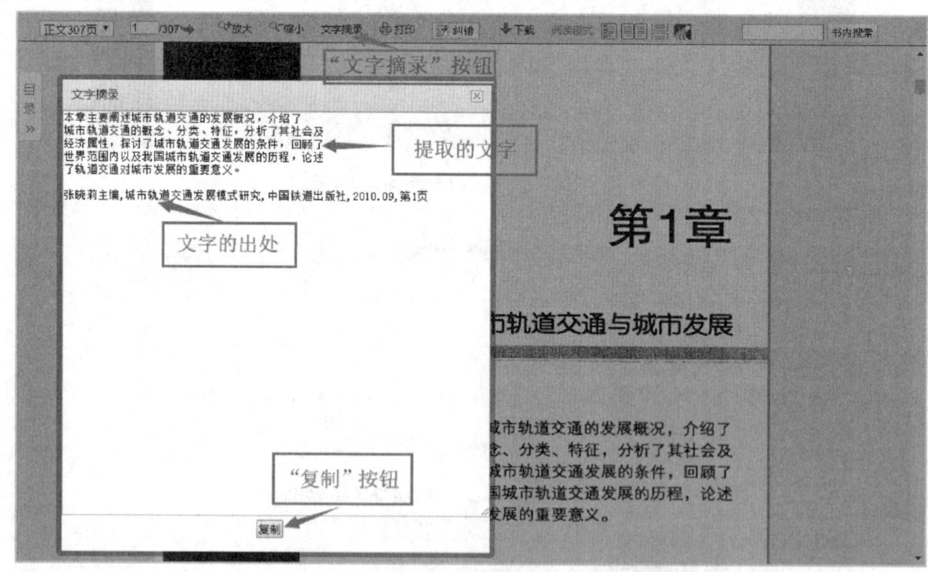

图1.33　超星网页阅读中的文字提取

（4）图书下载

超星图书的离线阅读和图书下载必须使用超星阅读器。

首先在主页面单击“客户端下载”链接，下载安装超星阅读器，如图 1.34 所示，可以选择用阅读器阅读的方式阅读。

图1.34　超星阅读器下载界面

在线阅读时，翻页速度会受网络速度影响。如果想在离线状态下阅读，可以使用“下载”功能。

图书下载方法：在检索结果界面中单击“下载本书”超链接，系统会跳转至超星阅读器页面，并弹出“下载设置”对话框，提示选择保存路径。单击“下载”按钮即可将此书下载至“本地书架”，这样读者就可以在离线状态下随时翻看本书了，如图 1.35 所示。

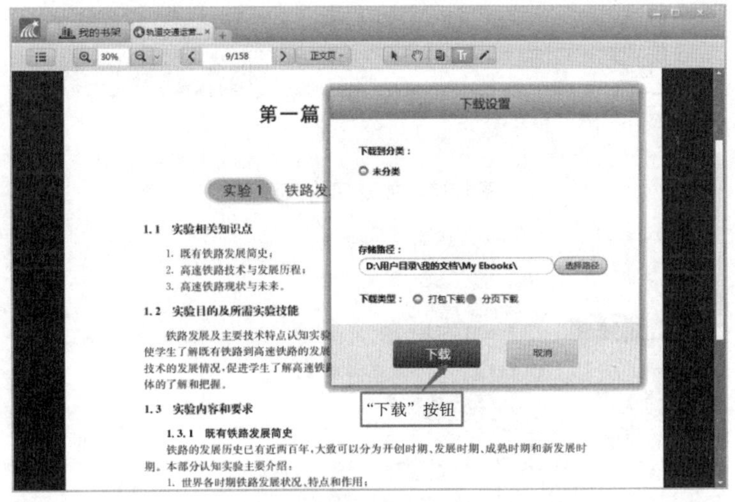

图1.35　超星图书下载界面

通过以上操作下载的图书只能在本地计算机上阅读。如果想要在其他设备上阅读此书，必须注册个人账号，先登录账号，再下载此书，这样就可以使用账号随时随地阅读该书了，如图 1.36 所示。

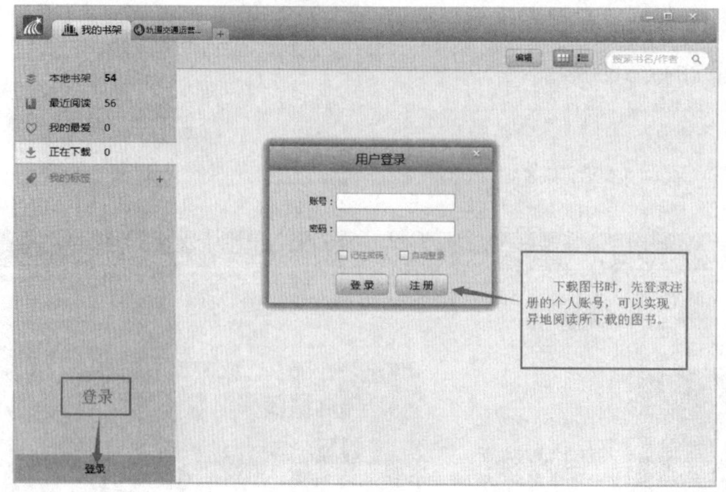

图1.36 超星阅读器用户登录

4. 检索示例

下面以示例介绍超星数字图书馆的基本检索方法和高级检索方法。

（1）基本检索方法

检索课题：查找一本有关轨道交通方面的图书。

检索策略：根据检索要求，确定关键词为“轨道交通”。选择“书名”检索项，在检索框中输入“轨道交通”,然后单击“检索”按钮,得到 112 条图书信息。书名输入界面如图 1.37 所示，检索结果界面如图 1.38 所示。

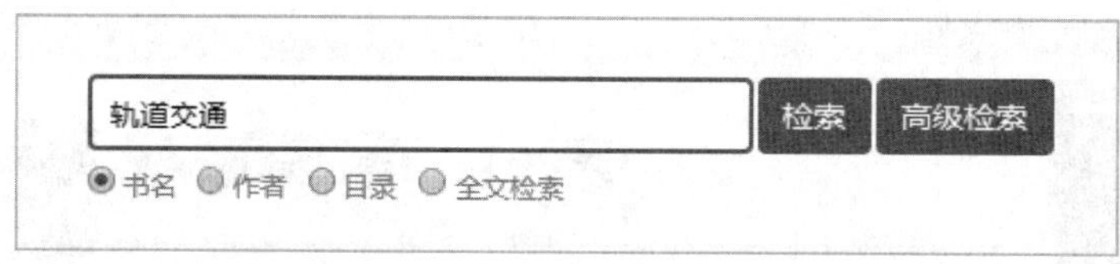

图1.37 关键词输入界面

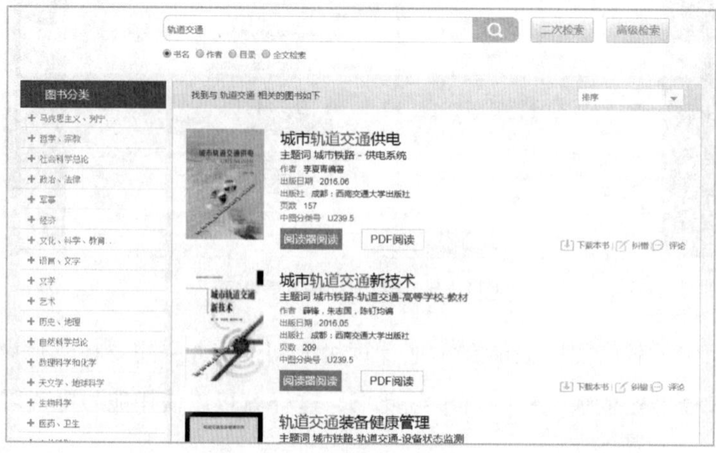

图1.38 检索结果界面

单击第一条图书信息“城市轨道交通供电”中的“阅读器阅读”链接，如果本机已经安装了超星阅读器，就可以直接打开图书进行阅读了。阅读器界面如图 1.39 所示。

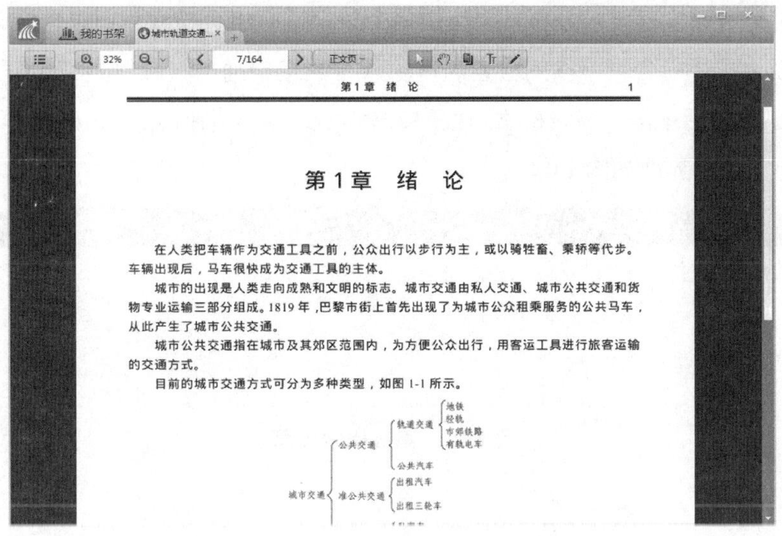

图1.39　用超星阅读器浏览图书正文界面

如果没有安装超星阅读器，可以单击“PDF 阅读”按钮，即可用浏览器进行阅读。阅读方式选择界面如图 1.40 所示，用浏览器打开图书界面如图 1.41 所示。

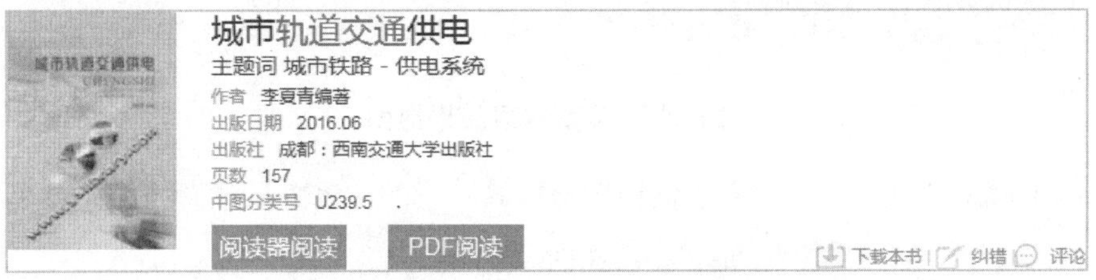

图1.40　阅读方式选择界面

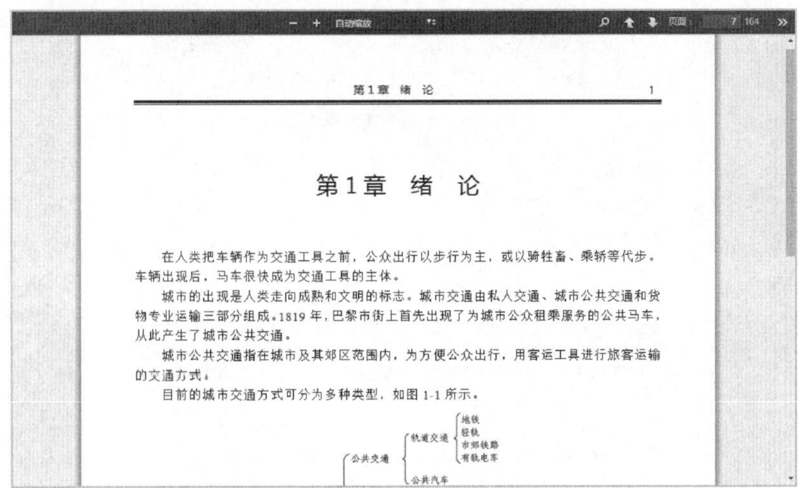

图1.41　用浏览器浏览图书界面

（2）高级检索方法

检索课题：查找一本由杜彩霞编写的有关轨道交通车辆构造方面的图书。

检索策略：根据检索要求分析，要使用多个条件进行组合检索，所以选择高级检索。在高级检索界面，在“书名”字段的检索项中输入“轨道交通”，在“作者”字段的检索项中输入“杜彩霞”，然后单击“高级检索”按钮，检索到 1 条图书信息。高级检索界面如图 1.42 所示，高级检索结果界面如图 1.43 所示。

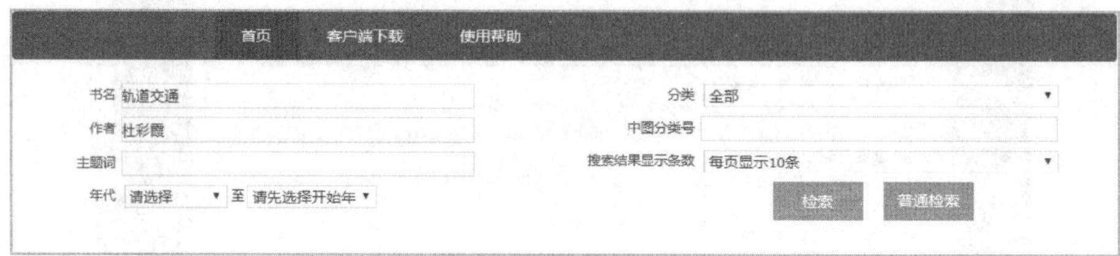

图1.42　高级检索界面

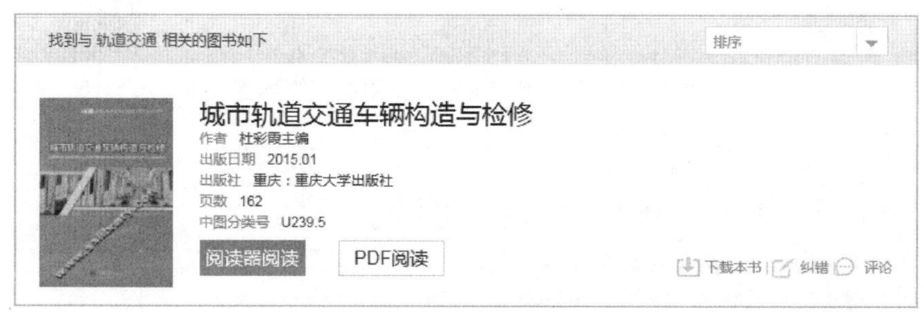

图1.43　高级检索结果界面

单击图书信息“城市轨道交通车辆构造与检修”中的“PDF 阅读”按钮，就可以直接打开图书进行阅读了。浏览图书界面如图 1.44 所示。

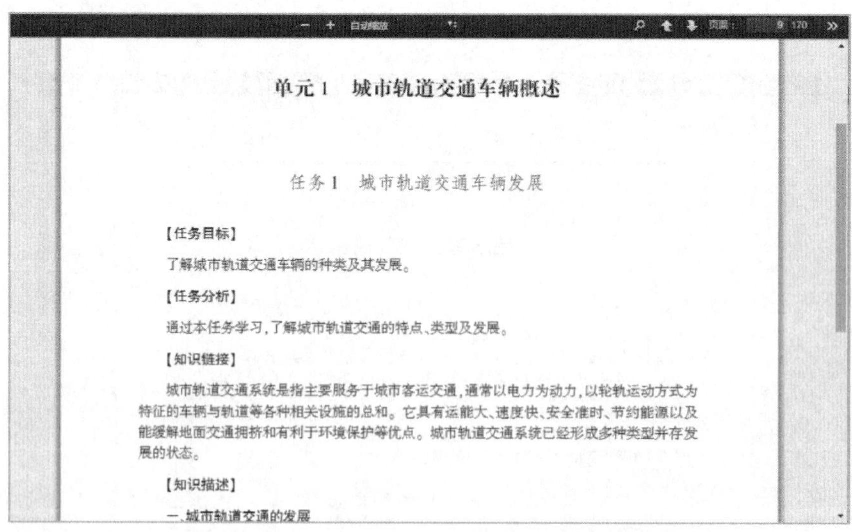

单元1　城市轨道交通车辆概述

任务1　城市轨道交通车辆发展

【任务目标】

了解城市轨道交通车辆的种类及其发展。

【任务分析】

通过本任务学习，了解城市轨道交通的特点、类型及发展。

【知识链接】

城市轨道交通系统是指主要服务于城市客运交通，通常以电力为动力，以轮轨运动方式为特征的车辆与轨道等各种相关设施的总和。它具有运能大、速度快、安全准时、节约能源以及能缓解地面交通拥挤和有利于环境保护等优点。城市轨道交通系统已经形成多种类型并存发展的状态。

【知识描述】

一、城市轨道交通的发展

图1.44　《城市轨道交通车辆构造与检修》浏览界面

1.4.3　方正电子图书

1. 方正电子图书简介

北大方正电子有限公司（方正电子）是跨媒体信息传播领域技术、产品和服务的领先供应商，面向全球报业、出版、印刷、广播、电视、互联网、图书馆、政府办公等行业和领域，提供先进的信息处理技术、软件产品、综合解决方案和增值业务；2002 年 12 月，该公司推出方正 Apabi 数字图书馆。目前方正电子书库有近 50 万册可供阅读的电子图书，图书类别涉及文学传记、经济管理、人文社科、艺术、成功励志、生活健康、语言文字、法律、政治军事、历史地理、自然科学、工业技术、农业科技、医学卫生、中小学教辅等。

2. 方正电子图书检索方法

下面以中国国家数字图书馆购买的方正电子图书（http://mylib.nlc.cn/web/guest/home）为例介绍方正电子图书的检索方法，如图 1.45 所示。该检索平台分为分类浏览、简单检索和高级检索三种检索方式。

图1.45　中国国家数字图书馆首页

（1）分类浏览

方正电子图书按中国图书馆分类法分成 22 个大类，单击类目名称系统会列出该类目下的所有图书。方正电子图书馆的分类界面如图 1.46 所示，其分类浏览界面如图 1.47 所示。

图1.46 中国国家数字图书馆方正电子图书主分类界面

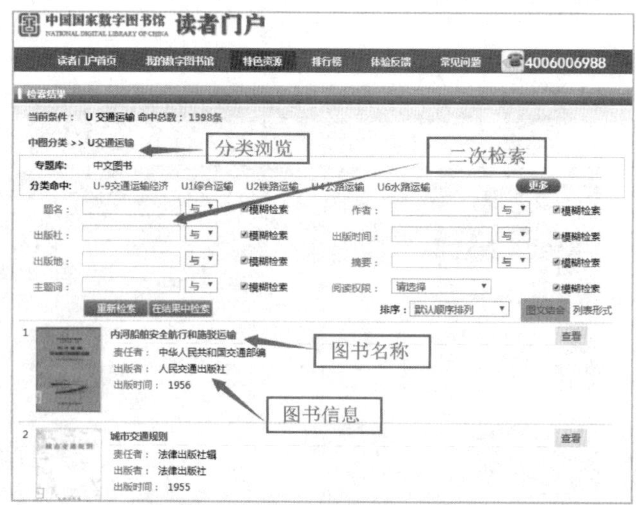

图1.47 中国国家数字图书馆方正电子图书分类浏览界面

（2）简单检索

进入中国国家数字图书馆方正电子图书检索系统，默认的检索方式为简单检索，输入检索条件，实现快速查找图书，如图 1.48 所示。

图1.48 中国国家数字图书馆方正电子图书简单检索界面

（3）高级检索

单击图 1.48 中的“电子图书”进入高级检索界面。在该界面下可以实现多个检索字段的组合检索。高级检索提供题名、作者、出版社、出版时间、摘要和主题词组合查询功能，在各检索字段之间可实现“逻辑与”和“逻辑或”组合，如图 1.49 所示。

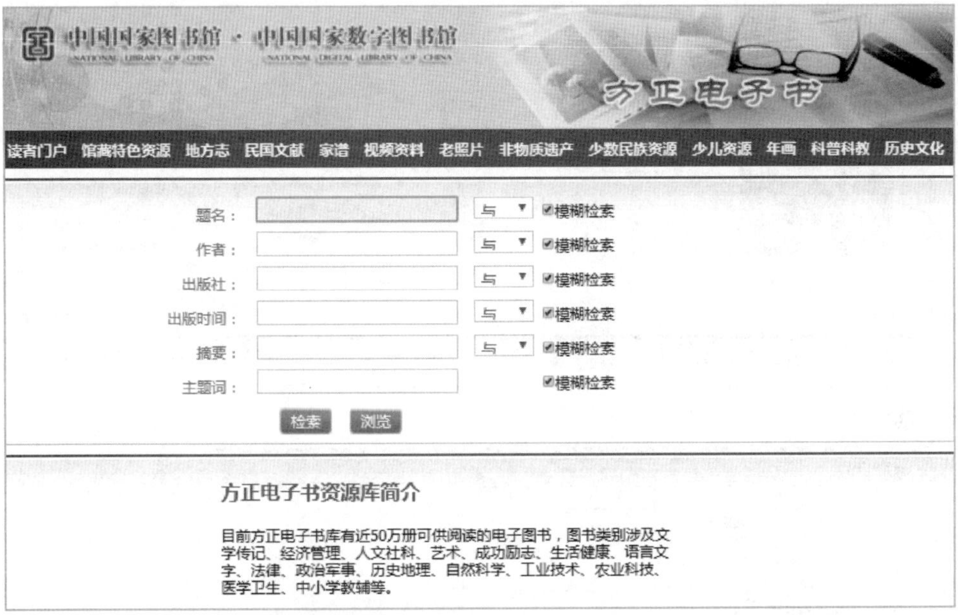

图1.49　中国国家数字图书馆方正电子图书高级检索界面

3. 检索结果处理

（1）书目信息页面

在图 1.47 中单击书名或者封面，即可转到图书的书目信息页面，如图 1.50 所示。

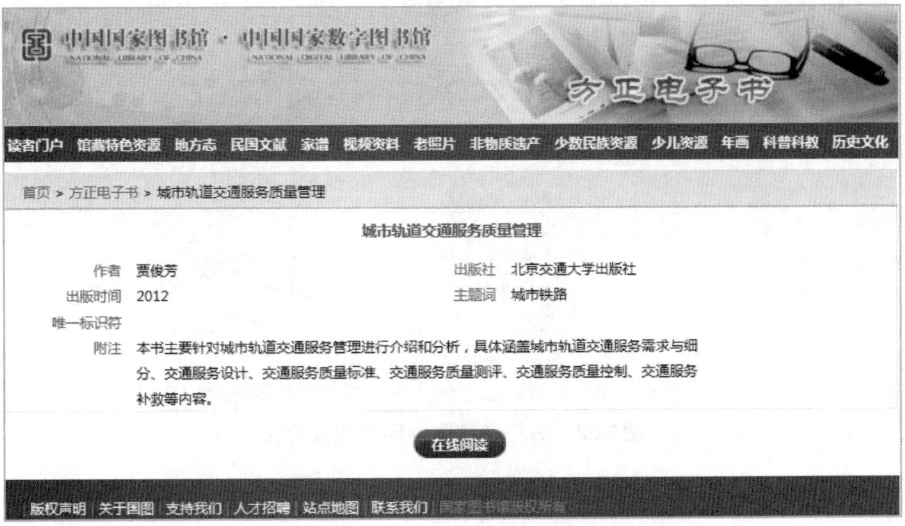

图1.50　中国国家数字图书馆方正电子图书书目信息页面

（2）图书阅读

通过单击书目信息页面中的“在线阅读”链接进入详细书目信息页面，如图 1.51 所示，可以查看图书封面、摘要、目录、评分和评论，通过单击“目录”可以直接进入图书阅读界面，如图 1.52 所示。

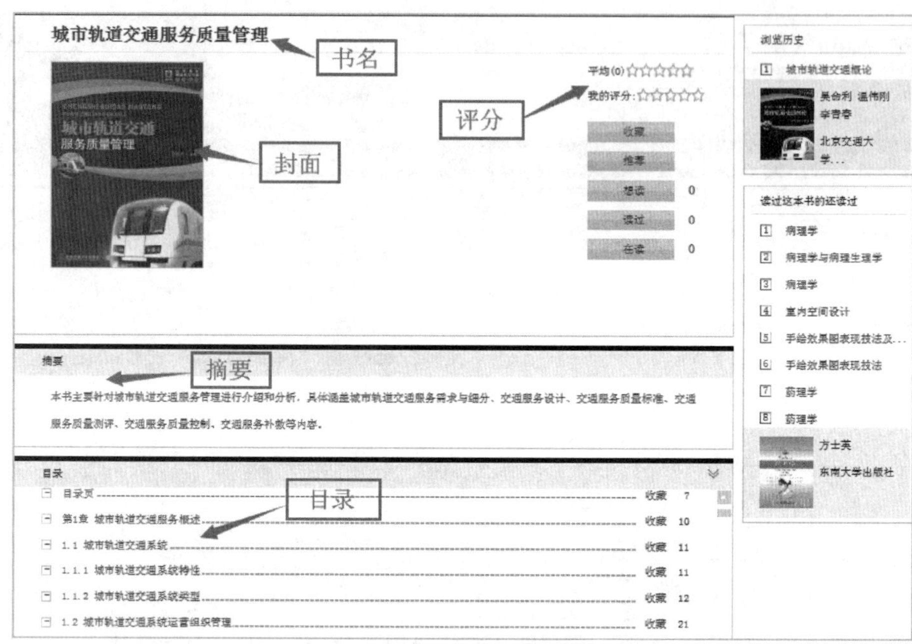

图1.51 方正电子图书详细书目信息页面

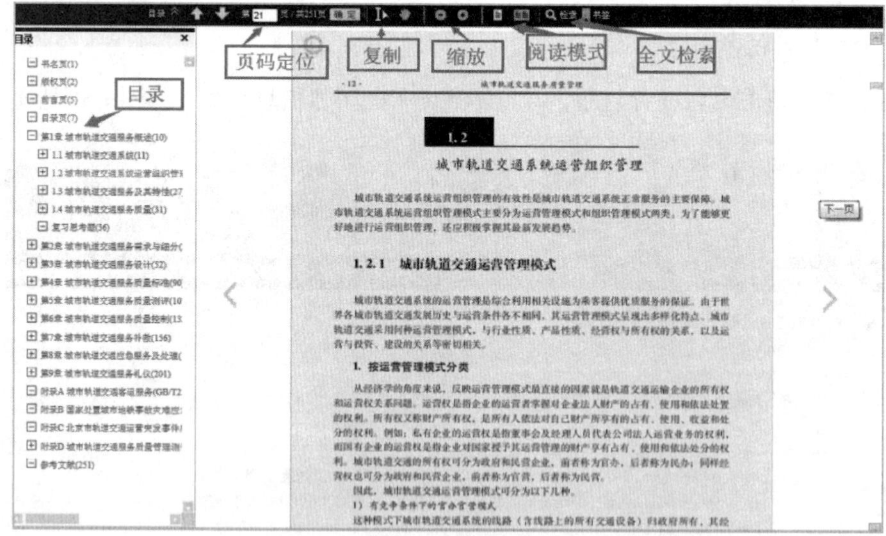

图1.52 方正电子图书网页阅读界面

（3）文字提取

方正电子图书支持文字提取复制功能。在网页阅读页面中单击按钮，鼠标会变成黑色十字状态，选取需要提取的文字，页面会弹出文字提取对话框，单击“复制”按钮，将其粘贴到目标文档即可，如图 1.53 所示。

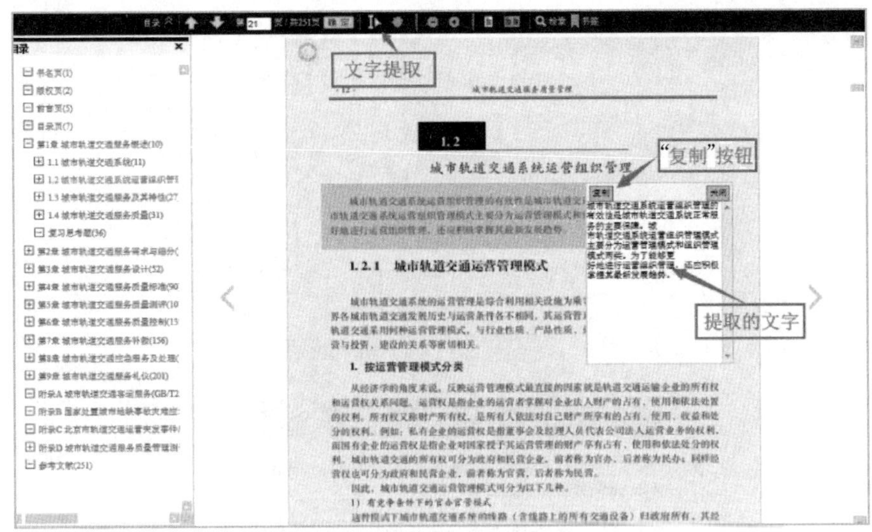

图1.53 方正电子图书网页阅读界面文字提取

4. 检索示例

下面以示例介绍中国国家数字图书馆的注册及电子图书检索阅读方法。

（1）中国国家数字图书馆读者注册

读者需要先进行注册才能正常阅读电子图书。在中国国家数字图书馆读者门户首页单击“免费注册”按钮进入读者注册界面，如图 1.54 所示。在读者注册界面填写手机号码、密码、图形验证码，单击“发送验证码”按钮，将手机上收到的短信验证码填入验证码框，单击“立即注册”按钮即可完成注册，如图 1.55 所示。

图1.54 中国国家数字图书馆读者门户首页

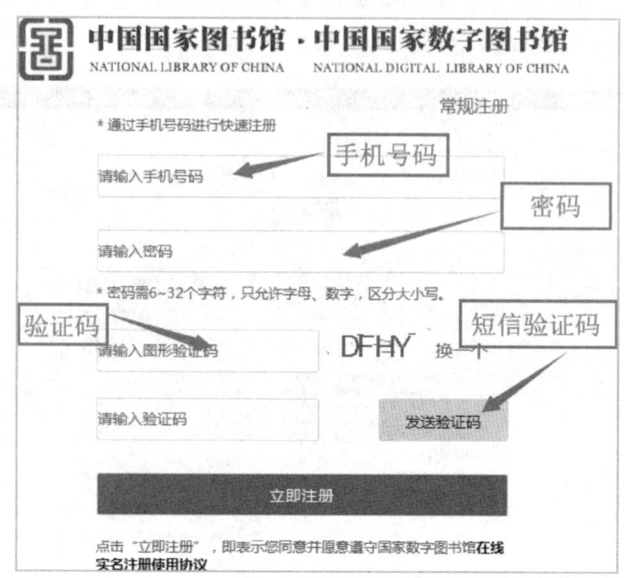

图1.55 中国国家数字图书馆读者注册界面

（2）检索方法

检索课题：查找一本由费安萍编写的有关城市轨道交通方面的图书。

检索策略：根据检索要求分析，要使用两个条件进行组合检索，所以在检索时应当选用高级检索方式。在高级检索界面，在"题名"字段的检索项中输入"城市轨道交通"，在"作者"字段的检索项中输入"费安萍"，检索界面如图 1.56 所示，然后单击"检索"按钮，检索到 1 条图书信息，检索结果界面如图 1.57 所示，在检索结果界面中还可以单击"重新检索"或"在结果中检索"按钮重新检索。值得注意的是，在高级检索界面的组合检索方式中默认的是前方一致的检索方式。

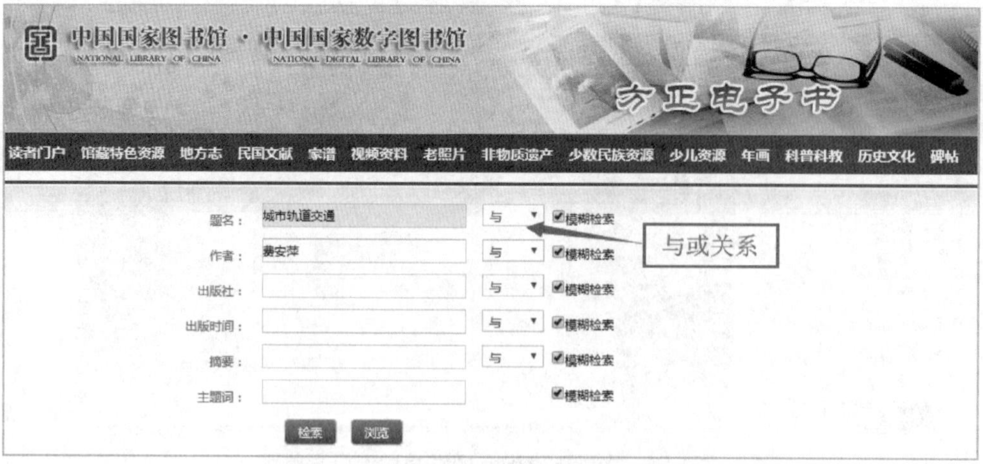

图1.56 方正电子图书高级检索界面

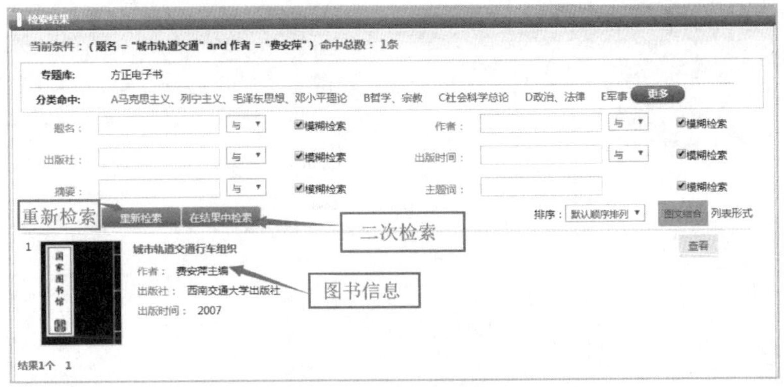

图1.57　方正电子图书检索结果界面

单击图书名称“城市轨道交通行车组织”进入图书书目信息界面，如图1.58所示，在书目信息界面单击“在线阅读”按钮进入图书详细信息界面，如图1.59所示，选择目录中的章节就可以直接打开图书进行阅读了。浏览图书界面如图1.60所示。

图1.58　方正电子图书图书书目信息界面

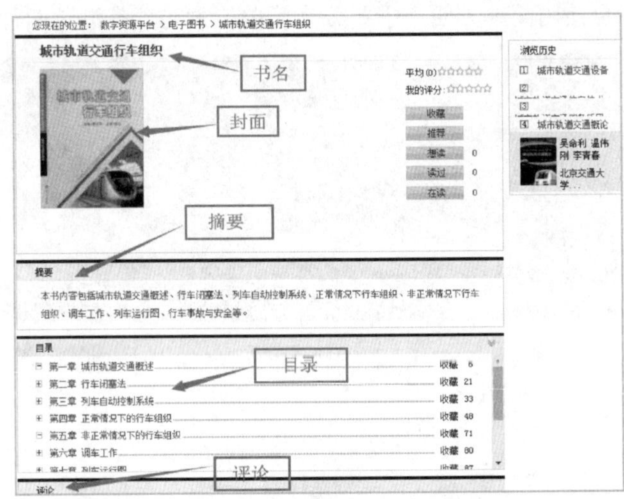

图1.59　方正电子图书图书详细信息界面

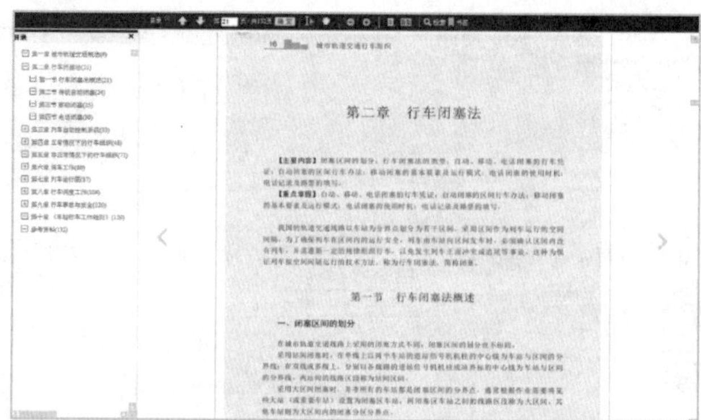

图1.60 《城市轨道交通行车组织》浏览界面

1.4.4 中国铁道出版社有限公司电子图书

1. 中国铁道出版社有限公司简介

中国铁道出版社有限公司是原中国铁道部唯一的一家以出版铁路科学技术书刊为主的出版机构，担负着铁路大中专教材、职工学习用书、铁路科技图书、各类规章规范、期刊、电子音像出版物及旅客列车时刻表的出版任务。

出版图书包含车辆类、车务类、电务类、公务类、供电类、货运类、机务类、客运类等多类别专业资源，也包括哲学、文学、艺术、教育、交通等中图分类资源。目前数据库中包括 70 多个一级分类、90 多个二级分类、300 多个三级分类资源。

电子图书数据的基础格式采取国际通用的 PDF、XML 文件格式，字迹清晰，分辨率高，阅读时可进行 PDF 全文检索。

2. 中国铁道出版社有限公司电子图书检索方法

下面以镜像站点为例，如图 1.61 所示介绍中国铁道出版社有限公司电子图书的检索平台与检索方法。该平台使用简单方便，主要分为简单检索与分类浏览两种检索方式。

图1.61 中国铁道出版社有限公司电子图书镜像站点首页

（1）简单检索

简单检索方式提供书名、作者和出版社的一站式检索方式。可以在检索框中填写关键词进行检索，检索界面如图 1.62 所示。

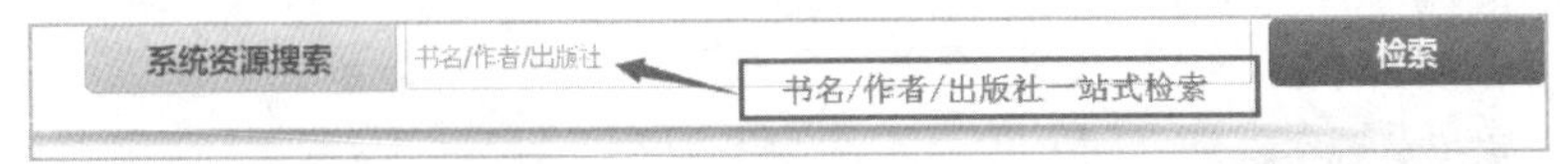

图1.62　中国铁道出版社有限公司电子图书简单检索界面

简单检索步骤如下。

① 根据检索要求，直接在检索框中填写书名、作者名或出版社，如“轨道”“轨道交通”等。值得注意的是，一站式检索框中一次只能填入一个关键词，不能有空格等其他符号，否则会导致检索失败。

② 按【Enter】键或者单击“检索”按钮，搜索到的图书将显示在网页上。为了方便读者查阅，会按照搜索结果分类，并用红色显示关键字。检索结果还可按“最新”“出版日期”进行排序。结果显示方式可以以缩略图或图书简介形式排列。

（2）分类浏览

中国铁道出版社有限公司电子图书提供三种分类浏览方式，分别为中图分类、专业分类和推荐分类。

① 中图分类是按《中国图书馆分类法》分成 22 个大类，大类下面再分二级类、三级类等，如图 1.63 所示，单击末级分类即可显示分类图书列表，单击书名链接可以打开图书详细信息界面，如图 1.64 所示。

图1.63　中国铁道出版社有限公司电子图书中图分类浏览

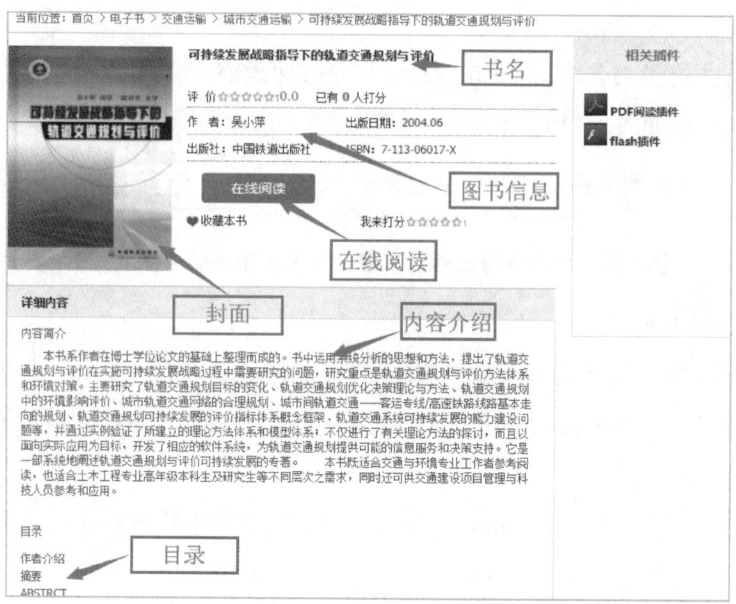

图1.64　中国铁道出版社有限公司电子图书详细信息界面

② 专业分类是中国铁道出版社有限公司按照铁路系统将电子图书按照车务、机务、供电、电务、车辆、工务和大众这七个系列进行分类，是中国铁道出版社有限公司电子图书的特色功能，如图 1.65 所示。

图1.65　中国铁道出版社有限公司电子图书专业分类浏览

③ 推荐分类是系统按照读者的阅读习惯智能地将最新出版的、阅读人数最多的图书推送给读者的方式。

3. 检索结果处理

（1）检索结果界面

检索结果界面分为三个区域：上方为检索区，读者可以根据需要重新检索；左下方为图书搜索结果分类区，读者可以查看每个小类命中图书的数量；右下方为检索结果区域，列出了每一本书的简单书目信息，如图 1.66 所示。

单击书名或者封面，即可转到图书的详细书目信息页面。

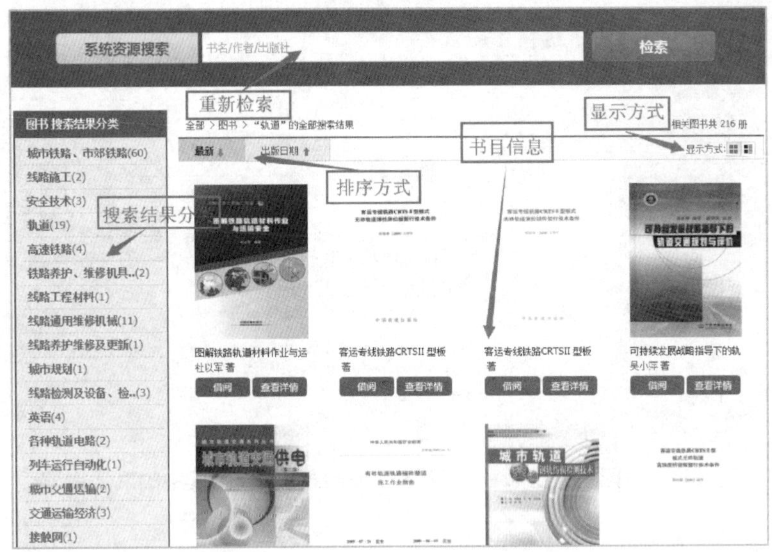

图1.66　中国铁道出版社有限公司电子图书检索结果界面

（2）图书阅读

中国铁道出版社有限公司电子图书采用 Adobe Flash Player 插件可以直接用浏览器打开阅读，非常便捷，读者可以轻松搜索、打印、复制电子图书中的内容，如图 1.67 所示。

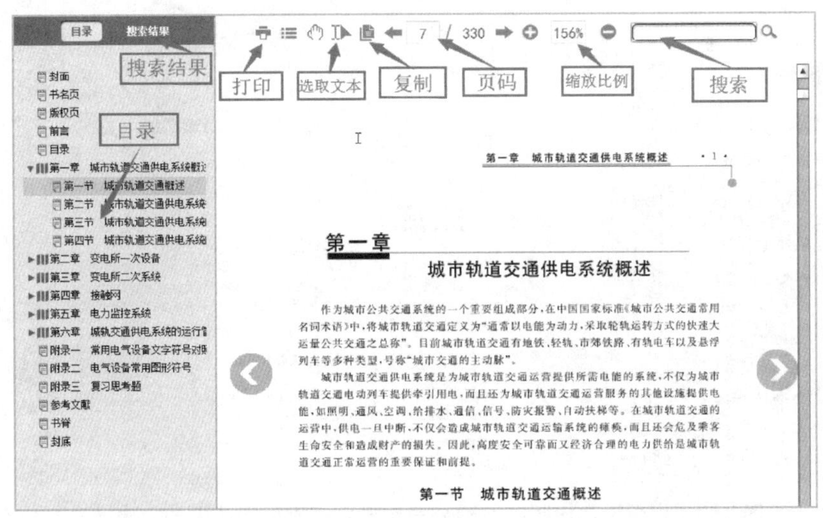

图1.67　中国铁道出版社有限公司电子图书网页阅读界面

（3）文字摘取

中国铁道出版社有限公司电子图书在网页阅读界面中支持文字摘取功能。在网页阅读界面中单击“选择文本”按钮，选择需要提取的文字，再单击“复制”按钮，这样选择的文本就被复制到系统剪贴板中，如图 1.68 所示。

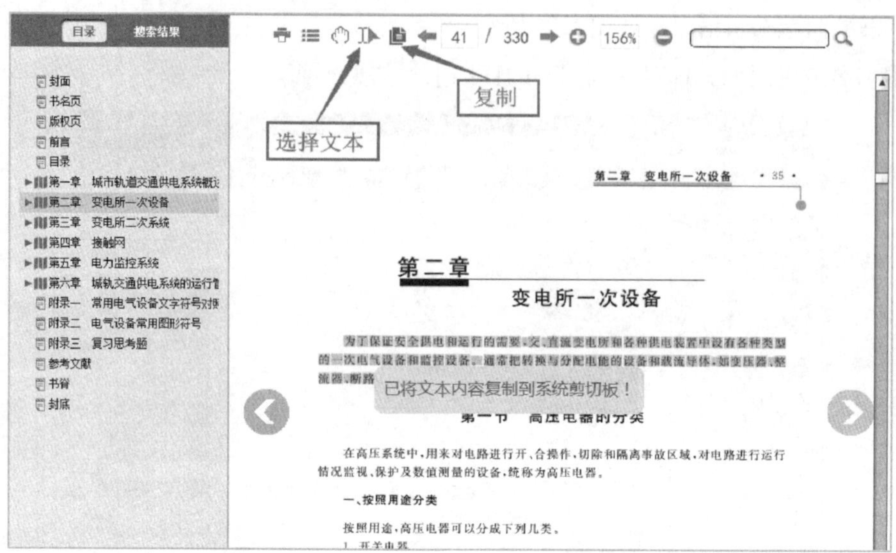

图1.68　中国铁道出版社有限公司电子图书网页阅读中的文字摘取

（4）文内搜索

中国铁道出版社有限公司电子图书在网页阅读界面中支持文内搜索功能，在网页阅读界面中的搜索框中填入关键词，单击🔍按钮，系统会自动搜索文内命中关键词的章节段落，并显示在界面左边，如图 1.69 所示。

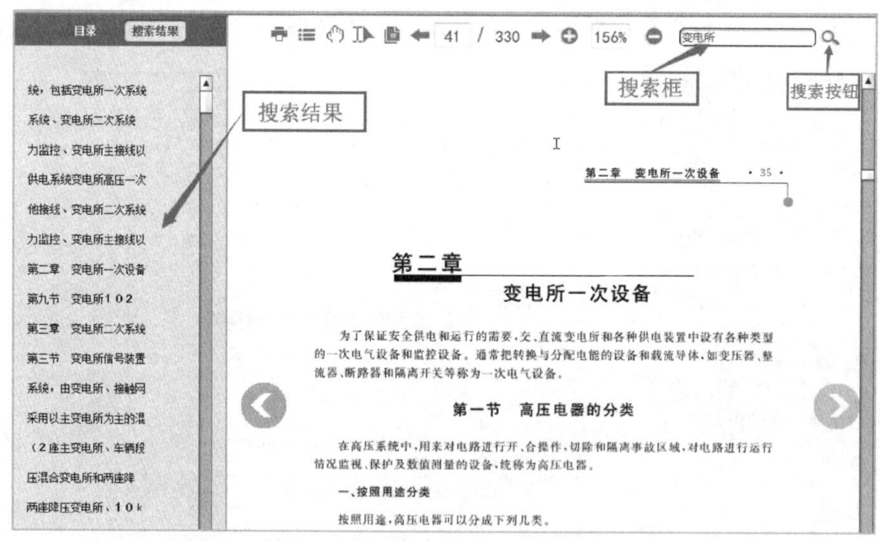

图1.69　中国铁道出版社有限公司电子图书网页阅读中的文内搜索

（5）打印

中国铁道出版社有限公司电子图书提供了打印功能，方便读者获取相应的纸质材料，单击🖶按钮，即可弹出“选择打印范围”对话框，在该对话框中有“所有页”“当前页”“页范围”三种选择，如图 1.70 所示。单击“打印”按钮即可跳转到打印预览界面准备打印，如图 1.71 所示。

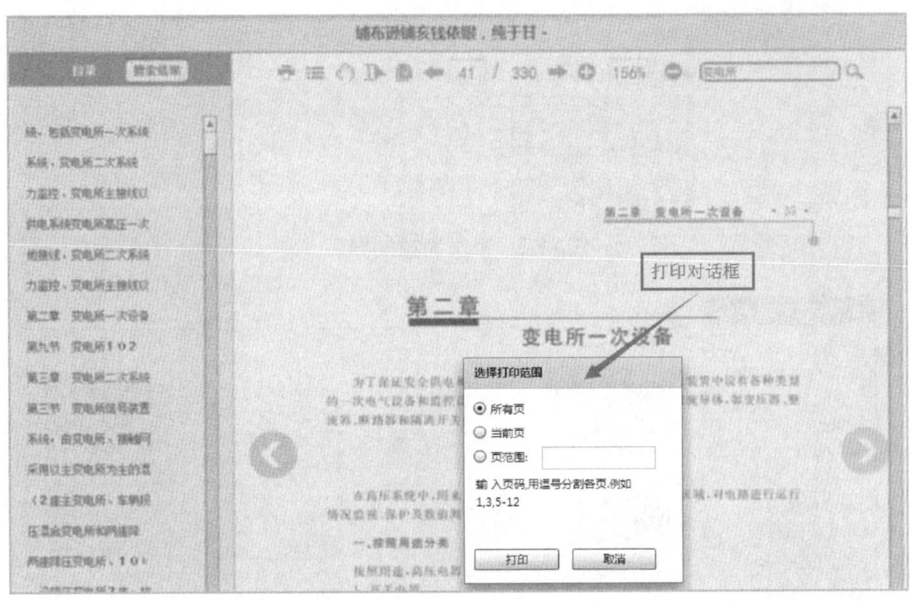

图1.70　中国铁道出版社有限公司电子图书网页阅读中的打印功能

图1.71　中国铁道出版社有限公司电子图书网页阅读中的打印预览

4. 检索示例

下面以示例介绍中国铁道出版社有限公司电子图书的简单检索和分类浏览方法。

（1）简单检索

检索课题：查找一本有关轨道交通方面的图书。

检索策略：根据检索要求，确定关键词为"轨道交通"。直接在检索框中输入"轨道交通"，系统会自动弹出下拉菜单，询问检索的书名、作者或出版社的电子书还是自有资源，如图 1.72 所示，如果不在下拉菜单中做选择，系统将默认检索关键词为书名的电子书，单击"检索"按钮，得到 86 条图书信息，检索结果如图 1.73 所示。

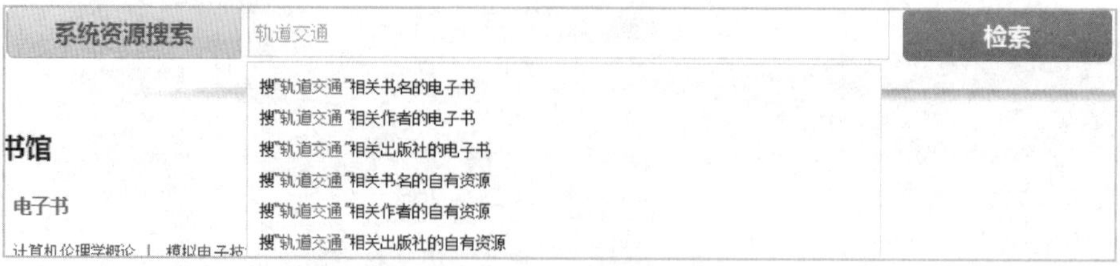

图1.72 检索词输入界面

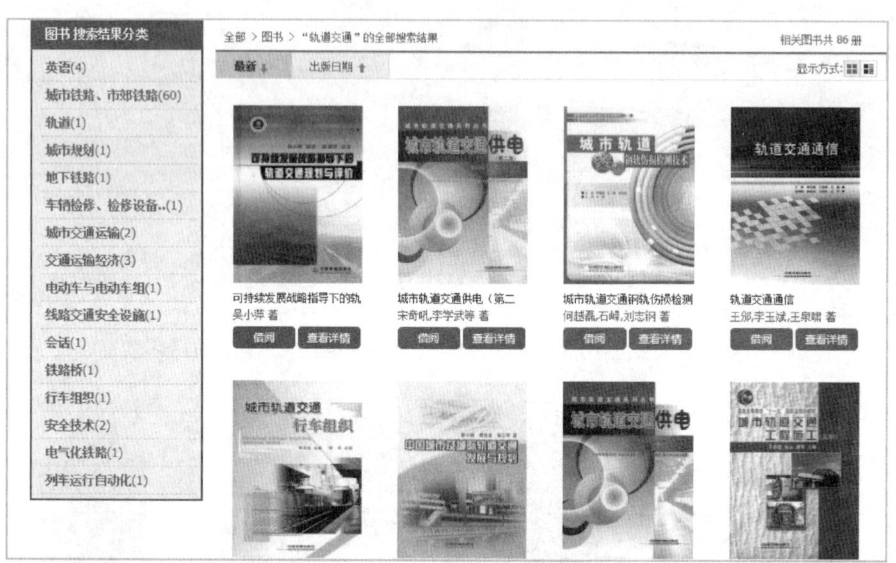

图1.73 检索结果界面

单击图书“轨道交通通信”下方的“借阅”按钮，系统将自动将图书存入“会员中心”中的书架，方便再次阅读，如图1.74所示。单击“查看详情”按钮，系统会打开图书详细信息界面，方便读者查看图书的详细内容和目录，如图1.75所示。单击“在线阅读”按钮就可以打开图书直接浏览了。浏览界面如图1.76所示。

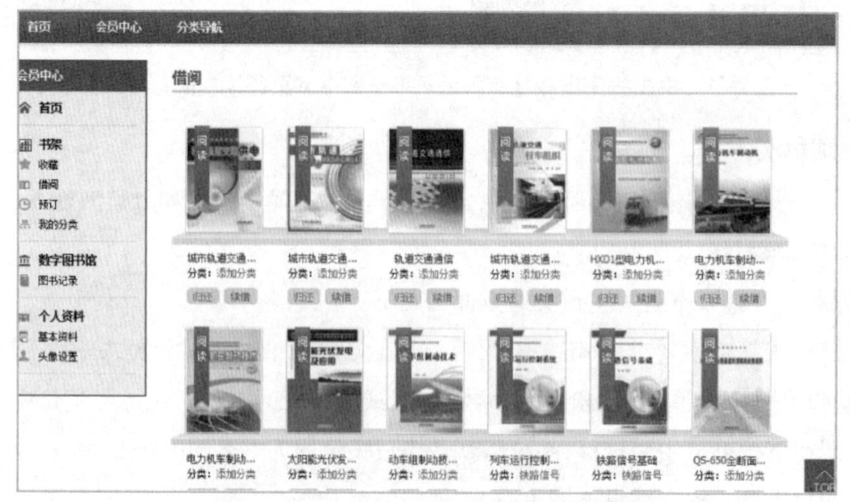

图1.74 中国铁道出版社有限公司电子图书“会员中心”书架

图1.75　中国铁道出版社有限公司电子图书详细信息界面

图1.76　中国铁道出版社有限公司电子图书浏览界面

（2）分类浏览

中国铁道出版社有限公司电子图书的专业分类是特色功能，能够为读者提供最专业、最全面的图书，下面以在专业分类中查找图书为例。

检索课题：查找一本中国铁路供电系统相关方面的图书。

检索策略：根据检索要求，需要系统提供全面的图书信息，确定选择专业分类浏览。在首页中单击“电子书”按钮，如图 1.77 所示。浏览器跳转至分类浏览模式界面，单击“专业分类”，系列将打开专业分类列表，如图 1.78 所示。

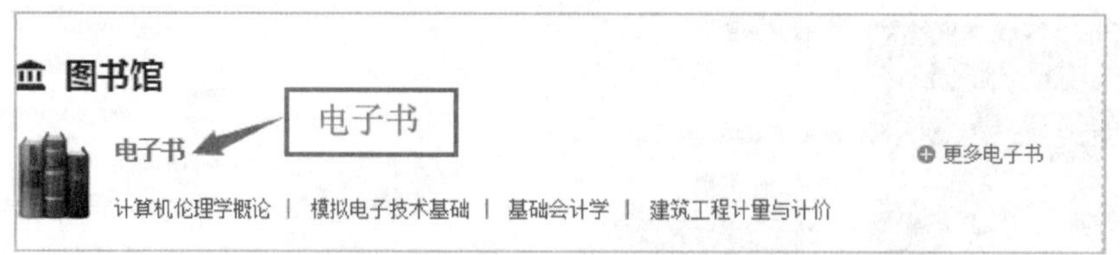

图1.77 中国铁道出版社有限公司电子图书分类浏览模式

图1.78 中国铁道出版社有限公司电子图书专业分类浏览1

单击"供电系统"按钮，系统将筛选出中国铁路供电系统相关方面的图书。在界面右边，可以查看册数和图书信息，选择排列方式和显示方式，如图 1.79 所示。

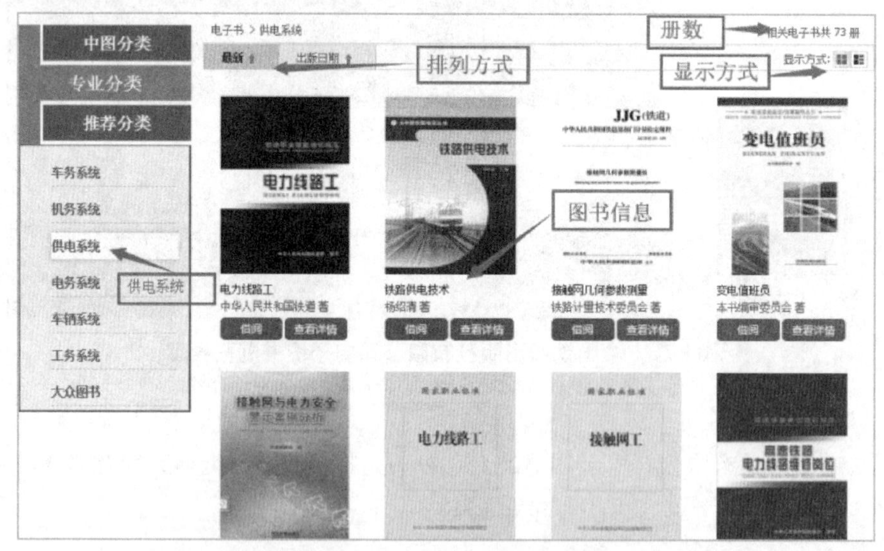

图1.79 中国铁道出版社有限公司电子图书专业分类浏览2

如需预览图书详细内容，可以在显示方式中单击 按钮，系统将进入图书详细内容预览模式，如图 1.80 所示，单击"查看详情"进入图书详细信息界面后单击"在线阅读"即可浏览图书，如图 1.81 所示。

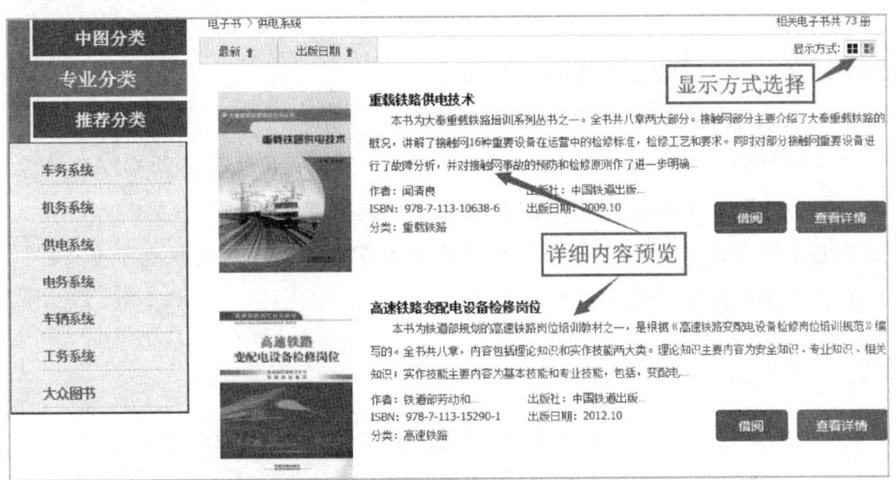

图1.80　中国铁道出版社有限公司电子图书详细内容预览

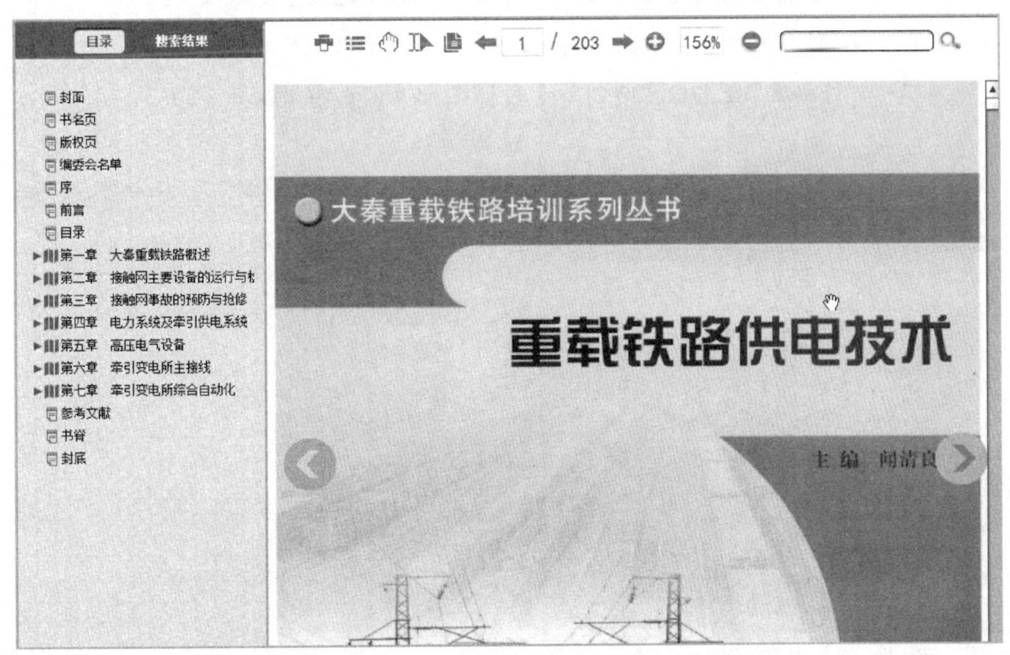

图1.81　中国铁道出版社有限公司电子图书浏览界面

小　　结

本章主要介绍了图书的定义、分类及特点；图书出版信息的检索方式；纸本图书的检索与借阅；电子图书的检索方法与下载阅读；其中重点介绍了超星电子图书、方正电子图书、中国铁道出版社电子图书的获取方法。这些内容是学习图书信息检索的必备基本知识，也是掌握图书信息检索技术的基本方法。

习　题

1. 图书的分类方式有哪些？图书具有哪些特点？
2. 图书出版信息的获取途径有哪些？如何获取全文？
3. 什么是联机公共目录检索系统（OPAC）？国内外有哪些著名的 OPAC 检索系统？
4. 纸本图书获取的主要方式有哪些？应该如何选择获取方式？
5. 超星电子图书的检索方法有哪些？阅读方式有几种？如何获取电子全文？
6. 中国铁道出版社电子图书有什么特点？

参考文献

[1] 边莉 . 出版发行：图书的定义和分类 [J]. 明日风尚，2016(16):283.
[2] 马林山 . 信息检索与利用 [M]. 合肥：安徽科学技术出版社，2013.
[3] 初景利 . 复合图书馆理论与方法 [M]. 上海：上海交通大学出版社，2009.
[4] 罗晓宁 . 网络信息检索与利用 [M]. 上海：同济大学出版社，2011.
[5] 刘二稳，许福运 . 信息检索与创新专利 [M]. 北京：科学出版社，2013.

第2章 论文信息检索

学习目标

掌握论文的定义、分类及其特点，了解论文收藏地点和甄选方法，掌握中国知网、万方、维普、超星等数字收藏论文的检索与下载方法。

重点难点

论文的特点与甄选，中国知网、万方、维普、超星期刊等数字平台论文检索与下载方法。

授课内容

（1）轨道交通论文概述。

（2）CNKI 中国知网论文检索。

（3）万方数据知识服务平台论文检索。

（4）维普网论文检索。

（5）超星期刊论文检索。

建议学时 6 学时。

本章共分为 5 个小节，第 1 节对论文的定义、分类、收藏、甄选等内容进行了详细讲解；第 2 ~ 5 节详细介绍了中国知网、万方数据知识服务平台、维普网、超星期刊等数据库，并从中介绍其学术论文的检索、浏览、下载和撰写，包括学术论文写作基本要求、写作格式、写作步骤及投稿技巧。

2.1 论文概述

科技发展成果大部分首先以论文成果形式向社会发布。从业人员要学习研究科技成果，首先应从论文成果开始。论文成果包括一万多种期刊历年发表的学术论文，期刊论文总数超过 5 000 万篇，还包括近千家硕博士培养单位的博硕士学位论文，博硕士论文超过 400 万篇，还包含国内外学术会议论文 500 多万篇。

2.1.1 论文的定义

古典文学常见论文一词，谓交谈辞章或交流思想。当代，论文常用来指进行各个学术领域的研究和描述学术研究成果的文章，简称之为论文。它既是探讨问题进行学术研究的一种手段，又是描述学术研究成果进行学术交流的一种工具。

论文一般由题名、作者、摘要、关键词、正文、参考文献和附录等部分组成。

论文著作权实行自愿登记，论文不论是否登记，作者或其他著作权人依法取得的著作权不受影响。我国实行作品自愿登记制度的目的在于维护作者或其他著作权人和作品使用者的合法权益，有助于解决因著作权归属造成的著作权纠纷，并为解决著作权纠纷提供初步证据。

2.1.2 论文的分类

1. 按内容性质和研究方法分类

按内容性质和研究方法分为理论性论文、实验性论文、描述性论文和设计性论文。

2. 按综合类型分类

专题型论文：这是在分析前人研究成果的基础上，以直接论述的形式发表见解，从正面提出某学科中某一学术问题的一种论文。

论辩型论文：这是针对他人在某学科中某一学术问题的见解，凭借充分的论据，着重揭露其不足或错误之处，通过论辩形式来发表见解的一种论文。

综述型论文：这是在归纳、总结前人或今人对某学科中某一学术问题已有研究成果的基础上，加以介绍或评论，从而发表自己见解的一种论文。

综合型论文：这是一种将综述型和论辩型两种形式有机结合起来写成的一种论文。

3. 按应用场景和保存形式分类

（1）学术论文

学术论文是某一学术课题在实验性、理论性或观测性上具有新的科学研究成果或创新见解的知识和科学记录；或是某种已知原理应用于实际中取得新进展的科学总结，在学术刊物发表的论文称为学术期刊论文；在学术会议上宣读、交流或讨论的论文称为会议论文。

学术论文具有学术性、科学性、创造性和理论性，通常是研究某个学术问题，论文篇幅比较短小，文字一般 3 000 ~ 10 000 字。学术论文的研究成果一般比较新颖、发表比较快捷，从成果成文到刊发或在会议上交流，一般时间需要 1 ~ 6 个月，是当前学术研究的热点成果。

（2）学位论文

学位论文是表明作者从事科学研究取得创造性的结果或有了新的见解，并以此为内容撰写而成，作为提出申请授予相应的学位时评审用的学术论文。一般分为学士论文、硕士论文和博士论文。

学士论文应能表明作者确已较好地掌握了本门学科的基础理论、专门知识和基本技能，并具有从事科学研究工作或担负专门技术工作的初步能力。

硕士论文应能表明作者确已在本门学科上掌握了坚实的基础理论和系统的专门知识，并对所研究课题有新的见解，有从事科学研究工作或独立担负专门技术工作的能力。

博士论文应能表明作者确已在本门学科上掌握了坚实宽广的基础理论和系统深入的专门知识，并具有独立从事科学研究工作的能力，在科学或专门技术上做出了创造性的成果。

学位论文代表不同的学识水平，是重要的文献情报源之一，博士论文质量最高，是收集和利用的重点，学位论文一般不在刊物上公开发表，只能通过学位授予单位、指定的收藏单位和私人途径获得。

2.1.3　论文的收藏

论文是非常重要的研究成果，是科技发展水平的重要体现，是科研工作人员的研究基础。中国的论文成果得到了很好的保存。

学术期刊论文一般由各期刊编辑部刊印，纸本期刊论文由各级各类图书馆采购收藏，电子期刊论文一般由数字出版公司出版发行，主要有中国知网、万方数据库、维普数据库、超星期刊域出版数据库等。这些数据库收录了中国绝大部分期刊论文的全文，索引数据提供互联网免费公开检索。

会议论文一般由会议组织单位印刷分发参会人员，部分重要会议出版会议论文集或者会议论文集专刊，会议论文的电子版由数字出版公司公开出版发行，主要有中国知网和万方数据库。

学位论文由学位授予单位收藏，优秀硕士论文和博士论文电子版由专门数字出版公司出版发行，主要有中国知网和万方数据库。

中国台湾地区没有专门的数字出版公司收藏论文全文，但各个高校建立了机构知识库，各单位从机构知识库中获取机构内部论文资料。

2.1.4　论文的甄选

论文数量庞大，数字出版公司提供千万余篇学术期刊论文检索下载，学习研究人员需要甄选高质量的论文进行学习。评价学术期刊论文质量可从期刊影响因子来判断，也可从期刊是否入围权威机构发布的期刊目录来判断。影响因子数字大的期刊论文质量较高，进入北大中文核心期刊要目总览、中国科学引文数据库（CSCD）、中文社会科学引文索引（CSSCI）的论文质量较高。

1. 影响因子

影响因子（impact factor，IF）是国际上通用的期刊评价指标，它不仅是一种测度期刊有用性和显示度的指标，而且也是测度期刊的学术水平乃至论文质量的重要指标。影响因子是指某一期刊的文章在特定年份或时期被引用的频率，是衡量学术期刊影响力的一个重要指标，是以年为单位进行计算的。以 2018 年的某一期刊影响因子为例：

IF（1992 年）= A / B，

式中，A 为该期刊 2016—2017 年所有文章在 2018 年中被引用的次数；B 为该期刊 2016—2017 年所有文章数。

2. 北大中文核心期刊要目总览

《中文核心期刊要目总览》是由北京大学图书馆及北京十几所高校图书馆众多期刊工作者及相关单位专家参加的研究项目，项目研究成果以印刷型图书形式出版，已由北京大学出版社出了 8 版:第一版（1992 年）、第二版（1996 年）、第三版（2000 年）、第四版（2004 年）、第五版（2008 年）、第六版（2011 年）、第七版（2014 年）、第八版（2017 年）。

3. 中国科学引文数据库

中国科学引文数据库（Chinese Science Citation Database，CSCD）创建于 1989 年，具有建库历史最为悠久、专业性强、数据准确规范、检索方式多样、完整、方便等特点，自提供使用以来，深受用户好评，被誉为“中国的 SCI”。

CSCD 收录我国数学、物理、化学、天文学、地学、生物学、农林科学、医药卫生、工程技术和环境科学等领域出版的中英文科技核心期刊和优秀期刊千余种，目前已积累从 1989 年到现在的论文记录 5 124 086 条，引文记录 68 089 717 条（详见附录 2）。

4. 中文社会科学引文索引

中文社会科学引文索引（Chinese Social Sciences Citation Index，CSSCI）是由南京大学投资建设、南京大学中国社会科学研究评价中心开发研制的人文社会科学引文数据库，用来检索中文人文社会科学领域的论文收录和被引用情况。

CSSCI 遵循文献计量学规律，采取定量与定性相结合的方法从全国 2 700 余种中文人文社会科学学术性期刊中精选出学术性强、编辑规范的期刊作为来源期刊。目前收录包括法学、管理学、经济学、历史学、政治学等在内的 25 大类的 500 多种学术期刊，现已开发 CSSCI（1998—2017 年）20 年的数据，来源文献 150 余万篇，引文文献 1 000 余万篇。中文学术图书引文索引（CBKCI）收录图书 5 000 余册。

2.2 CNKI中国知网论文检索

2.2.1 CNKI 中国知网资源简介

CNKI（National Knowledge Infrastructure）就是国家知识基础设施，1998 年由世界银行提出，1999 年 6 月由清华大学、清华同方发起建设，主要收录了期刊论文、博硕士学位论文、会议论文、报纸文章、年鉴、工具书、专利、标准和科技成果等类型文献。

期刊论文以学术、技术、政策指导、高等科普及教育类期刊为主，内容覆盖自然科学、工程技术、农业、哲学、医学、人文社会科学等各个领域。收录国内学术期刊 8 000 多种，论文全文数据收录从期刊创刊至今，最早收录 1915 年的论文全文，全文文献总量 5 300 万篇，数据日更新。

博硕士学位论文收录了全国 469 家培养单位的博士学位论文和 753 家硕士培养单位的优秀硕士学位论文。从 1984 年至今，累积博硕士学位论文全文文献 400 万篇，数据日更新。

会议论文重点收录 1999 年以来，中国科协系统及国家二级以上的学会、协会，高校、科研院所，政府机关举办的重要会议以及在国内召开的国际会议上发表的文献。其中，国际会议文献占全部文献的 20% 以上，全国性会议文献超过总量的 70%，部分重点会议文献回溯至 1953 年。已收录出版国内外学术会议论文集 3 万本，累积文献总量 300 万篇，数据日更新。

报纸文献收录 2000 年以来中国国内 500 多种重要报纸刊载的学术性、资料性文献，累积报纸全文文献 1 000 多万篇。

2.2.2　CNKI 中国知网论文检索方法

1. CNKI 中国知网 PC 端检索下载

（1）访问方法

在浏览器中输入 www.cnki.net, 即可访问 CNKI 中国知网首页，界面如图 2.1 所示。

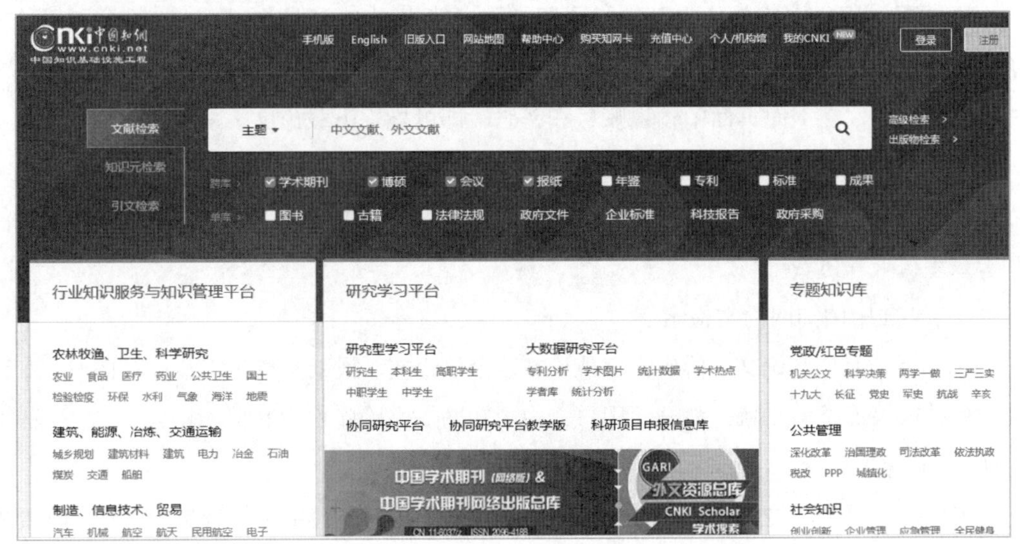

图2.1　CNKI中国知网首页

CNKI 中国知网免费向社会公众提供文献资源检索，不需要登录即可检索文献篇名、作者、期刊、摘要等，可了解论文相互引用关系。如果需要下载论文全文，则需要登录。

（2）用户登录

单击主页右上角的“登录”按钮，进入登录界面，如图 2.2 所示。

图2.2 CNKI中国知网登录页面

中国知网提供单位用户和个人用户服务。

高等院校、科研院所、政府机关、科技型企业和公共图书馆会购买中国知网产品，为单位工作人员或读者提供中国知网论文检索下载服务。一般各个单位会将该单位 IP 地址段提供给中国知网，用户在该单位内部访问中国知网，能根据 IP 地址自动登录。购买中国知网的单位也会获取部分漫游账号和密码，通过一定渠道发布给单位人员，单位人员可在单位范围外计算机访问，在上面页面中输入账号和密码，即可检索下载论文。

个人用户可以通过 QQ、微信、网易账号、新浪微博、手机号码注册，注册后可以检索，当需要下载论文全文时，则需要根据论文篇幅付费，付费方式可采用微信支付、支付宝支付、银联卡、手机卡等付费。

（3）CNKI 中国知网论文检索

中国知网含有期刊论文、博硕士学位论文、会议论文、报纸文章、年鉴、工具书、专利、标准和科技成果等类型文献，为方便用户，中国知网提供跨库检索和单库检索。

① 跨库检索。

在 CNKI 主页上单击左边的“文献检索”选项卡，在下拉菜单中可选定检索项，有主题、关键词、篇名、全文、作者、单位、摘要、中图分类号、文献来源等检索项，在检索词文本框中输入检索词，如输入“高速铁路路基”，单击右侧的“检索”图标或按 Enter 键，即可开始检索，如图 2.3 所示。

默认跨库检索是检索期刊、博硕、会议、报纸四个库，如用户需要，可勾选其他文献库。检索结果页面如图 2.4 所示。

图2.3　CNKI文献检索页面

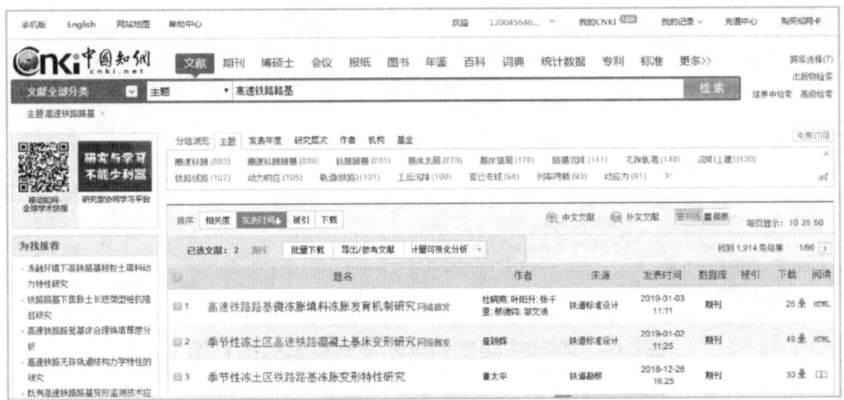

图2.4　CNKI中国知网检索结果页面

② 单库检索。

用户也可自行选定某个单一库检索，各个单一库检索界面和方法均是一样的，以下以期刊论文为例进行说明。

在中国知网首页面单击“学术期刊”，进入学术期刊检索页面，如图 2.5 所示。

图2.5　CNKI中国知网学术期刊检索页面

在学术期刊检索页面，可以看到上部显示各个单库，目前提示是在进行期刊论文检索，可单击其他单库，进入其他单库检索。

单库检索提供高级检索、专业检索、作者发文检索、句子检索和一框式检索，用户可自行选择，通常采用高级检索，在表格中输入检索词，选择检索项，设定其他特定检索要求。设定检索要求越多，检索出来的结果就越精准，当然也可能没有满足条件的文献，设定的检索条件少，则检索出来的结果会较多，需要用户自行筛选下载。

检索主题为“城际铁路”，并且关键词含有“接触网”，限定2015—2019年的文献，检索结果如图2.6所示。

	篇名	作者	刊名	发表时间	被引	下载	阅读
1	南昌昌北铁路物流基地电气化挂网方案设计	马进	铁道运输与经济	2016-06-13 20:13		35	HTML
2	青荣城际铁路西陌堂线路所轨道电路干扰问题分析与处理	孙其泰	铁道通信信号	2016-04-17		25	HTML
3	浅谈城际铁路隧道接触网轨槽预埋施工技术	王鹏飞	河北建筑工程学院学报	2015-12-25		10	HTML
4	中铁电气化局：电气化铁路建设的领跑者	罗瑞军;郭永俊	建筑	2015-06-20		71	HTML
5	郑开城际铁路接触网短路试验分析	陈忠良	黑龙江科技信息	2015-03-25		27	HTML
6	武汉至黄石城际铁路接触网无交叉线岔技术的应用	贾强;鲁相来	科技资讯	2015-02-03		38	HTML
7	隧道内接触网后置化学锚栓施工浅析	赵建霖	科技创业月刊	2015-01-25		36	HTML

图2.6 CNKI中国知网学术期刊检索结果页面

③ 检索结果浏览。

检索结果通过列表方式展示，如图2.6所示，列出了结果条数，每页可列出10、20或者50条，列表上部有自动产生的聚类词汇，有相关度、发表时间、被引、下载排序选项。列表中列出篇名、作者、刊名、发表时间、被引数和下载数。

被引数是根据中国知网的引文数据库统计出来的数字，就是该篇论文被人参考引用过的次数，被引数越大，则说明该篇论文被关注度大，被社会认可度高，论文质量相对较高。

单击结果列表中的论文篇名，可进入论文相关信息显示页面，如图2.7所示。

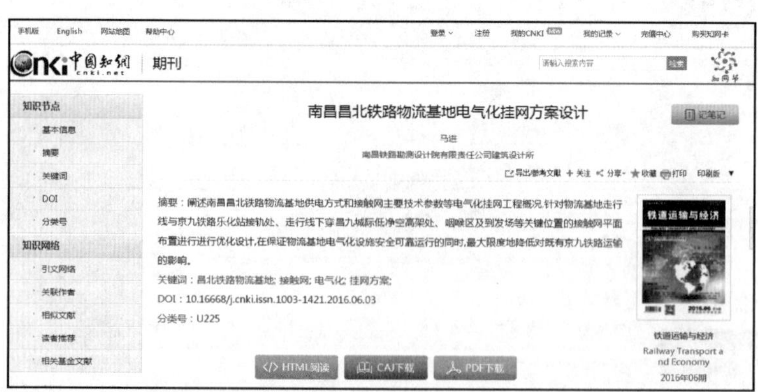

图2.7 CNKI中国知网论文相关信息显示页面

④ 论文相关信息显示。

图 2.7 是一篇轨道交通的论文，可以看到论文的基本信息。

在页面左部，有个“知识网络”，用户可以根据这个知识网络查找到与该篇论文相关的文献，主要有参考文献、相似文献、引证文献、读者推荐文献等。

（4）中国知网论文下载

在论文相关信息显示页面单击“CAJ 下载”或“PDF 下载”按钮，即可将论文全文下载到用户计算机中。

单位用户登录后，不用收费即可下载，个人用户需要支付费用后才可以下载。

2. 中国知网手机端阅读与下载

中国知网推出的一款移动服务工具——CNKI 全球学术快报，又称“移动知网”，开展知识移动服务、促进资源共享和移动应用，可提供检索、下载、个性化定制、即时推送、读者关注点追踪、内容智能推荐、全文跨平台云同步等功能，实现机构漫游权限管理与账号绑定，帮助读者获取最新学术研究与产业应用前沿动态。

全球学术快报的主要功能如下所述。

检索下载：文献、出版物检索，用户随时随地查看、下载、阅读文献。

管理：机构账号绑定，漫游权限管理；已下载文献管理，个人信息管理。

同步：下载的文件跨平台同步，标注信息同步，个人信息跨平台同步。

定制：定制快报、学科、会议、项目、期刊等多种类型文献。

推送：分析用户特征，为用户主动做出个性化推荐；减少用户输入的烦琐性，智能推送关联词语。

（1）全球学术快报下载安装

手机用户可到手机软件商店搜索“全球学术快报”，该软件免费下载安装，软件大小约 50MB。也可访问中国知网主页（www.cnki.net)，单击左上角的“手机版”，如图 2.8 所示，在该页面扫描二维码后下载安装该 APP。

图2.8 全球学术快报下载页面

（2）用户登录设置

打开全球学术快报 App 后，界面如图 2.9 所示，单击右下角的“我的”，可看到登录状态，目前显示没有登录。点击“登录”，进入登录界面，如图 2.10 所示。

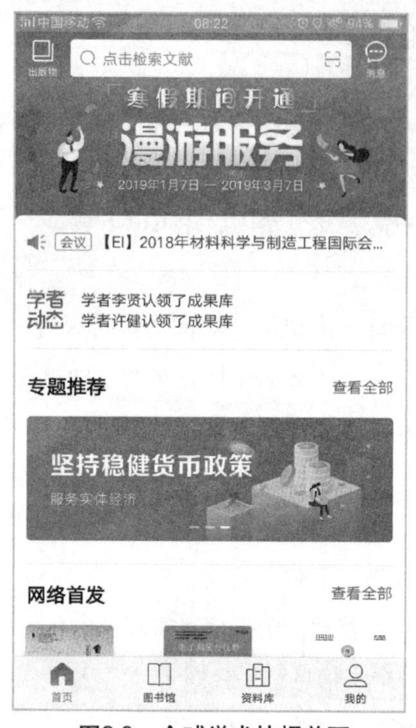

图2.9 全球学术快报首页

图2.10 全球学术快报登录状态页面

有多个登录方式可以登录全球学术快报。

第一种：用户账户密码登录，如图 2.11 所示。账户密码可自行注册，用个人手机号码或者个人邮箱注册，如需下载论文全文，需要个人支付费用；也可用单位授权账户，很多高校、政府机关、企业拥有中国知网的访问权限，用户可到单位的图书馆或信息相关部门申请账户，单位账户能下载文献全文，个人不需要支付费用。

第二种：其他登录方式。可用 QQ、新浪微博、微信的账户登录，单击登录界面底部的相应图标，实现快捷登录，登录后页面如图 2.12 所示。

个人注册账户和其他登录方式的用户，可以免费检索全部文献，如需下载全文，则需要支付文献费用，费用从五角至几十元不等，一般根据文献页数和质量自动计算，大部分约合五角一个页面。

（3）文献检索

单击主界面上部的检索条，进入文献检索页面，如图 2.13 所示。

检索页面顶部可选择文献类型，有“文献”“期刊”“博士”“硕士”“会议”“标准”“年鉴”“成果”“专利”“工具书”等，用户可自行选择，其中“文献”指的是全部文献类型综合检索。

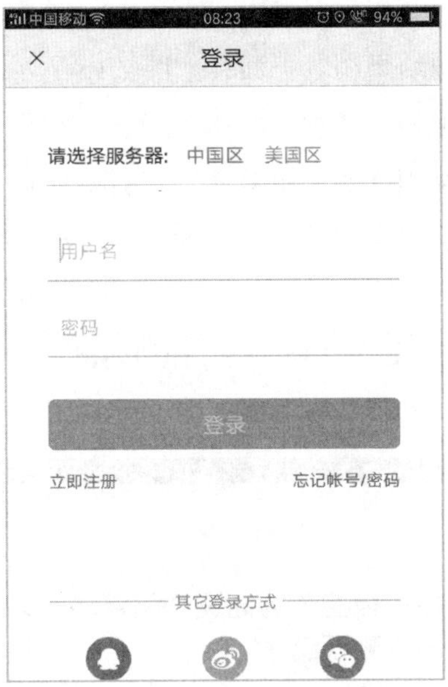

图2.11　全球学术快报登录页面

图2.12　全球学术快报登录后页面

检索页面的检索条左侧有个下拉箭头，如图 2.13 所示，可以选择检索项，有“主题”“篇名”“关键词”“作者”“单位”等。用户根据需要选择一个检索项。

设定文献类型和检索项后，在检索条中输入检索词。单击“搜索”，即可开始检索。

要想更精确地搜索，可以单击“高级检索”，在如图 2.14 所示的，高级检索页面，可设定多个复合检索条件，满足精准检索需求。

图2.13　文献检索页面

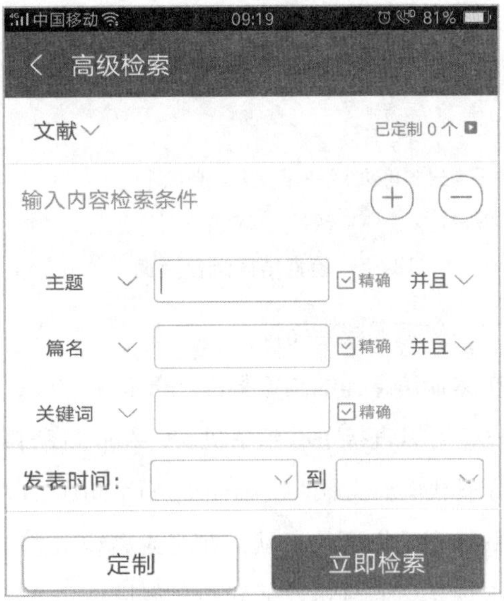

图2.14　高级检索页面

（4）文献浏览与筛选

检索主题为“钢轨探伤”的文献，检索后得到结果浏览页面，如图 2.15 所示，可看到多条复合条件的文献，列出文献的篇名、作者、来源、摘要、被引次数、下载次数、发表时间等信息，可以按照主题相关度、发表时间、被引次数、下载次数进行降序排列，也可以选择发表时间、学科、研究层次、作者、机构、基金来筛选，方便用户快捷获取需要的文献。

单击某条文献标题，进入文献信息详细浏览页面，如图 2.16 所示，详细列出了标题、作者、机构、摘要、基金、关键词、DOI、分类号、来源、相似文献、评论等。

图2.15　检索结果浏览页面

图2.16　文献信息详细浏览页面

（5）文献下载与阅读

在文献信息详细浏览页面底部有个“CAJ 下载”按钮，用户可单击下载，如果是单位授权用户，可以直接下载到手机端，App 自动打开该篇文献；若为个人用户，则需完成费用支付才可下载该篇文献。文献阅读页面如图 2.17 所示。

下载到手机端的文献，在线或离线状态下，用户均可在首页的底部单击“资料库”，如图 2.18 所示，看到已经下载的文献目录，单击某篇文献，即可阅读。

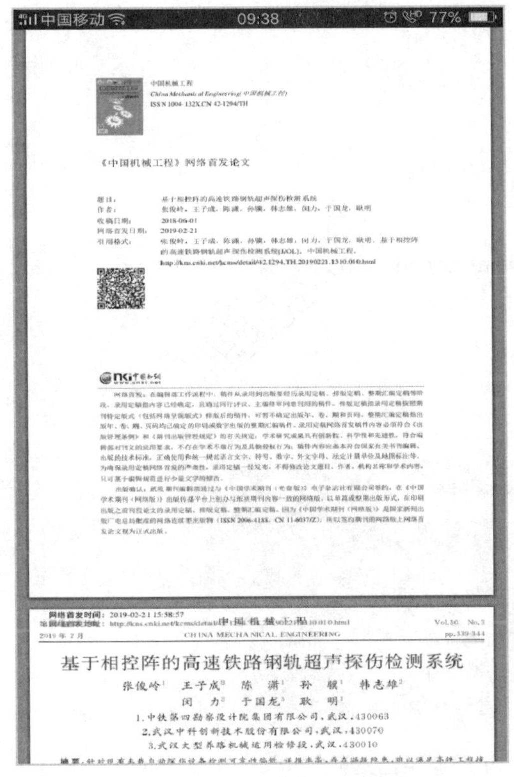

图2.17　文献阅读页面

图2.18　资料库浏览页面

2.3　万方数据知识服务平台论文检索

2.3.1　万方数据知识服务平台简介

万方数据知识服务平台是北京万方数据股份有限公司的信息资源产品，整合数亿条全球优质知识资源，集成期刊、学位、会议、科技报告、专利、标准、科技成果、法规、地方志、视频等十余种知识资源类型，覆盖自然科学、工程技术、医药卫生、农业科学、哲学政法、社会科学、科教文艺等全学科领域，实现海量学术文献统一发现及分析，支持多维度组合检索，适合不同用户群。近期上线的万方智搜致力于“感知用户学术背景，智慧你的搜索”，帮助用户精准发现、获取与沉淀知识精华。

万方数据知识服务平台主体类型文献是期刊论文、学位论文和会议论文，收录了中文期刊和外文期刊，中文期刊共 8 000 余种，核心期刊 3 200 种左右，收录 1995 年以来世界各国出版的 20 900 种重要学术期刊。学位论文包括中文学位论文和外文学位论文，中文学位论文收录始于 1980 年，收录中文学位论文共计 500 余万篇，年增 30 万篇；外文学位论文收录始于 1983 年，累计收藏 11.4 万余册，年增量 1 万余册。会议论文包括中文会议和外文会议，中文会议收录始于 1982 年，年收集 4 000 多个重要学术会议，年增 20 万篇全文，每月更新；外文会议主要来源于外文文献数据库，收录了 1985 年以来世界各主要学会、协会、出版机构出版的学术会议论文。

2.3.2 万方数据知识服务平台访问登录

万方数据知识服务平台网址是 http://www.wanfangdata.com.cn/。浏览器访问界面如图 2.19 所示。

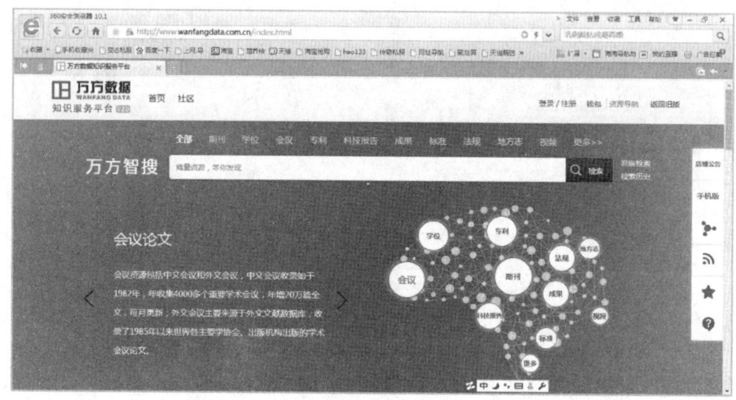

图2.19 万方数据知识服务平台主页

在界面右上部有“登录 / 注册”链接，单击“登录”，即可进入登录页面，如图 2.20 所示。

图2.20 万方数据知识服务平台登录页面

1. 机构用户获得平台文献访问下载权

如果机构已经购买了万方数据知识服务平台访问权，机构通过 IP 访问地址自动登录，个人用户在单位内网范围内，不输入账号密码即可自动登录，就可检索下载论文资料。如果用户在机构范围外网络，则个人可到机构图书馆的信息服务部门获取账号密码，用获得的账号密码在该页面登录即可，个人不需要付费即可检索和下载文章。

2. 个人自费访问下载

个人用户可单击“快捷注册”进行注册，可用手机号码获取动态密码登录，也可采用微信、微博、QQ 账号授权登录，采取这些方式登录都可以免费检索论文文献，但如需下载，则需要完成网络支付文献下载费用之后才可以下载论文全文。

2.3.3 万方数据知识服务平台检索与下载

万方数据知识服务平台登录后的检索界面如图 2.21 所示。

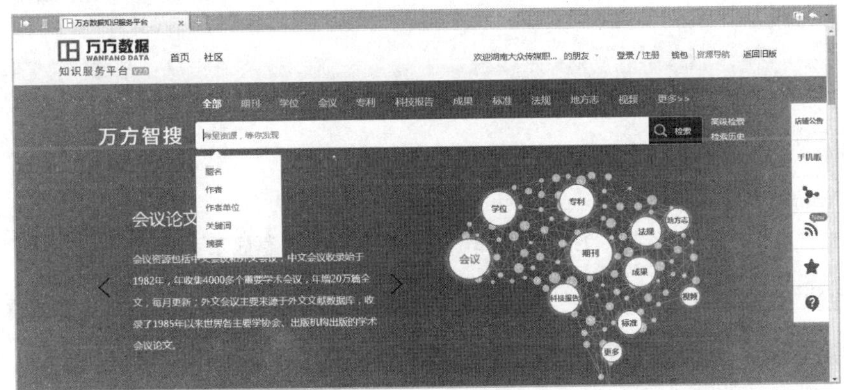

图2.21　万方数据知识服务平台登录后主界面

万方数据知识服务平台提供万方智搜，上部可选定文献类型或者全部文献论文，在关键词文本框中输入检索词，选定下拉检索项，有题名、作者、作者单位、关键词、摘要等，此处选择检索项“作者单位”，输入关键词“中国铁道科学研究院”。

单击右部的“搜索”按钮或按 Enter 键，即可开始文献搜索。得到检索结果页面，如图 2.22 所示。

图2.22　万方数据知识服务平台检索结果页面

中部区域右上角显示得到符合条件文献 18 131 条，拉动右边滚动条可查看各篇文献基本信息，可设定每页显示条数。左部列出不同资源类型、年份、学科分类、语种的分布数量，单击某一项可筛选显示。

在图 2.22 中，单击列表中的某篇论文标题，即可进入文献详细信息显示页面，如图 2.23 所示。

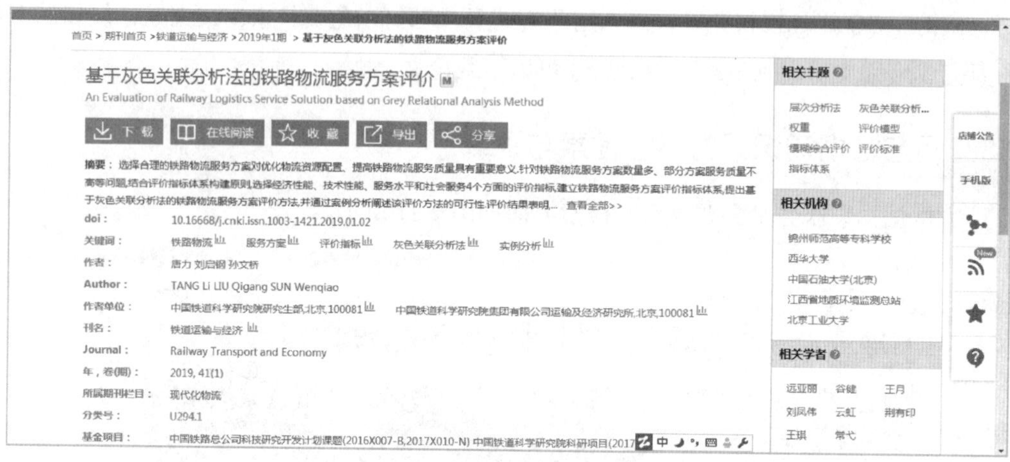

图2.23　万方数据知识服务平台文献信息显示页面

在图 2.23 所示的页面中，显示了该篇文献的题名、摘要、关键词、作者、作者单位、刊名、年期、分类号等，底部显示该篇论文的相似文献。

如果该文献有阅读全文需要，可单击题名下的“下载”和“在线阅读”，甚至单击“分享”分享给朋友。

单击“下载”则可以将文献下载到本地，个人用户需要支付下载费用，机构用户可直接下载，计入机构下载数量。

单击“在线阅读”，机构用户则自动启动阅读软件打开文献全文，如图 2.24 所示。

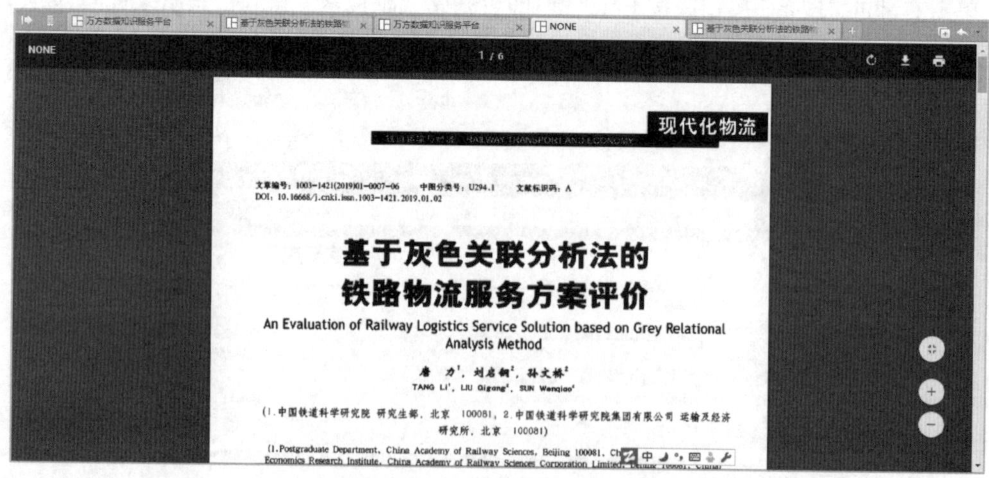

图2.24　万方数据知识服务平台在线阅读页面

万方数据知识服务平台提供高级检索和专业检索，单击首页检索条后部的“高级检索”，得到界面如图 2.25 所示。

图2.25　万方数据知识服务平台高级检索页面

在高级检索中，可以复合选择检索项，输入多个检索词，设定检索项的复合关系，如与、或、非等，选择发表时间范围等。此种方式检索效率较高，会更加精准，更能满足用户需求。

单击“专业检索”，即可显示专业检索页面，如图 2.26 所示。

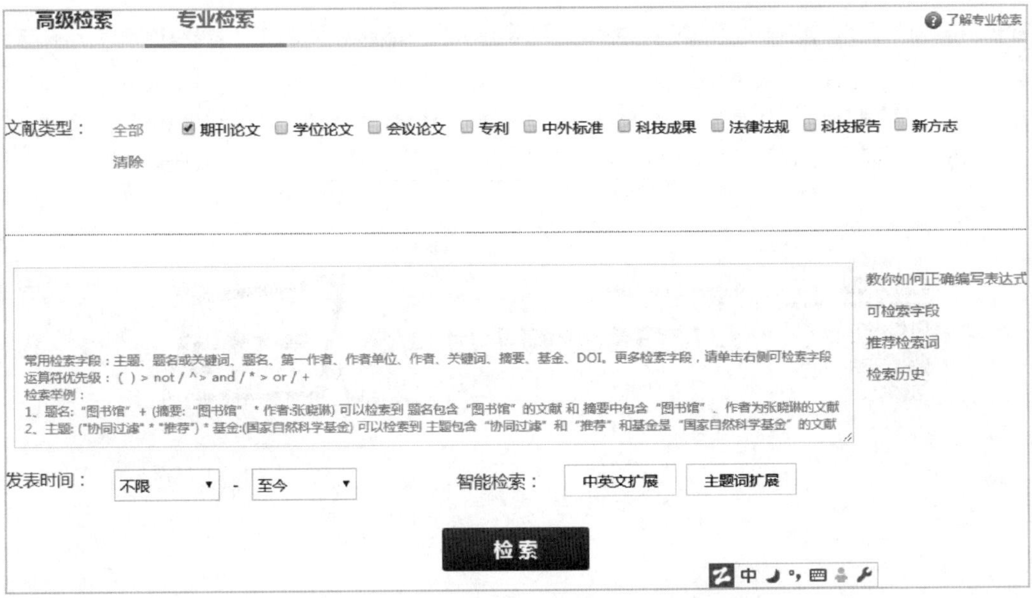

图2.26　万方数据知识服务平台专业检索页面

专业检索是给信息检索专业人员使用的，需要手动录入检索式，不同的检索平台，其检索式设定均有不同，需要学习通用信息检索语言和检索平台说明书之后才可以科学运用。若掌握了此种方法，检索的效率会更高，精确性会更强，机动性更灵活。

2.4 维普网论文检索

2.4.1 维普网简介

维普网（www.cqvip.com）由重庆维普资讯有限公司于2000年创建，是全球著名的中文专业信息服务网站。维普网包含《中文科技期刊数据库》《中国科技经济新闻数据库》《中文科技期刊数据库(引文版)》《外文科技期刊数据库》《中国科学指标数据库》、智立方文献资源发现平台、中文科技期刊评价报告、中国基础教育信息服务平台、维普-google学术搜索平台、维普考试资源系统、图书馆学科服务平台、文献共享服务平台、维普期刊资源整合服务平台、维普机构知识服务管理系统、文献共享平台、维普论文检测系统等。其核心和基础是《中文科技期刊数据库》，涵盖期刊12 000余种，其中核心期刊1 957种，文献总量3 000余万篇，涉及社会科学、自然科学、工程技术、农业科学、医药卫生、经济管理、教育科学和图书情报等学科，全文采用国际通用的高清晰PDF全文数据格式。

2.4.2 维普网访问登录

维普网访问网址是www.cqvip.com，主界面如图2.27所示。

图2.27 维普网主界面

未登录用户，可以检索论文，当需要下载论文时，则必须登录。单击图2.27右上角的“登录”链接，进入登录页面，如图2.28所示。

在登录页面，用户可以采用“IP用户快速登录”，此种方式一般是机构购买了数据库，机构内人员在机构网络范围内通过自动识别机构的公网 IP 地址自动登录，方便机构内人员登录下载资料。

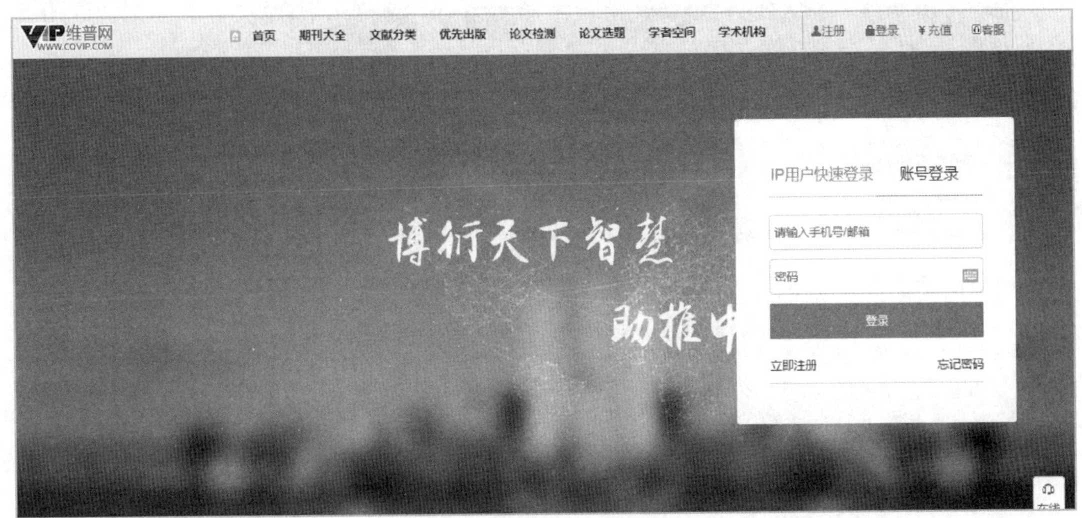

图2.28　维普网登录页面

用户也可以用“账号登录”，单击“立即注册”，可用手机号注册，注册成功后即可登录。个人用户在下载论文时，需要支付约每页 0.5 元的费用，可采用微信和支付宝支付。

2.4.3　维普网论文检索下载

在维普网主页上部的检索条中，如图 2.29 所示，输入检索词，此处输入铁路建设重要人物“陈章连”，选择“作者”为检索项，单击“开始搜索”按钮，即可开始简单检索，得到检索结果页面，如图 2.30 所示。

图2.29　维普网主页检索条检索

图2.30　维普网检索结果页面

列出了陈章连先生撰写的相关论文，单击某篇论文，可查看详细信息，如图 2.31 所示。

图2.31　维普网论文详细信息显示页面

在论文详细显示页面，可看到论文的标题、期刊、刊期、作者、单位、摘要等，如需下载全文，可单击“下载全文”按钮。

如为个人用户，则提示需要支付的费用数额，如图 2.32 所示。用户充值后即可下载到本地计算机。

用户如为机构用户，则可以自动下载到本地计算机，费用记在机构账户中。

维普网除了提供简单检索之外，也提供高级检索和专业检索，可选用多个检索项，输入多个检索词，达到更加精准的检索目标。

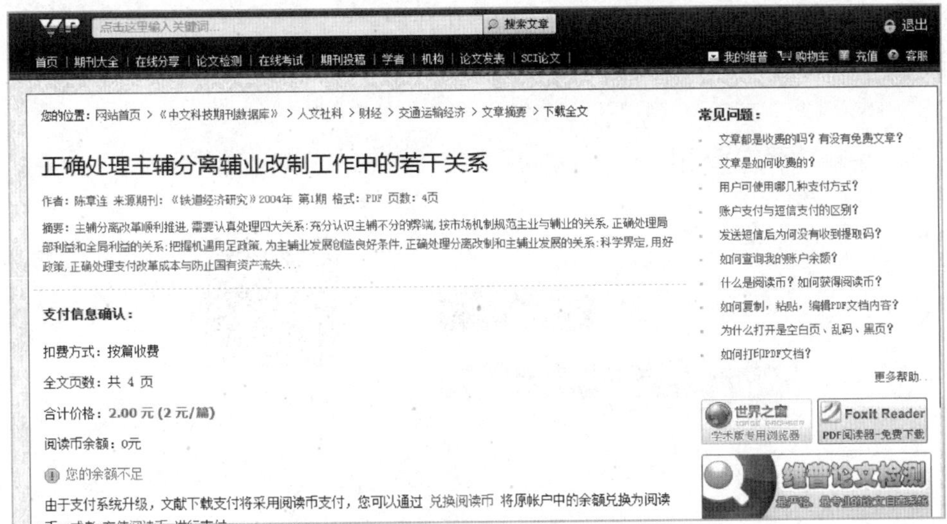

图2.32　维普网论文下载付费提示页面

2.5　超星期刊论文检索

2.5.1　超星期刊简介

超星期刊是北京世纪超星信息技术发展有限公司超星发现产品下的一个模块，正处于快速发展中，目前全文收录中文期刊 7 400 余种，实现与上亿条外文期刊元数据联合检索，内容涉及理学、工学、农学、社科、文化、教育、哲学、医学、经管等各学科领域。超星期刊提供传统 PDF 版式文件的下载和流媒体的全文直接阅读。

2.5.2　超星期刊访问登录

超星期刊访问地址：http://qikan.chaoxing.com，首页界面如图 2.33 所示。

图2.33　超星期刊主界面

在左上角单击“注册”，可用用户个人的手机注册。单击“登录”，进入登录页面，如图2.34所示。

图2.34　超星期刊登录页面

在登录页面，输入手机号码，获取验证码，收到验证码后录入，单击“登录”按钮即可登录超星期刊网。

2.5.3　超星期刊检索下载

1. 关键词检索期刊论文

超星期刊提供输入关键词检索，界面非常简洁，仅有一个检索条。用户可选择全部、主题、标题、刊名、作者、机构等作为检索项，例如，选择“刊名”，在检索框中输入“中国铁道”，单击“检索”按钮即可，如图2.35所示。

图2.35　超星期刊检索页面

得到检索结果浏览页面，如图 2.36 所示。左部可根据语种、年份、学科、关键词等进行筛选，中间部分列出符合检索条件的论文篇目，可按照默认、发表时间、被引量、阅读量排序，每篇论文列出篇名、作者、来源期刊、栏目、年 / 期等。

篇名	作者	刊名	栏目	年/期	被引	阅读量	PDF
深埋大断面隧道土石复合地层塌方机制及处置措施评价	王秋生，董竹勤，李鹏飞，刘小东	中国铁道科学		2018/第1期	1	15	
基于LM$_A$型面磨耗车轮与60N钢轨匹配的高铁车辆动力学性能分析	马晓川，王平，徐井芒，王健，胡辰阳	中国铁道科学		2018/第1期	3	16	
落石冲击下单压式拱形明洞的回填方式	王玉锁，周良，王涛，何俊男，徐铭	中国铁道科学		2018/第2期	1	14	
高速铁路车站列车进路分配方案的优化与调整	马丽，孙建康，鲁工圆	中国铁道科学		2018/第1期	1	16	
长大下坡道区间地铁列车节能操纵方法	柏赟，周南翾，邱宇，曹文峥，毛保华	中国铁道科学		2018/第1期	2		

图2.36　超星期刊检索结果页面

单击论文篇名，即可进入论文信息显示页面，如图 2.37 所示，在该页显示论文详细信息。

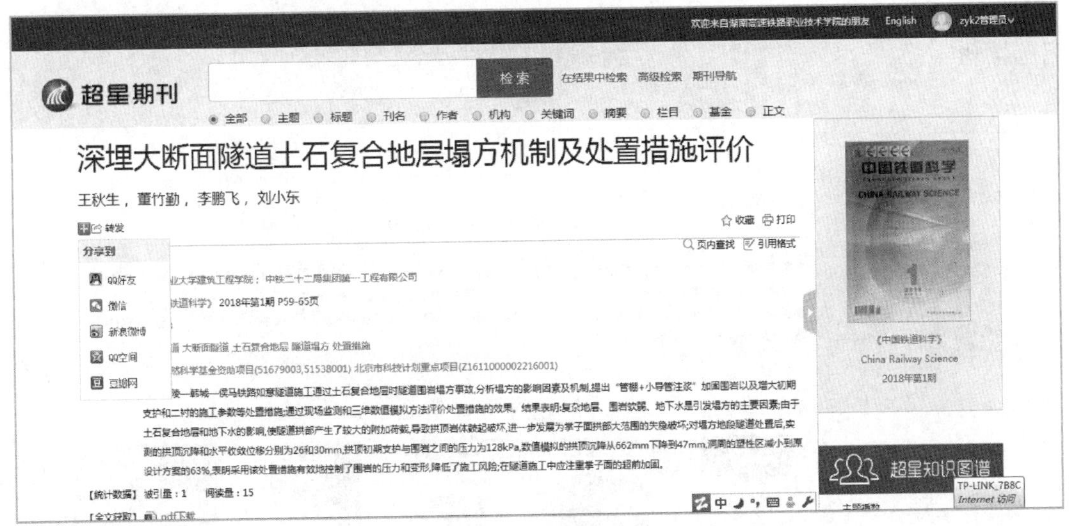

图2.37　超星期刊论文详细信息页面

如果是授权用户，即可直接阅读该篇论文全文，也可单击“PDF 下载”下载该篇论文到本地计算机，如图 2.38 所示。

超星期刊也提供高级检索，在主页下部有个“高级检索”链接。采用高级检索，能更精准查找所需要的文献，检索效率更高。

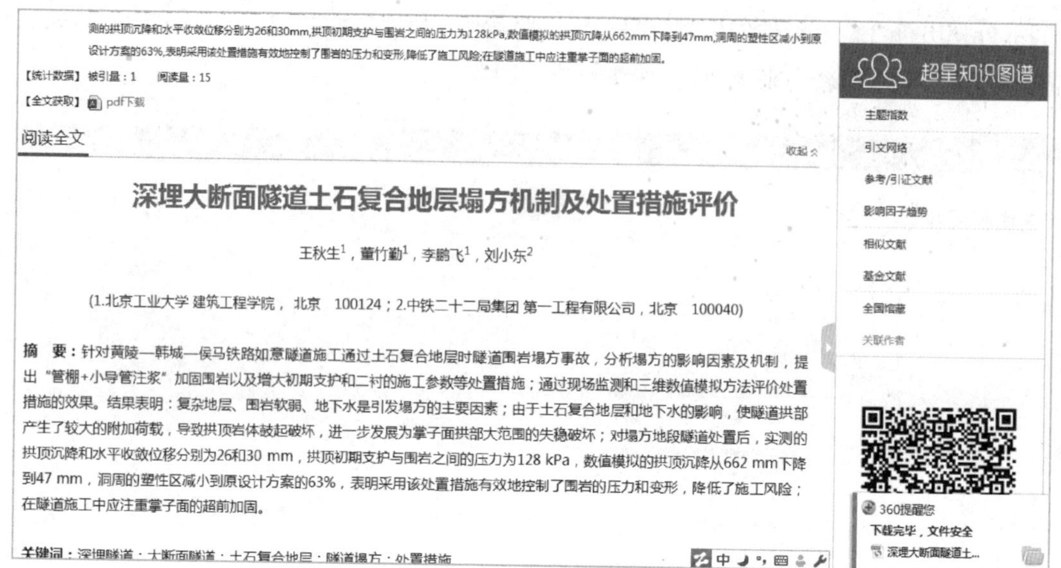

图2.38 超星期刊论文下载页面

2. 期刊导航检索

为方便用户查阅期刊，超星期刊提供期刊导航，在超星期刊主页（qikan.chaoxing.com）单击“期刊导航”，进入期刊导航页面，如图 2.39 所示。

图2.39 超星期刊导航页面

左部列出“学科导航”“重要期刊导航”“主办单位导航”“出版周期导航”“出版地导航”等，用户单击不同导航方式来浏览各种期刊。通常采用学科导航和重要期刊导航比较方便，学科导航可以分学科查阅超星收录的期刊情况，轨道交通类的期刊属于工学的交通船舶类，如图 2.40 所示。

期刊名称	主办单位	影响因子	阅读/下载次数	被引次数
城市交通	建设部城市交通工程技术中心;中国城市规划设计研究院	0.4223	0	15400
铁道科学与工程学报	中南大学;中国铁道学会	0.5497	356536	18487
汽车工程	中国汽车工程学会	0.5854	368963	60784
铁道标准设计	中铁工程设计咨询集团有限公司	0.7767	754955	35534
城市轨道交通研究	同济大学	0.3653	730313	27402
汽车技术	中国汽车工程学会;长春汽车研究所	0.4112	800927	37516
铁道运输与经济	中国铁道科学研究院	1.1186	403061	27221
隧道建设(中英文)	中铁隧道勘察设计研究院有限公司	0.7899	322050	14899
铁道建筑	中国铁道科学研究院	0.6105	673079	29765

图2.40 超星期刊学科导航页面

单击某种期刊,即可进入期刊浏览页面。如单击“铁道建筑”,得到如图 2.41 所示的页面。

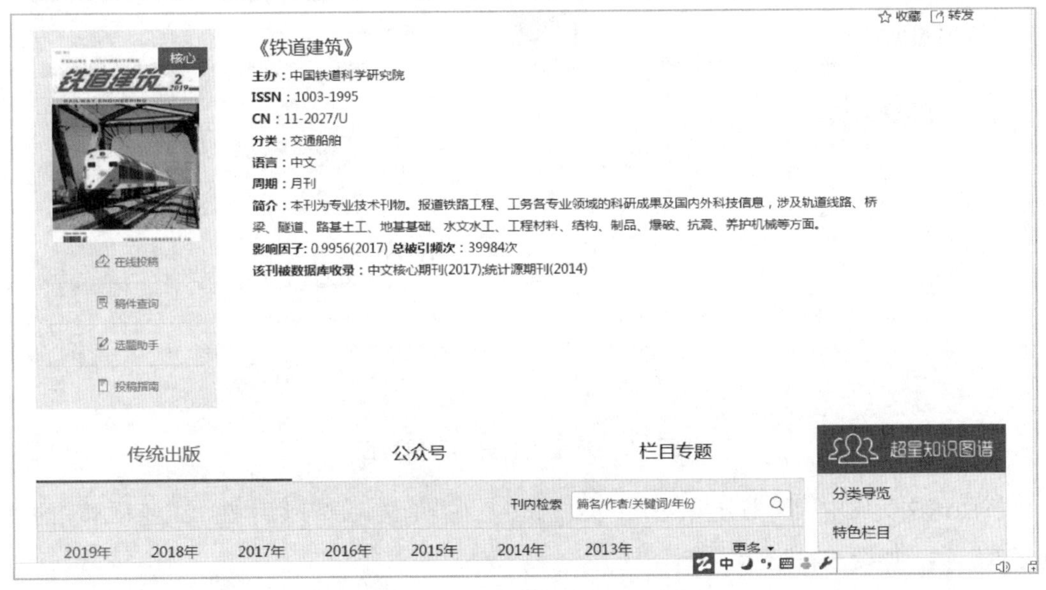

图2.41 超星期刊浏览页面

在期刊浏览页面，可以了解该期刊的基本信息，还可以查看历年每期的论文篇目。作为轨道交通研究人员，需要重点查阅某些期刊，定时查看期刊发文篇目情况，由篇目可捕捉目前轨道交通研究的热点。

重点期刊导航主要分为入选北大中文核心期刊、南大 CSSCI（中国社会科学引文索引）、CSCD（中国科学引文库）、SCI（科学引文索引）、EI（工程索引）、CA（化学文摘）等类别，可以选择学术界认可的优秀期刊，有助于研究人员尽快找到高引用、高质量的论文。

3. 分类导航

超星期刊主页如图 2.42 所示。

图2.42 超星期刊主页

单击“分类导航”，进入分类导航页面，如图 2.43 所示。

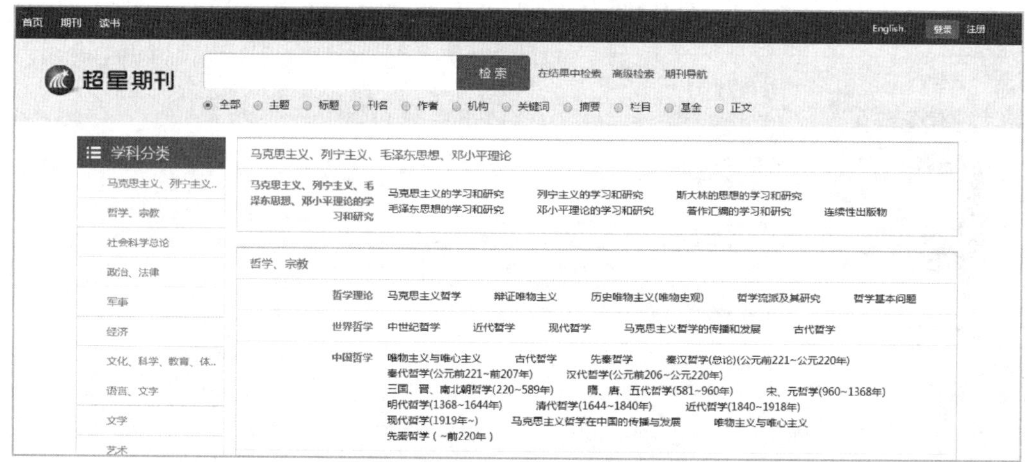

图2.43 超星期刊分类导航页面

按照论文所属中国图书分类法来分类，轨道交通类论文大部分集中在“工业技术”的“交通运输”类，如图 2.44 所示。

交通运输

综合运输	综合运输体制与结构　城市交通运输　工商业运输　集装箱运输　管道运输　索道运输
铁路运输	铁路线路工程　电气化铁路　特种铁路　铁路桥涵工程　机车工程　车辆工程　铁路通信、信号　铁路运输管理工程
公路运输	道路工程　桥涵工程　隧道工程　汽车工程　其他道路运输工具　交通工程与公路运输技术管理
水路运输	航道工程　通航建筑物与助航设备　港口工程　船舶工程　水路运输技术管理
航空运输	

图2.44 超星期刊交通运输类期刊导航

单击“铁路线路工程”，则列出相关论文，如图 2.45 所示。

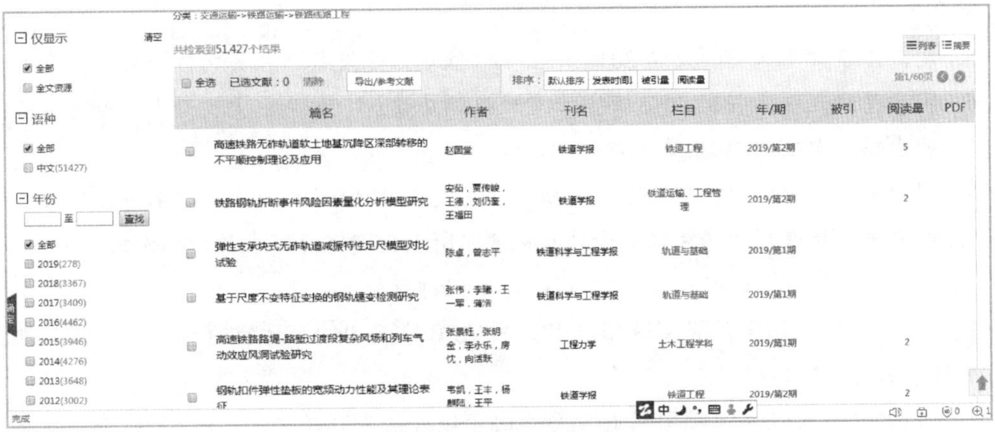

图2.45 超星期刊铁路线路工程类论文

小 结

论文是科学技术研究人员就某一学术领域研究的成果，篇幅比较短小，观点比较新颖，时效性比较好，包含学术论文、学位论文和会议论文。我国的论文成果丰富，数量非常庞大，研究成果大多以论文形式呈现，通过论文发表来进行学术交流，达到传承文化思想与科学技术交流。

本章重点介绍了中国收藏论文主要数字平台的基本情况，详细介绍了中国知网、万方、维普和超星期刊等数字平台的登录、检索与下载方法，用图文并茂的方式详细介绍主要操作方法，以轨道交通类检索需求为例，带领学习者到各个数字平台检索下载论文资料。

习 题

一、思考题

1. 请用自己语言给论文下个定义。
2. 论文可以分为哪些类别？
3. 学术论文有哪些特点，哪些主要数据库收藏了中文学术论文？
4. 什么是学位论文，学位论文可到哪里获得，最快捷的获取方式是什么？
5. 什么是会议论文，到哪里获得会议论文？

二、实训操作题

1. 用知网检索下载 2016 年至今的“高速铁路钢轨探伤”核心期刊论文 3 篇。
2. 用万方检索下载 2016 年至今的“铁路无线通信 LTE-R”相关度较高的 3 篇论文。
3. 用维普检索下载 2016 年至今的“高速铁路运行图编制”相关论文 3 篇。

4. 用知网检索下载北京交通大学2014—2018年“动车组轮对检修”相关硕博士学位论文3篇。

5. 用万方检索下载中南大学2014年至今“铁路信号设备”相关学位论文3篇。

6. 用超星期刊检索下载2015年至今“铁路站房设计”相关中文核心期刊论文3篇。

7. 列出铁道学报2019年第1期论文目录。

8. 列出中车株洲电力机车有限公司研究人员发表的2016年以来的学术论文目录。

9. 列出中国铁道科学研究院电子计算机研究所李平研究员发表的学术论文。

10. 检索下载青藏铁路通车运营十周年学术研讨会相关论文。

11. 安装中国知网全球学术快报APP，用APP检索阅读“城市轨道交通噪声”相关国家自热科学基金支持的期刊论文3篇。

12. 检索“高速铁路接触网供电”影响因子较大的期刊论文10篇，列出论文主要信息和引用次数。

参考文献

[1] 刘哲，孙囡妮，杨扬．信息资源检索与毕业论文写作[M]. 北京：中国商业出版社，2020.

[2] 王荣民，杨云霞，宋鹏飞．科技信息检索与论文写作[M]. 北京：科学出版社，2020.

[3] 沈秀丽．文献检索与科技论文写作[M]. 哈尔滨：哈尔滨工业大学出版社，2020.

[4] 龚文静．信息检索与毕业论文写作[M]. 北京：中国书籍出版社，2019.

[5] 周晓兰，高玉平，康恩婷，等．科技信息检索与论文写作[M]. 北京：中国水利水电出版社，2019.

第3章 标准规范信息检索

学习目标

了解标准的基本知识，掌握标准的网络检索与下载，会使用各种数据库检索标准，具备独立获取所需标准规范信息资源的能力。

重点难点

标准的分类；标准的各类网络检索工具的特点及检索方法。

授课内容

（1）标准的定义、分类及其特点。

（2）中国知网标准检索。

（3）万方数据知识服务平台标准检索。

（4）其他网络公开标准文献检索。

建议学时 4学时。

标准规范是对重复性事物和概念所做的统一规定，它以科学、技术和实践经验的综合成果为基础，经有关方面协商一致，由主管机构批准，以特定形式发布，作为共同遵守的准则和依据。标准不仅是从事生产、建设工作的共同依据，而且是国际贸易合作，商品质量检验的依据。在经济全球化、国际竞争日益激烈的今天，技术标准是技术创新链条中的重要一环，是技术成果的规范化、标准化，是产业竞争的制高点。

3.1 标准的定义、分类及特点

3.1.1 标准的定义

GB/T 20000.1—2014《标准化工作指南 第1部分：标准化和相关活动的通用术语》条目5.3中对标准描述为：通过标准化活动，按照规定的程序经协商一致制定，为各种活动或其结果提供规则、指南或特性，供共同使用和重复使用的一种文件。

国家标准GB 3935.1—1983定义："标准是对重复性事物和概念所做的统一规定，它以科学、技术和实践经验的综合为基础，经过有关方面协商一致，由主管机构批准，以特定的形式发布，作为共同遵守的准则和依据”。

国家标准 GB 3935.1—1996《标准化和有关领域的通用术语　第一部分：基本术语》中对标准的定义是：为在一定范围内获得最佳秩序，对活动或其结果规定共同的和重复使用的规则、导则或特性的文件。该文件经协商一致制定并经一个公认机构的批准。它以科学、技术和实践经验的综合成果为基础，以促进最佳社会效益为目的。

国际标准化组织（ISO）的国家标准化管理委员会（STACO）一直致力于标准化概念的研究，先后以“指南”的形式给“标准”的定义作出统一规定：标准是由一个公认的机构制定和批准的文件。它对活动或活动的结果规定了规则、导则或特殊值，供共同和反复使用，以实现在预定领域内最佳秩序的效果。

标准与标准化：标准是科学、技术和实践经验的总结。为在一定的范围内获得最佳秩序，对实际的或潜在的问题制定共同的和重复使用的规则的活动，即制定、发布及实施标准的过程，称为标准化。

标准文献：标准文献又称“标准化文献”，是指记录标准的一切物质载体。

3.1.2　标准的分类

1. 按适用范围分类

按照标准协调统一及运用范围的不同划分为不同的层次，这种层次关系通常又称为标准的级别，从世界范围来看，标准分为国际标准、区域性标准和各国家自己不同级别的标准，根据《中华人民共和国标准化法》和《中华人民共和国标准化法实施条例》的相关规定，我国目前将标准分为国家标准、行业标准、地方标准和企业标准四级。

（1）国际标准

国际标准是指国际标准化组织（ISO）、国际电工委员会（IEC）和国际电信联盟（ITU）制定的标准，以及国际标准化组织确认并公布的其他国际组织制定的标准。国际标准在世界范围内统一使用。

（2）区域性标准

区域性标准是指世界某一地理区域内有关国家、标准化团体共同制定的标准。区域标准化团体可以由同一地理范围内的国家所组成，也可以由于政治原因或经济原因而使一些国家组成区域标准化团体。世界上比较重要的区域标准化团体制订的区域标准有：由西欧国家组成的欧洲标准化委员会（CEN）及欧洲电工标准化委员会（CENELEC）制定的欧洲标准，由苏联和东欧国家为主组成的经互会标准化常设委员会（C Э B）制定的经互会标准，由阿拉伯国家组成的阿拉伯标准与计量组织（ASMO）制订的阿拉伯标准。由于区域性标准容易造成贸易壁垒，因此现在许多区域标准化团体倾向于不制订区域标准，区域标准有逐渐削弱和减少之势。

（3）国家标准

国家标准是由国家标准团体制定并公开发布的标准。我国国家标准是指对全国经济技术发展有重大意义，必须在全国范围内统一的标准。我国国家标准由国务院标准化行政主管部门编制计划，组织草拟，统一审批、编号、发布。

（4）行业标准

行业标准是对没有国家标准而又需要在全国某个行业范围内统一的技术要求所制定的标准。行业标准由国务院有关行政主管部门制定，并报国务院标准化行政主管部门备案。行业标准不得与有关国家标准相抵触。有关行业标准之间应保持协调、统一，不得重复。行业标准在相应的国家标准实施后，自行废止。行业标准由行业标准归口部门统一管理。

（5）地方标准

地方标准是指没有国家标准和行业标准而又需在省、自治区、直辖市范围内统一的工业产品的安全、卫生等标准。地方标准是由地方（省、自治区、直辖市）标准化主管机构或专业主管部门批准、发布，在某一地区范围内统一的标准。地方标准由省、自治区、直辖市人民政府标准化行政主管部门编制计划，组织草拟，统一审批、编号、发布，并报国务院标准化行政主管部门和国务院有关行政主管部门备案。在1988年以前，我国标准化体系中还没有地方标准这一级标准。但其客观上已经存在，如在环境保护、工程建设、医药卫生等方面，由有关部门制定了一批地方一级的标准。它们分别由城乡建设环境保护部、国家计委、卫生部管理。地方标准在相应的国家标准或行业标准实施后，自行废止。

（6）企业标准

企业标准是在企业范围内需要协调、统一的技术要求、管理要求和工作要求所制定的标准，是企业组织生产、经营活动的依据。国家鼓励企业自行制定严于国家标准或者行业标准的企业标准。企业标准由企业制定，由企业法人代表或法人代表授权的主管领导批准、发布。

2. 按内容分类

按照标准所规定的内容特征，标准可分为基础标准、方法标准、产品标准、卫生标准、环境标准和安全标准。

（1）基础标准

基础标准是在一定范围内作为其他标准的基础并普遍使用，具有广泛指导意义的标准。基础标准对一定范围内的标准化对象的共性因素，如概念、数系、通则等做出统一的规定，因此是制订产品标准或其他标准所必须遵循的依据或准则。基础标准按其性质和作用的不同，一般分为以下几种：概念和符号标准；精度和互换性标准；实现系列化和保证配套关系的标准；结构要素标准；产品质量保证和环境条件标准；安全、卫生和环境保护标准；管理标准；量和单位标准。

（2）方法标准

方法标准是以试验、检查、分析、抽样、统计、计算、测定、作业等各种方法为对象制订的标准。方法标准的标准化对象主要是通用的方法、程序和规程，包括试验方法、检验方法、分析方法、抽样方法、计算方法，操作规程以及某些设计规范、施工规范等。方法标准的主要内容包括：①该种方法适用的范围；② 该种方法的原理、步骤、做法；③必要条件；④使用的装备、仪器、材料；⑤结果的计算、分析、评定。方法标准是贯彻、实现产品标准和其他有关标准的重要手段，对于推广先进方法、提高工作效率，保证试验、检查、分析等工作结果的准确一致，具有重要的意义。

（3）产品标准

产品标准是为保证产品的适用性，对产品必须达到的某些或全部要求所制订的标准。产品标准是产品生产、检验、验收、使用、维护和洽谈贸易的技术依据，对于保证和提高产品质量，提高生产和使用的经济效益，具有重要意义。产品标准的内容主要包括：①产品的适用范围；②产品的品种、规格和结构形式；③ 产品的技术要求，如物理性能、化学性能、电磁性能、表面质量、使用特性、稳定性、质量等级等；④产品的试验方法，包括取样方法，试验用材料、测试器具与设备、试验条件、试验步骤及试验结果的评定等；⑤产品的检验规则（验收规则），包括检验项目、样品抽样方式、检验结果评定、仲裁及复验方法等；⑥产品的标志、包装、贮存和运输等，包括产品标志、包装材料、包装方式与技术要求、运输及贮存要求等。

（4）卫生标准

卫生标准是指根据健康要求对生产、生活环境中化学的、物理的及生物的有害因素的卫生学容许限量值，即最高容许浓度。它是根据环境中有害物质和机体间的剂量—反应关系，考虑到敏感人群和接触时间而确定的一个对人体健康不会产生直接或间接有害影响的“相对安全浓度”。卫生标准主要包括通用卫生标准和工艺卫生标准。

（5）环境标准

环境标准是为了防止环境污染、维护生态平衡、保护人群健康，对环境保护工作中需要统一的各项技术规范和技术要求所做的规定。具体讲，环境标准是国家为了保护人民健康，促进生态良性循环，实现社会经济发展目标，根据国家的环境政策和法规，在综合考虑本国自然环境特征、社会经济条件和科学技术水平的基础上，规定环境中污染物的允许含量和污染源排放污染物的数量、浓度、时间和速度、监测方法，以及其他有关技术规范。

（6）安全标准

安全标准是指为保护人体健康、生命和财产的安全而制定的标准，从标准的内容来讲，安全标准可包括劳动安全标准、锅炉和压力容器安全标准、电气安全标准和消费品安全标准等。安全标准一般均为强制性标准，即必须执行的标准，由国家通过法律或法令形式规定强制执行。

3. 按法律约束性分类

按照标准的法律约束性，标准分为强制性标准和推荐性标准两类。

（1）强制性标准

强制性标准是指为保障人体的健康、人身、财产安全，在一定范围内通过法律、行政法规等手段强制执行的标准，具有法律属性，如药品标准、食品卫生标准。根据《国家标准管理法》和《行业标准管理办法》相关规定，强制执行的标准包括：药品、食品卫生、兽药、农药和劳动卫生标准；产品生产、贮存和使用中的安全及劳动安全标准；工程建设的质量、安全、卫生等标准；环境保护和环境质量方面的标准；有关国计民生方面的重要产品标准等。

（2）推荐性标准

推荐性标准又称为非强制性标准或自愿性标准，是指生产、交换、使用等方面，不强制厂商和用户采用，通过经济手段或市场调节而自愿采用的一类标准，如保鲜冰箱标准、洗衣机烘干标准等。推荐性标准不具有强制性，任何单位均有权决定是否采用，违反这类标准，不构成经济或法律方面的责任。应当指出的是，推荐性标准一经接受并采用，或各方商定同意纳入经济合同中，就成为各方必须共同遵守的技术依据，具有法律上的约束性。

4. 按性质分类

按照标准的属性，即标准化对象，通常把标准分为技术标准、管理标准和工作标准三大类。

（1）技术标准

技术标准是对标准化领域中需要协调统一的技术事项所制订的标准。它是根据不同时期的科学技术水平和实践经验，针对具有普遍性和重复出现的技术问题，提出的最佳解决方案。它的对象既可以是物质的（如产品、材料、工具），也可以是非物质的（如概念、程序、方法、符号）。技术标准一般分为基础标准、产品标准、方法标准和安全、卫生、环境保护标准等。技术标准是从事科研、设计、工艺、检验等技术工作以及商品流通中共同遵守的技术依据，是目前大量存在的、具有重要意义和广泛影响的标准。

（2）管理标准

管理标准是指对标准化领域中需要协调统一的管理事项所制定的标准。管理标准按其对象可分为技术管理标准、生产组织标准、经济管理标准、行政管理标准、业务管理标准和工作标准等。制定管理标准的目的是为合理组织、利用和发展生产力，正确处理生产、交换、分配和消费中的相互关系及科学地行使计划、监督、指挥、调整、控制等行政与管理机构的职能。

（3）工作标准

工作标准是指对标准化领域中需要协调统一的工作事项所制定的标准，是对工作的范围、责任、权利、程序、要求、效果、检查方法等所做的规定，是按工作岗位制定的有关工作质量的标准。工作标准包括管理业务工作标准和作业标准。工作标准的主要对象是人。

3.1.3 标准的特点

标准具有以下特点。

（1）标准文献的审批、颁布都有严格的程序。它是在科学实践的基础上，经过科学研究和反复论证提交到专业技术委员会审核，再经过专业主管技术委员会审批，然后上报国家主管部门批准和颁布。经过颁布的标准具有法律的约束力。我国在1988年12月颁布了《中华人民共和国标准法》。

（2）标准是从事生产、设计、管理、产品检验、商品流通、科学研究的共同依据，在一定条件下具有某种法律效力，有一定的约束力。

（3）时效性强，标准只以某时间阶段的科技发展水平为基础，具有一定的陈旧性。随着经济发展和科学技术水平的提高，标准不断地进行修订、补充、替代或废止。一般的标准3～5年重新修订，以保持其先进性。

（4）一个标准一般只解决一个问题，文字准确简练。

（5）不同种类和级别的标准在不同范围内贯彻执行。

（6）标准文献的检索工具和原文自成体系，单独发行。

（7）每个国家对于标准的制订和审批程序都有专门的规定，并有固定的代号，标准格式整齐划一。一件完整的标准一般应该包括以下各项标识或陈述：①标准级别；②分类号，通常是《国际十进分类法》（UDC）类号和各国自编的标准文献分类法的类号；③标准号，一般由标准代号、序号、年代号组成，如DIN-11911-79，其中DIN为德国标准代号，11911为序号，79为年代号；GB1-73，其中GB是中国国家标准代号，1为序码，73为年代号；④标准名称；⑤标准提出单位；⑥审批单位；⑦批准年月；⑧实施日期；⑨具体内容项目。

（8）我国的标准趋于统一，走向国际化。

3.2 中国知网（CNKI）标准检索

3.2.1 中国知网标准数据库简介

中国知网《标准数据总库》（http://kns.cnki.net/kns/brief/result.aspx?dbprefix=CISD）是国内数据量最大、收录最完整的标准数据库，分为《中国标准题录数据库》（SCSD）、《国外标准题录数据库》（SOSD）、《国家标准全文数据库》和《中国行业标准全文数据库》。《中国标准题录数据库》收录了所有的中国国家标准（GB）、国家建设标准（GBJ）、中国行业标准的题录摘要数据，共计标准约16万条；《国外标准题录数据库》收录了世界范围内重要标准，如国际标准（ISO）、国际电工标准（IEC）、欧洲标准（EN）、德国标准（DIN）、英国标准（BS）、法国标准（NF）、日本工业标准（JIS）、美国标准（ANSI）、美国部分学协会标准（如

ASTM、IEEE、UL、ASME）等标准的题录摘要数据，共计标准约 38 万条。《国家标准全文数据库》收录了由中国标准出版社出版的，国家标准化管理委员会发布的所有国家标准，占国家标准总量的 90% 以上。《中国行业标准全文数据库》收录了现行、废止、被代替以及即将实施的行业标准，全部标准均获得权利人的合法授权。标准的内容来源于中国标准化研究院国家标准馆，相关的文献、专利、成果等信息来源于 CNKI 各大数据库。该数据库可免费检索，免费浏览题录、摘要和知网节，全文下载需付费。

3.2.2　中国知网标准检索方法

中国知网《标准数据总库》包括一框式检索、高级检索和专业检索三种检索方式，可以通过标准号、中文标题、英文标题、中文关键词、英文关键词、发布单位、摘要、被代替标准、采用关系等检索项进行检索。在中国知网（http://www.cnki.net/）首页（图 3.1）单击“标准”即可进入《标准数据总库》检索界面（图 3.2）。

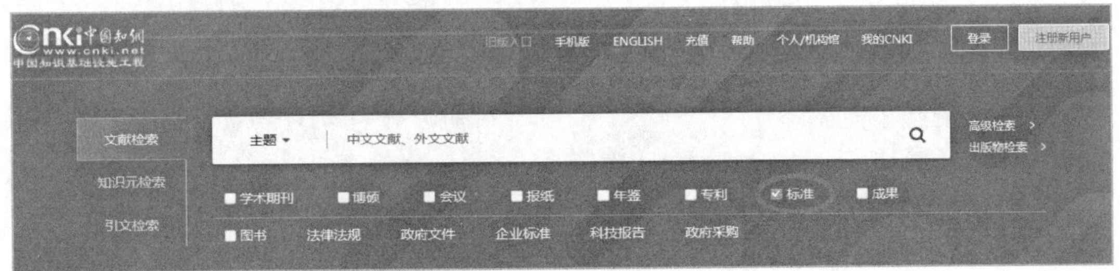

图3.1　中国知网首页

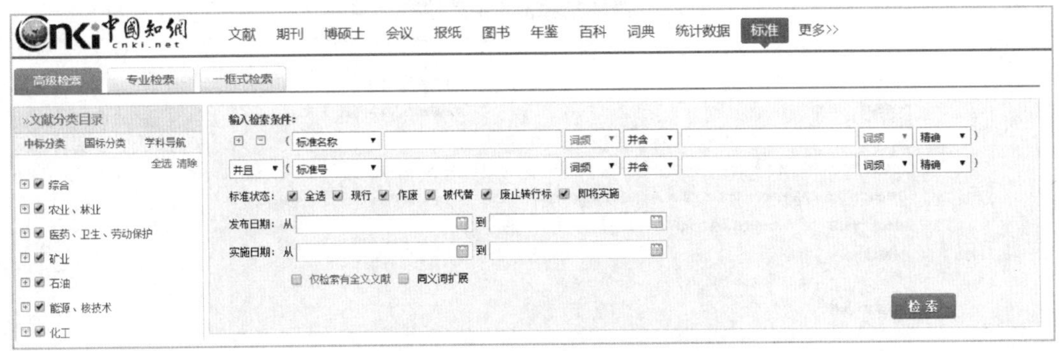

图3.2　中国知网标准检索界面

1. 一框式检索

在中国知网《标准数据总库》界面中单击“一框式检索”，一框式检索提供了类似搜索引擎的检索方式（图 3.3），用户只需要输入所要找的检索词，包括主题、关键词、标准名称、全文、标准号、发布日期、实施日期、标准分类号等，单击“检索”按钮就可查到相关的文献，例如选择“主题”，输入“高速铁路”，单击“检索”按钮可得到检索结果列表（图 3.4），选择需要的结果，单击标题，即可浏览题录、摘要和知网节（图 3.5）。

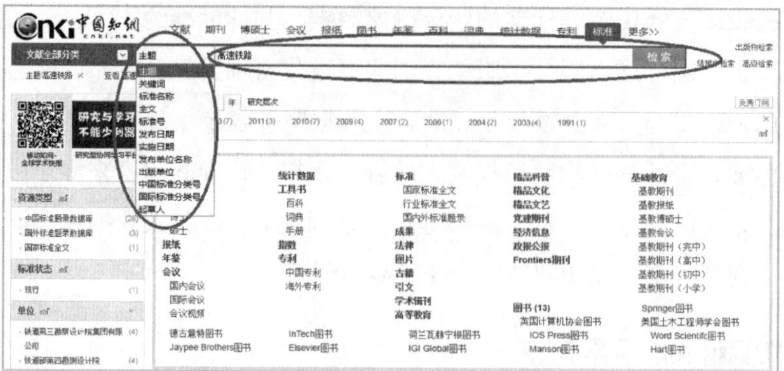

图3.3 一框式检索

图3.4 检索结果列表

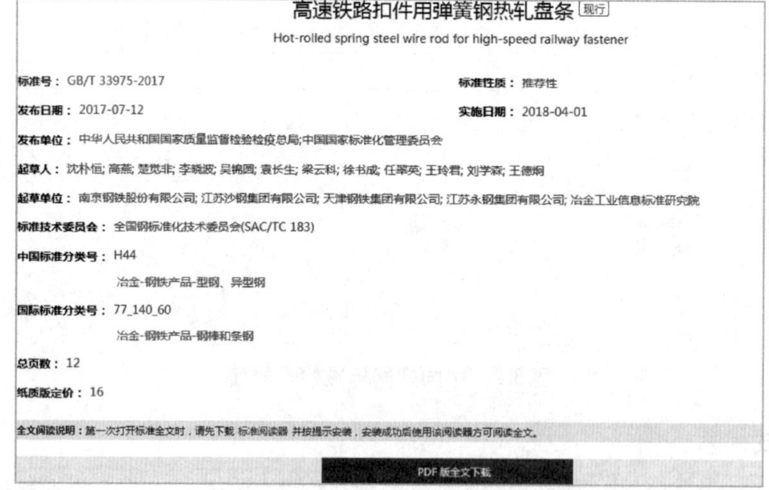

高速铁路扣件用弹簧钢热轧盘条 现行

Hot-rolled spring steel wire rod for high-speed railway fastener

标准号：GB/T 33975-2017　　标准性质：推荐性

发布日期：2017-07-12　　实施日期：2018-04-01

发布单位：中华人民共和国国家质量监督检验检疫总局;中国国家标准化管理委员会

起草人：沈朴恒; 高燕; 楚觉非; 李晓波; 吴婉圆; 袁长生; 梁云科; 徐书成; 任翠英; 王玲君; 刘学森; 王德炯

起草单位：南京钢铁股份有限公司; 江苏沙钢集团有限公司; 天津钢铁集团有限公司; 江苏永钢集团有限公司; 冶金工业信息标准研究院

标准技术委员会：全国钢标准化技术委员会(SAC/TC 183)

中国标准分类号：H44

冶金-钢铁产品-型钢、异型钢

国际标准分类号：77_140_60

冶金-钢铁产品-钢棒和条钢

总页数：12

纸质版定价：16

全文阅读说明：第一次打开标准全文时，请先下载 标准阅读器 并按提示安装，安装成功后使用该阅读器方可阅读全文。

PDF 版全文下载

图3.5 浏览知网节

2. 高级检索

在中国知网《标准数据总库》界面中单击“高级检索”，高级检索为用户提供更灵活、方便的构造检索式的检索方式（图 3.6）。

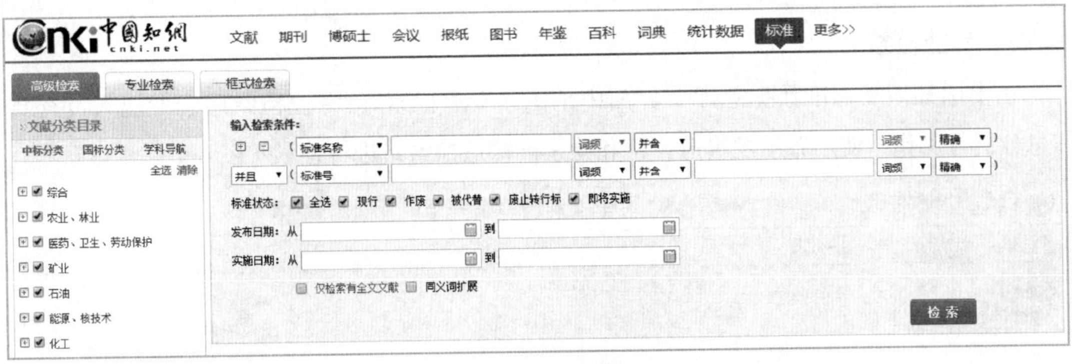

图3.6　高级检索

通过单击“+”“-”来增加或减少检索条件，同时利用检索词的逻辑关系并含、或含和不含等确定检索式。除此之外，读者可以选择现行、作废、被代替等标准状态以及限定发布日期和实施日期范围来缩小检索范围，还可选择词频和同义词扩展，精确定位。例如检索标准名称“高速铁路”并含“施工”：选择“标准名称”，在第一个检索框内输入“高速铁路”，然后选择“并含”，在第二个检索框内输入“施工”，单击“检索”按钮（图 3.7），即可得到检索列表（图 3.8）。

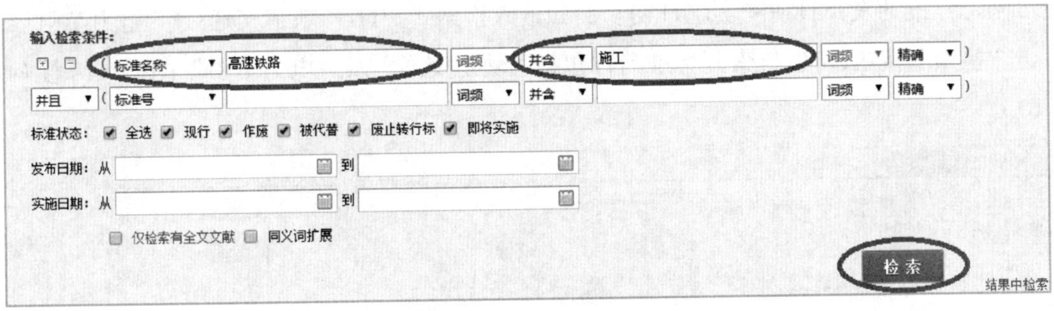

图3.7　高级检索示例

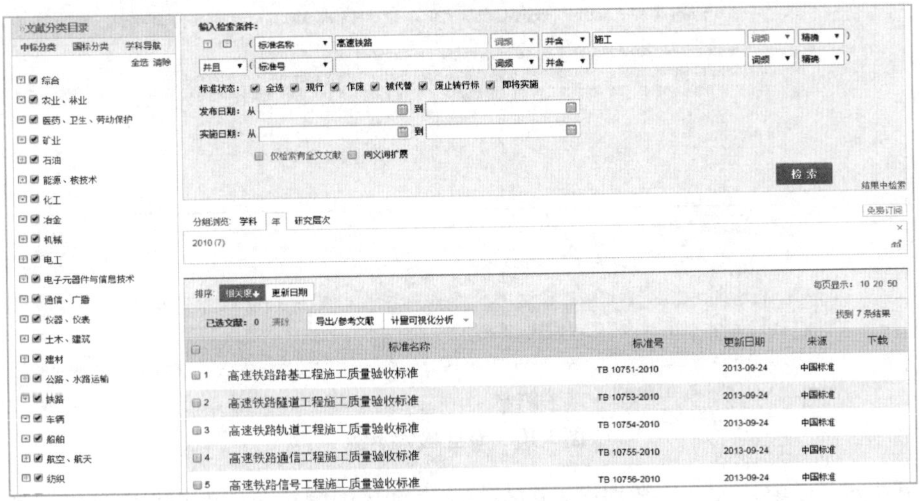

图3.8　高级检索结果列表

3. 专业检索

在中国知网《标准数据总库》界面中单击“专业检索”，专业检索用于专业人员查新、信息分析等工作，使用布尔逻辑运算符和检索词构造检索式进行检索（图 3.9）。

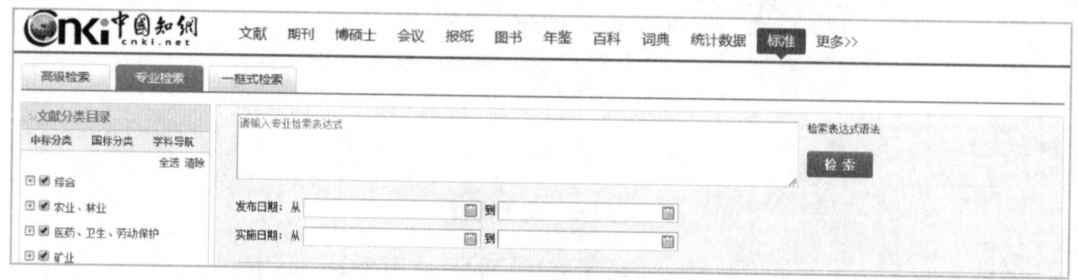

图3.9 专业检索

专业检索支持对以下检索项的检索：TI= 标准名称 (中文标准名称 / 英文标准名称), KY=(中文主题词 / 英文主题词)，BZH= 标准号，DF= 发布单位名称，PD= 发布日期，BBZ= 被代替标准，AB= 摘要。在检索框内使用运算符构造表达式，再使用“AND 或 *”“OR 或 +”“NOT 或 -”等逻辑运算符，“()”符号将表达式按照检索目标组合起来。专业检索也可限定标准的发布日期和实施日期。例如输入检索式“TI=’轨道交通’*’电力牵引’”，单击“检索”按钮，可以检索到标准名称包括“轨道交通”及“电力牵引”的标准信息（图 3.10）。

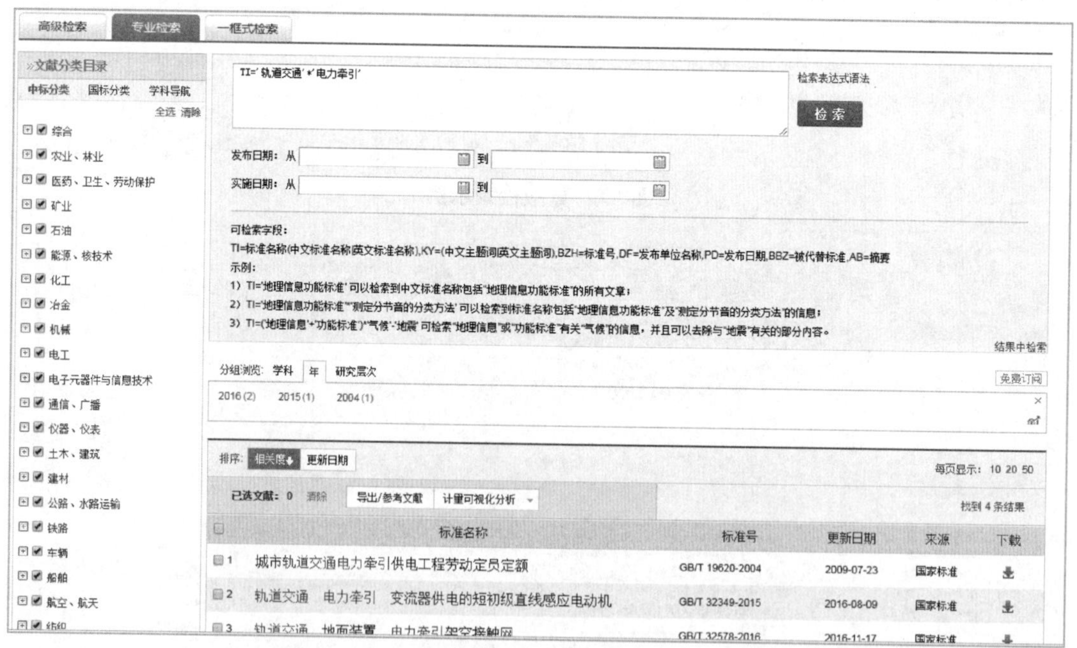

图3.10 专业检索示例

中国知网《国家标准全文数据库》的全部全文和《中国行业标准全文数据库》的部分全

文在阅读、打印时需要安装标准阅读器。题录库的全文由知网合作单位提供（不能使用知网账号下载全文），需向合作单位支付相关费用后，方可获得标准。

3.3 万方数据知识服务平台标准检索

3.3.1 万方数据知识服务平台标准数据库简介

万方数据知识服务平台（http://www.wanfangdata.com.cn/index.html?index=true）标准资源来源于中外标准数据库（图 3.11），涵盖了中国标准、国际标准以及各国标准，收录了所有的中国国家标准（GB）、中国行业标准（HB）以及中外标准题录摘要数据，共计 200 余万条记录，综合了中国质检出版社等单位提供的相关行业的各类标准题录。其中中国国家标准全文数据内容来源于中国质检出版社；中国行业标准全文数据收录了机械、建材、地震、通信标准以及由中国质检出版社授权的部分行业标准；中外标准题录摘要数据内容来源于中国标准化研究院。

图3.11 万方数据首页

3.3.2 万方数据标准检索方法

万方数据知识服务平台包括简单检索、高级检索和专业检索三种检索方式，可以通过标准类型、标准号、标题、关键词、发布单位、起草单位、中国标准分类号、国际标准分类号等检索项进行检索。

1. 简单检索

在万方数据知识平台首页单击“标准”即可进行简单检索（图 3.12），用户只需要选定检索项，包括题名、关键词、标准编号、起草单位、发布单位等，然后输入所要查找的检索词，单击“检索”按钮即可查找到相关文献。例如选择“题名”，输入“轻轨”，单击“检索”按钮可得到检索结果列表（图 3.13），选择需要的结果，单击标题，即可浏览基本信息（图 3.14）。

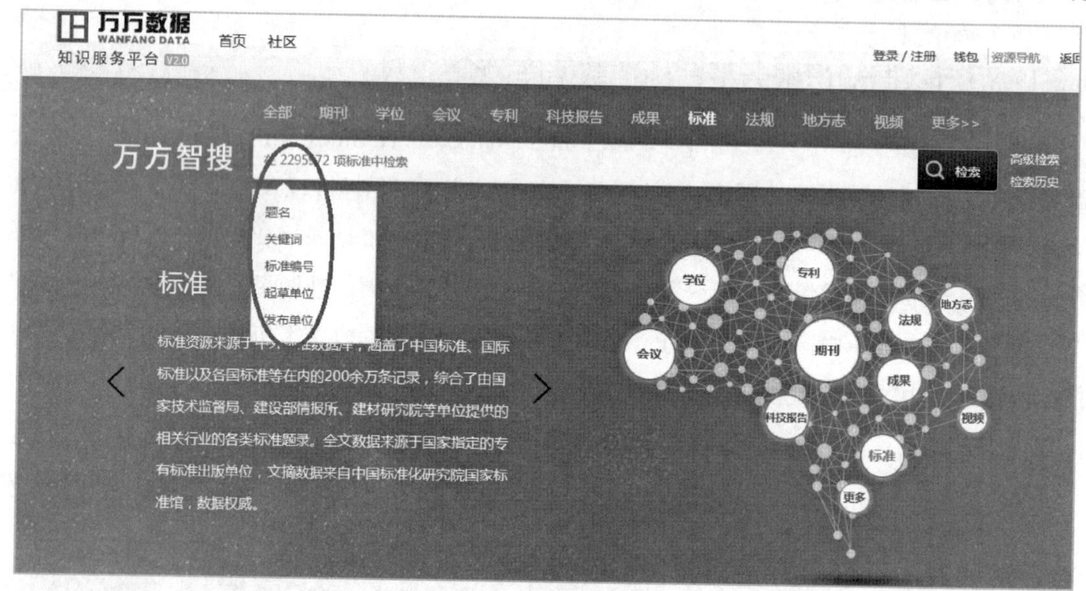

图3.12 简单检索

图3.13 检索结果列表

图3.14　浏览标准基本信息

2. 高级检索

单击万方数据知识平台简单检索框后的“高级检索”，即可进入高级检索界面，高级检索为用户提供更灵活、方便的构造检索式的检索方式。通过单击“+”“-”来增加或减少检索条件，同时利用检索词的逻辑关系与、或和非等确定检索式。除此之外，读者可以限定发表时间段来缩小检索范围，还可选择中英文扩展和主题词扩展，进行精确定位（图 3.15）。

亲爱的用户，由于检索功能优化，平台不再支持运算符（*/+/^）的检索，请用大小写（and/or/not）代替，（*/+/^）将会被视为普通检索词。
高级检索　专业检索　作者发文检索　了解高级检索
文献类型：全部 清除　期刊论文　学位论文　会议论文　专利　中外标准　科技成果　法律法规　科技报告　新方志
检索信息：+　−　题名或关键词　模糊
与　题名　模糊
与　关键词　模糊
发表时间：不限 - 至今　智能检索：中英文扩展　主题词扩展
检索　检索历史

图3.15　高级检索

例如，检索标准题名“地铁”与题名或关键词“轻轨”：选择“题名”，在第一行检索框内输入“地铁”，然后在第二行选择“与”，在检索框内输入“轻轨”，单击“检索”

按钮（图 3.16），即可在下方得到检索列表（图 3.17）。

图3.16 高级检索示例

图3.17 高级检索结果列表

3. 专业检索

在高级检索界面单击“专业检索”，使用布尔逻辑运算符和检索词构造检索式进行专业检索，在专业检索框后面单击“可检索字段”，即可根据需要选择检索字段，包括“全部”“主题”“题名或关键词”“题名”“作者单位”“关键词”“标准编号”“发布单位”“标准分类号”等，选定后在检索框内使用运算符构造表达式，再使用“与或 *”“或或 +”“非或 ^”等逻辑运算符，“()”符号将表达式按照检索目标组合起来。专业检索也可限定标准的发表时间段，如图 3.18 所示。

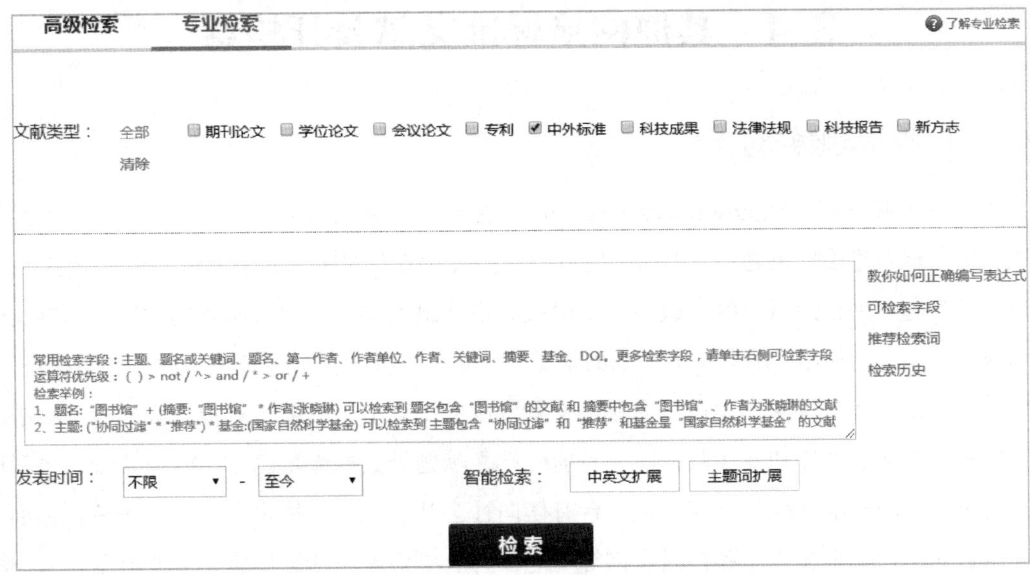

图3.18 专业检索

例如选择"主题"，在后面括号内输入"轨道交通"，选择"*（与）"，再选择"关键词"，在后面括号内输入"机车"，就可以构造出检索式"主题 :(轨道交通)* 关键词 :(机车)"，单击下方的"检索"按钮，即可查找到轨道交通机车方面的标准列表（图 3.19）。

图3.19 专业检索示例

万方数据知识平台标准检索仅免费提供标准的题录信息，不支持标准全文免费下载。

3.4 其他网络标准文献公开检索

3.4.1 中国标准服务网

中国标准服务网（http://www.cssn.net.cn/）“标准文献共享服务网络建设”是国家科技基础条件平台重点建设项目之一，由国家质量监督检验检疫总局牵头，中国标准化研究院承担，经过项目实施、平台运行、网站改版三个阶段，搭建出面向全国运行服务的“国家标准文献共享服务平台”,凸显出“国家标准文献共享服务平台”对我国社会经济发展的重要支撑作用。

中国标准服务网在整合全国已有标准文献资源的基础上，形成了规模庞大的标准文献题录数据库、全文数据库和专业数据库。目前标准文献题录数据库量已达 130 万余条，是我国迄今为止最全的标准文献信息库。该平台有偿向社会开放服务，提供标准动态跟踪、标准文献检索、标准文献全文传递和在线咨询等功能，有简单检索、高级检索、专业检索、分类检索和批量检索五种检索方式（图 3.20）。检索到的标准文献需要付费订购,方可下载标准全文。

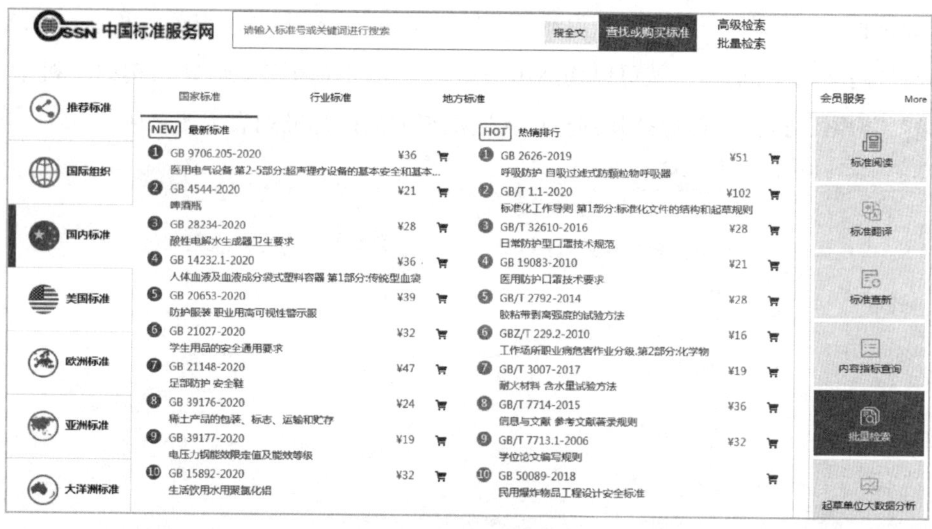

图3.20 中国标准服务网

3.4.2 国家标准全文公开系统

国家标准全文公开系统（http://www.gb688.cn/bzgk/gb/index）提供了国家标准的题录信息和全文在线阅读，具有“分类检索”“热词搜索”等功能。任何企业和社会公众都可以通过中国国家标准化管理委员会官方网站(http://www.sac.gov.cn/)进入“国家标准全文公开系统”（图 3.21），查阅国家标准文本。该系统已收录现行有效强制性国家标准 3 470 项，包含独有版权（非采标）2 321 项,共有版权（采标）1 149 项。收录现行有效推荐性国家标准 6 112 项，包含独有版权（非采标）3 037 项，共有版权（采标）3 075 项。

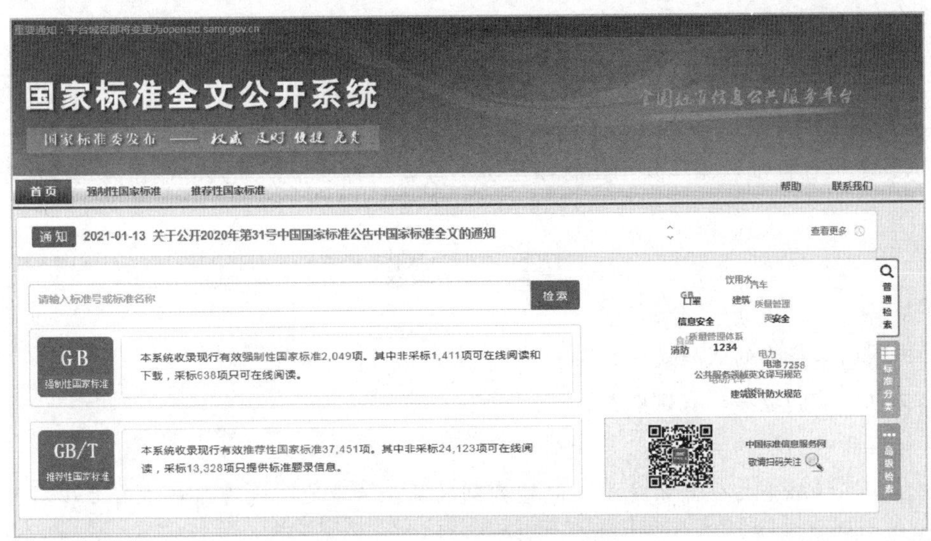

图3.21　国家标准全文公开系统

3.4.3　中国标准在线服务网

中国标准在线服务网（http://www.spc.org.cn/）隶属于中国质量标准出版传媒有限公司（中国标准出版社），中国质量标准出版传媒有限公司授权北京标科网络技术有限公司负责本社出版物的数字出版和网络发行工作，通过“国家标准网络发行服务系统—中国标准在线服务网”，向国内外用户提供及时、准确、权威的各类标准信息查询和全文服务。该网站设置有会员中心、标准分类、产品服务、产品公告、专题数据库、标准数据库检索等主要频道，提供近 60 年各类国家标准、行业标准、地方标准、团体标准、企业标准等，累计近 10 万项。通过该网站，可实现免费的国际标准、国家标准、行业标准在线查询，标准主要内容介绍、关键字正文模糊检索以及强制性国家标准的全文阅读等，如图 3.22 所示。

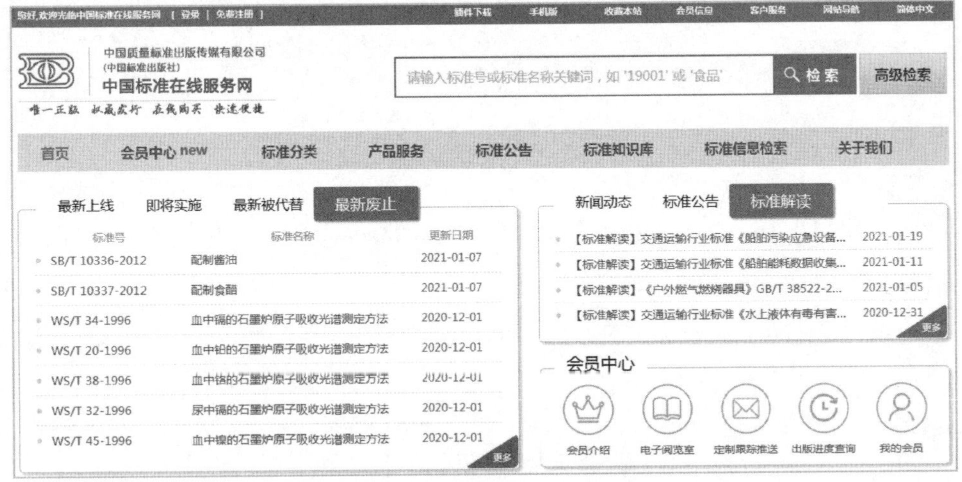

图3.22　中国标准在线服务网

小　结

本章主要介绍了标准的定义、分类及其特点，并详细介绍了中国知网标准数据库、万方数据知识服务平台标准数据库及中国标准服务网等常用标准检索工具的操作方法与技巧。

习　题

1. 中国国家标准的代码是什么？
2. 标准文献的数据库有哪些？
3. 标准和专利权的共有特点是什么？
4. 在国家标准全文公开系统中，能检索到的关于“电池”的现行标准有多少种？其中，强制性国家标准有多少种？
5. 查出药品高锰酸钾的产品标准。
6. 用“国家标准全文公开系统”或“中国标准服务网”检索“铁路信号”方面的标准，并写出检索步骤和文献外部特征。

参考文献

[1] 李玉莲，陈文 . 信息检索与知识创新 [M]. 重庆：重庆大学出版社，2011.

[2] 杨家燕，等 . 大学生信息素养 [M]. 成都：电子科技大学出版社，2014.

[3] 张敏生 . 信息检索与利用 [M]. 西安：西安电子科技大学出版社，2018.

[4] 杨飏，吴长江 . 大学生信息检索与利用 [M]. 武汉：华中科技大学出版社，2011.

[5] GB/T 20000.6—2006. 标准化工作指南 (第 6 部分) [S]. 北京：中国标准出版社，2007.

第4章 专利信息检索

学习目标

掌握专利的定义、分类及其特点；熟悉国家知识产权局专利检索的方法和步骤；了解世界知识产权组织专利检索的相关知识及其他主要国家的专利机构；全面了解国内的各级各类专利检索情况，并以轨道交通类专利检索为例，介绍专利检索的具体方法，具备综合运用的能力；最终具备独立开展专利检索和查询的能力，为今后自主申报专利打下坚实的基础。

重点难点

专利的分类及其特点；国内外各级各类专利的检索和综合运用。

授课内容

（1）专利的定义、分类及其特点。

（2）国家知识产权局专利检索。

（3）世界知识产权组织专利检索。

（4）以轨道交通类为例，了解国内的各级各类专利检索情况。

建议学时

4 学时，2 学时为课堂授课，2 学时为上机实操。

专利信息检索是指根据一项或数项特征，从大量的专利文献或专利数据库中挑选符合某一特定要求的文献或信息的过程。简单地说，专利信息检索就是有关专利信息的查找。专利信息检索是一项复杂的工作，是由多种因素构成的，如数据量、数据特点、检索系统、检索方式、检索入口、检索种类、检索目的、检索范围、检索技巧以及检索经验等。

世界上第一个建立专利制度的国家是当时的威尼斯。真正具有现代化特点的专利制度是从 17 世纪以来随着资本主义经济的不断发展和资本主义生产方式的牢固确立而逐步形成、发展和完善起来的。

自 1825 年 9 月 17 日英国第一条铁路建成并投入使用以来，世界轨道交通发展经历了初创、蓬勃、调整、高潮的发展轨迹，与之伴随的是轨道交通专利申请的萌动、剧增、迂回、新高趋势；到了 20 世纪 60 年代，随着日本、法国、意大利、德国等国家相继建成高速铁路，轨道交通的专利申请量更是急剧增长。

中国的轨道交通建设开始时间较晚，但是发展比较迅速，于1999年进入了蓬勃发展阶段。进入21世纪，轨道交通专利增长趋势更加明显，2009年起每年的专利申请量均突破万件，预计未来几年的专利申请量仍会持续增加。

4.1 专利的定义、分类及特点

4.1.1 专利定义

1. 专利的概念

专利（patent）从字面上是指专有的权利和利益。“专利”一词来源于拉丁语 Litterae patentes，意为公开的信件或公共文献，是中世纪的君主用来颁布某种特权的证明，后来指英国国王亲自签署的独占权利证书。在现代，专利一般是由政府机关或者代表若干国家的区域性组织根据申请而颁发的一种文件，这种文件记载了发明创造的内容，并且在一定时期内产生这样一种法律状态，即获得专利的发明创造在一般情况下他人只有经专利权人许可才能予以实施。在我国，专利分为发明专利、实用新型专利和外观设计专利三种类型，如图4.1所示。

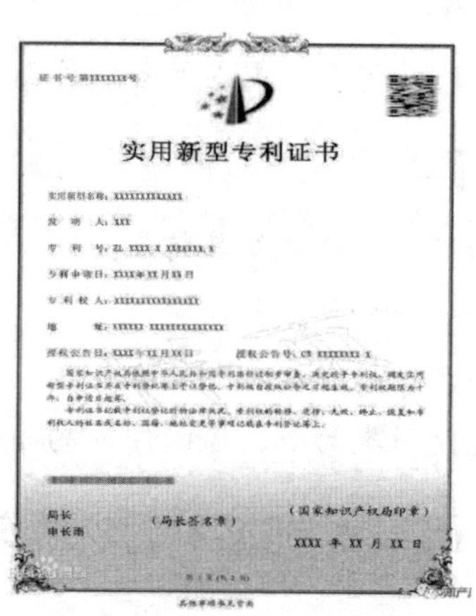

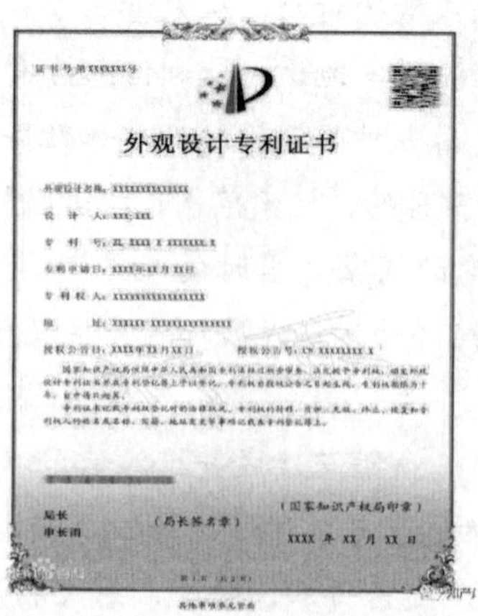

图4.1 我国的三种专利（证书样式）

2. 专利的含义

在我国专利的含义有两种：一是口语中的使用，仅仅指的是“独自占有”，例如“这仅仅是我的专利”；二是在知识产权中有三重意思，比较容易混淆，具体包括以下意思。

（1）专利权，指专利权人享有的专利权，即国家依法在一定时期内授予专利权人或者其权利继受者独占使用其发明创造的权利，这里强调的是权利。专利权是一种专有权，这种权利具有独占的排他性。非专利权人要想使用他人的专利技术，必须依法征得专利权人的授权或许可。

（2）指受到专利法保护的发明创造，即专利技术，是受国家认可并在公开的基础上进行法律保护的专有技术。“专利”在这里具体指的是受国家法律保护的技术或者方案。所谓专有技术，是享有专有权的技术，这是更大的概念，包括专利技术和技术秘密。某些不属于专利和技术秘密的专业技术，只有在某些技术服务合同中才有意义。专利是受法律规范保护的发明创造，它是指一项发明创造向国家审批机关提出专利申请，经依法审查合格后向专利申请人授予的该国内规定的时间内对该项发明创造享有的专有权，并需要定时缴纳年费来维持这种国家的保护状态。

（3）指专利局颁发的确认申请人对其发明创造享有的专利权的专利证书或指记载发明创造内容的专利文献，指的是具体的物质文件。

3. 轨道交通类专利

轨道交通是一个集多专业、多工种于一身的复杂系统，包括铁路运输、高速铁路、地铁、轻轨、有轨电车等依赖轨道而实现的交通工具。轨道交通领域的全球专利布局广泛，日本、美国、德国是轨道交通产业的最主要市场，其中日本的专利受理量远超其他国家 / 地区，是全球最受关注的市场。目前，日本、美国、德国、中国和法国 5 个国家作为轨道交通五大主要市场，其技术来源均以本国为主，法国的国外技术来源比例最高，其次是德国，日本的国外技术来源比例最低。法国和德国在轨道交通技术领域的国内外布局较强；而中国的轨道交通专利申请以本国为主，其他主要来自美国、日本和德国。

轨道交通类专制全球申请趋势图如图 4.2 所示。

中国的轨道交通产业经过多年的迅速发展，已经成为全球第四大专利受理国。中国在轨道交通领域超过 60% 的专利申请来自企业，大专院校和科研单位的申请占比合计不超过 10%。中国中车股份有限公司是中国唯一进入全球前 20 的公司，排名第八，其公司实力和专利技术实力在 TOP20 专利权人排名中均居中。

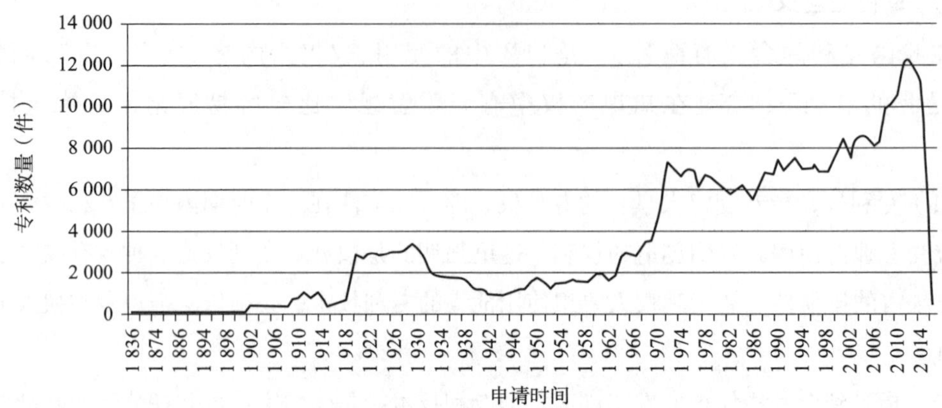

图4.2　轨道交通类专利全球申请趋势图

中国轨道交通专利申请授权趋势图如图 4.3 所示。

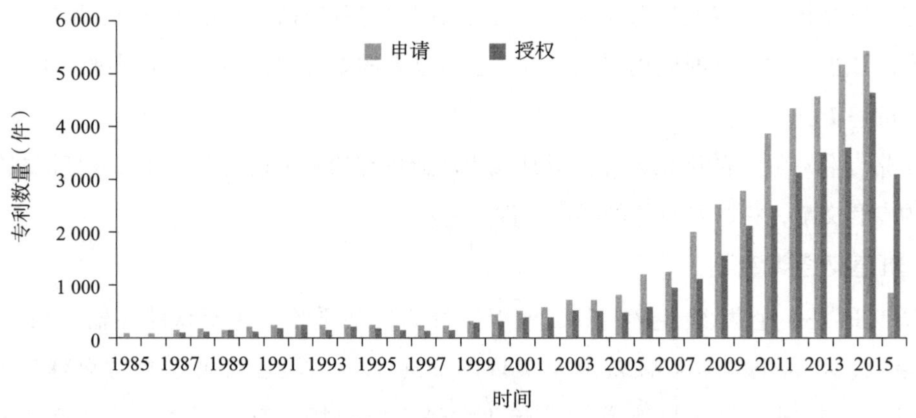

图4.3　中国轨道交通专利申请授权趋势图

4. 专利行政管理部门

中华人民共和国国家知识产权局是国务院主管全国专利工作和统筹协调涉外知识产权事宜的直属机构，其原名为中华人民共和国专利局（简称中国专利局），1980 年经国务院批准成立，1998 年国务院机构改革，中国专利局更名为国家知识产权局，成为国务院的直属机构，主管专利工作和统筹协调涉外知识产权事宜；其中，国家知识产权局下设国家专利局，统一受理和审查专利申请，依法授予专利权；同时，各省、自治区、直辖市人民政府一般均设有知识产权局，负责本行政区域内的专利管理工作。

国家知识产权局网站如图 4.4 所示。

图4.4　国家知识产权局网站

4.1.2　专利分类

1. 分类方式

专利可按持有人所有权分为有效专利和失效专利；通常所说的有效专利，是指专利申请被授权后，仍处于有效状态的专利。要使专利处于有效状态，首先，该专利权还处在法定保护期限内，另外，专利权人需要按规定缴纳了年费。失效专利则是指专利申请被授权后，因为已经超过法定保护期限或因为专利权人未及时缴纳专利年费而丧失了专利权或被任意个人或者单位请求宣布专利无效后经专利复审委员会认定并宣布无效而丧失专利权之后，称为失效专利。失效专利对所涉及的技术的使用不再有约束力。

但依据国际通用的标准，一般是按照其种类进行划分。专利的种类在不同的国家和地区有不同规定，在我国专利法中规定有：发明专利、实用新型专利和外观设计专利；在部分发达国家中分类为：发明专利和外观设计专利。

2. 我国专利的分类

根据《中华人民共和国专利法》规定：发明是指对产品、方法或者其改进所提出的新的技术方案；实用新型是指对产品的形状、构造或者其结合所提出的适于实用的新的技术方案；外观设计是指对产品的形状、图案或者其结合以及色彩与形状、图案的结合所作出的富有美感并适于工业应用的新设计。

（1）发明专利。其证书首页记载以下内容：发明的名称、发明人姓名、专利号、专利申请日、专利权人姓名或名称（即申请人姓名或名称）、授权公告日、时任国家知识产权局局长签字、国家知识产权局章等。专利证书还包括有专利授权文本。依据专利法，发明专利申请的审批程序包括受理、初审、公布、实质审查以及授权五个阶段。发明专利的授权过程比较漫长，通常从递交申请开始，多则一两年，少则半年，才能获得授权，从而拿到发明专利证书。发明专利权的期限为二十年，自申请日起计算。

（2）实用新型专利。其证书首页记载以下内容：实用新型名称、发明人姓名、专利号、专利申请日、专利权人姓名或名称（即申请人姓名或名称）、授权公告日、时任国家知识产权局局长签字、国家知识产权局章等。专利证书还包括有专利授权文本。依据专利法，实用新型申请在审批中不进行公布和实质审查，只有受理、初审和授权三个阶段。实用新型专利权期限为十年，自申请日起计算。

（3）外观设计专利。其证书首页记载以下内容：外观设计名称、设计人姓名、专利号、专利申请日、专利权人姓名或名称（即申请人姓名或名称）、授权公告日、时任国家知识产权局局长签字、国家知识产权局章等。专利证书还包括有专利授权文本。依据专利法，外观设计专利申请在审批中不进行公布和实质审查，只有受理、初审和授权三个阶段。外观设计专利权的期限为十年，自申请日起计算。

4.1.3 专利特点

1. 专利的法律含义

专利是受法律规范保护的发明创造，它是指一项发明创造向国家审批机关提出专利申请，经依法审查合格后向专利申请人授予的在规定的时间内对该项发明创造享有的专有权。

专利权是一种专有权，这种权利具有独占的排他性。非专利权人要想使用他人的专利技术，必须依法征得专利权人的同意或许可。

一个国家依照其专利法授予的专利权，仅在该国法律的管辖的范围内有效，对其他国家没有任何约束力，外国对其专利权不承担保护的义务，如果一项发明创造只在我国取得专利权，那么专利权人只在我国享有独占权或专有权。

专利权的法律保护具有时间性，中国的发明专利权期限为二十年，实用新型专利权和外观设计专利权期限为十年，均自申请日起计算。

2. 专利具有的三大原则

授予专利权的发明和实用新型，应当具备新颖性、创造性和实用性。

（1）新颖性。是指该发明或者实用新型不属于现有技术；也没有任何单位或者个人就同样的发明或者实用新型在申请日以前向国务院专利行政部门提出过申请，并记载在申请日以后公布的专利申请文件或者公告的专利文件中。

（2）创造性。是指与现有技术相比，该发明具有突出的实质性特点和显著的进步，该实用新型具有实质性特点和进步。

（3）实用性。专利法规定："实用性，是指该发明或者实用新型能够制造或者使用，并且能够产生积极效果。"能够制造或者使用，是指发明创造能够在工农业及其他行业的生产中大量制造，并且应用在工农业生产上和人民生活中，同时产生积极效果。这里必须指出的是，专利法并不要求其发明或者实用新型在申请专利之前已经经过生产实践，而是分析和推断在工农业及其他行业的生产中可以实现。

3. 专利的非显而易见性和适度揭露性

非显而易见性 (nonobviousness)：专利发明必须明显不同于习知技艺 (prior art)。所以，获得专利的发明必须是在既有之技术或知识上有显著的进步，而不能只是已知技术或知识的显而易见的改良。这样的规定是要避免发明人只针对既有产品做小部分的修改就提出专利申请。若运用已知技术都能轻易完成，无论是否增加功效，均不符合专利的进步性精神；而在该专业或技术领域的人都想得到的构想，就是显而易见的 (obviousness)，是不能获得专利权的。

适度揭露性（adequate disclosure）：为促进产业发展，国家赋予发明人独占的利益，而发明人则需充分描述其发明的结构与运用方式，以便利他人在取得专利权人同意或专利到期之后，能够实施此发明，或是透过专利授权实现发明或者再利用再发明。如此，一个有价值的发明能对社会、国家发展有所贡献。

4. 专利与其他财产不同的特点

专利属于知识产权的一部分，是一种无形的财产，具有与其他财产不同的特点，包括排他性、区域性及时间性。

（1）排他性也即独占性。它是指在一定时间（专利权有效期内）和区域（法律管辖区）内，任何单位或个人未经专利权人许可都不得实施其专利；对于发明和实用新型，即不得为生产经营目的制造、使用、许诺销售、销售、进口其专利产品；对于外观设计，即不得为生产经营目的制造、许诺销售、销售、进口其专利产品，否则属于侵权行为。

（2）区域性是指专利权是一种有区域范围限制的权利。它只有在法律管辖区域内有效。除了在有些情况下，依据保护知识产权的国际公约，以及个别国家承认另一国批准的专利权有效以外，技术发明在哪个国家申请专利，就由哪个国家授予专利权，而且只在专利授予国的范围内有效，而对其他国家则不具有法律的约束力，其他国家不承担任何保护义务。但是，同一发明可以同时在两个或两个以上的国家申请专利，获得批准后其发明便可以在所有申请国获得法律保护。

（3）时间性是指专利只有在法律规定的期限内才有效。专利权的有效保护期限结束以后，专利权人所享有的专利权便自动丧失，一般不能续展。发明便随着保护期限的结束而成为社会公有的财富，其他人便可以自由地使用该发明来创造产品。专利受法律保护的期限的长短由有关国家的专利法或有关国际公约规定。世界各国的专利法对专利的保护期限规定不一。

4.2 国家知识产权局专利申请及检索

4.2.1 中国国家知识产权局简介

国家知识产权局是由国家市场监督管理总局管理，行政级别为副部级，负责保护知识产权工作，推动知识产权保护体系建设，负责商标、专利、原产地地理标志的注册登记和行政裁决，指导商标、专利执法工作等。

1. 主要职责

贯彻落实党中央关于知识产权工作的方针政策和决策部署，在履行职责过程中坚持和加强党对知识产权工作的集中统一领导。主要有以下职责。

（1）负责拟订和组织实施国家知识产权战略。拟订加强知识产权强国建设的重大方针政策和发展规划；拟订和实施强化知识产权创造、保护和运用的管理政策和制度。

（2）负责保护知识产权。拟订严格保护商标、专利、原产地地理标志、集成电路布图设计等知识产权制度并组织实施。组织起草相关法律法规草案，拟订部门规章，并监督实施；研究鼓励新领域、新业态、新模式创新的知识产权保护、管理和服务政策；研究提出知识产权保护体系建设方案并组织实施，推动建设知识产权保护体系。负责指导商标、专利执法工作，指导地方知识产权争议处理、维权援助和纠纷调处。

（3）负责促进知识产权运用。拟订知识产权运用和规范交易的政策，促进知识产权转移转化；规范知识产权无形资产评估工作；负责专利强制许可相关工作；制定知识产权中介服务发展与监管的政策措施。

（4）负责知识产权的审查注册登记和行政裁决。实施商标注册、专利审查、集成电路布图设计登记；负责商标、专利、集成电路布图设计复审和无效等行政裁决；拟订原产地地理标志统一认定制度并组织实施。

（5）负责建立知识产权公共服务体系。建设便企利民、互联互通的全国知识产权信息公共服务平台，推动商标、专利等知识产权信息的传播利用。

（6）负责统筹协调涉外知识产权事宜。拟订知识产权涉外工作的政策，按分工开展对外知识产权谈判；开展知识产权工作的国际联络、合作与交流活动。

（7）完成党中央、国务院交办的其他任务。

国家知识产权局专利申请审批流程如图 4.5 所示。

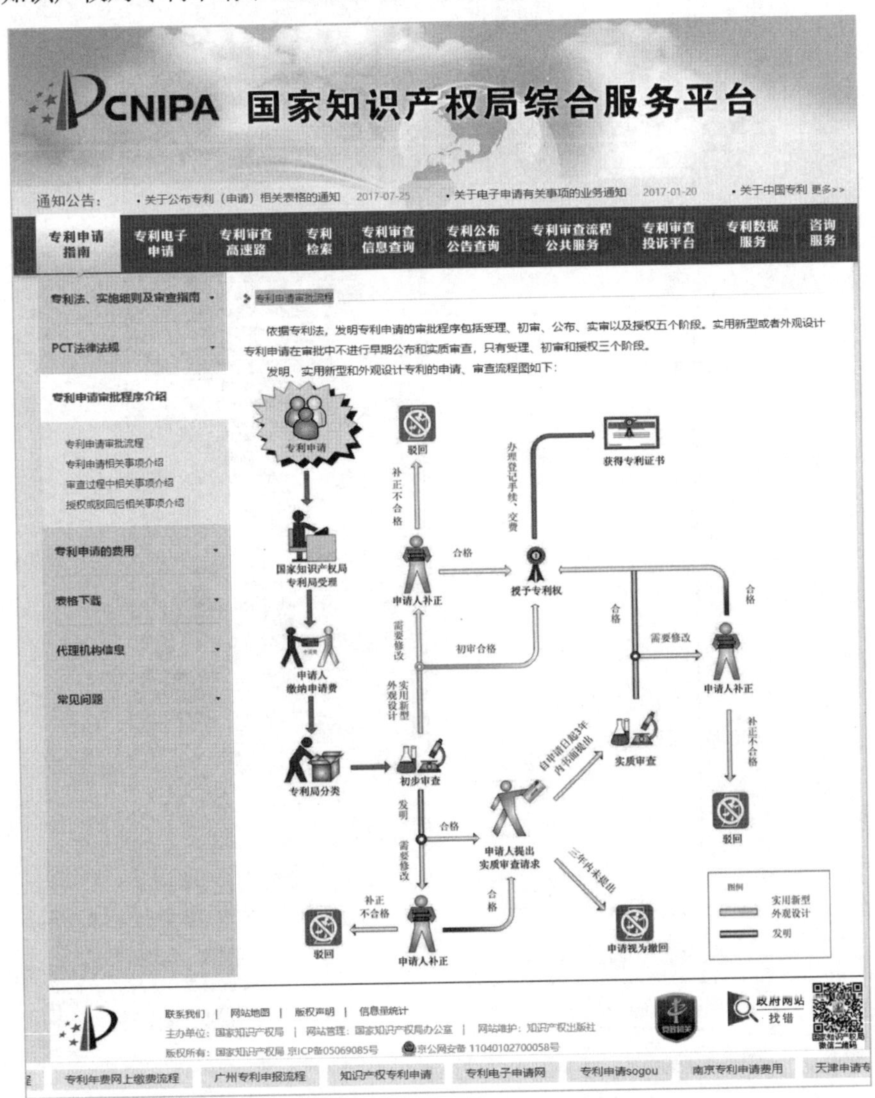

图4.5　国家知识产权局专利申请审批流程

2. 内设机构

国家知识产权局的内设机构（副司局级）包括：办公室、条法司、战略规划司、知识产权保护司、知识产权运用促进司、公共服务司、国际合作司（港澳台办公室）、人事司、机关党委等 9 个部门。

国家知识产权局组织机构图如图 4.6 所示。

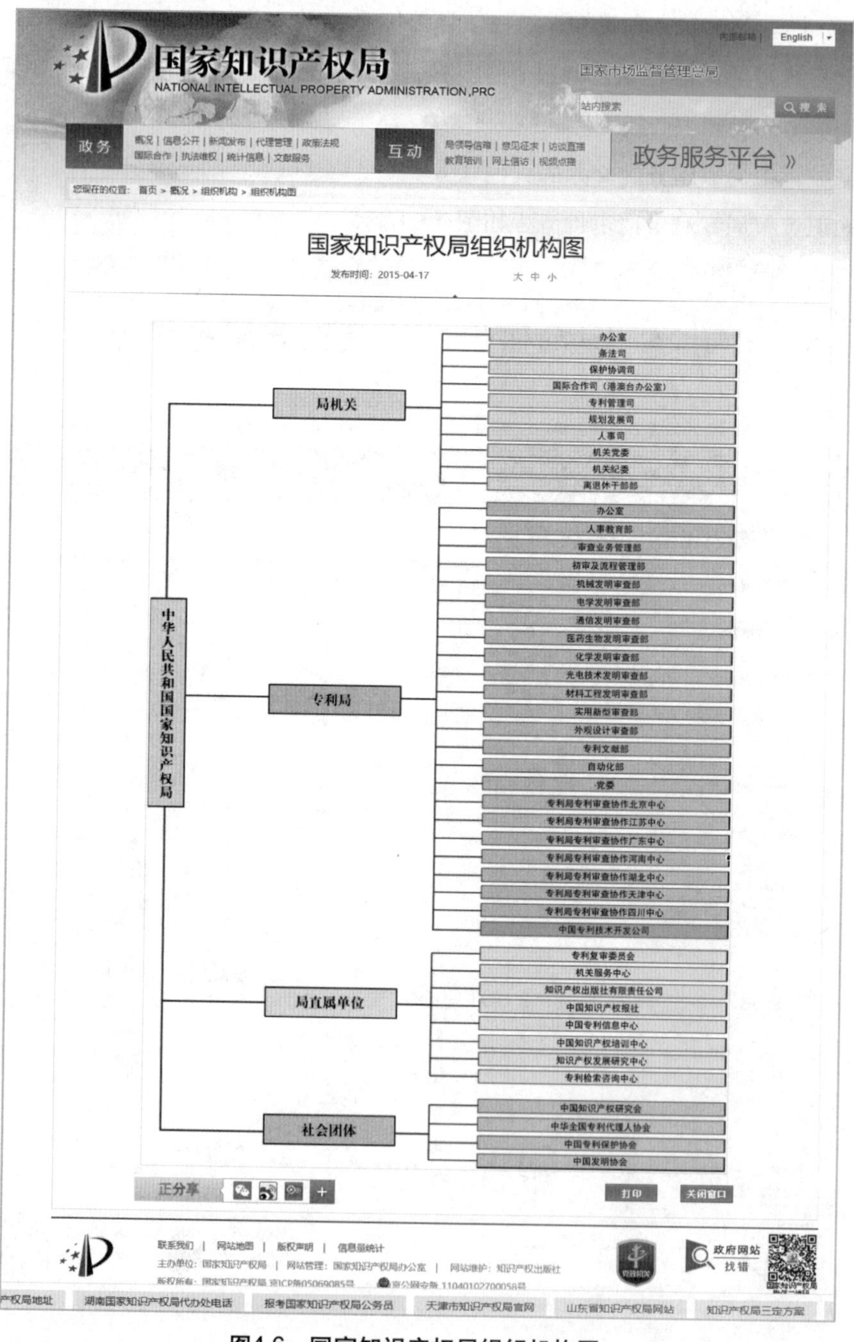

图4.6 国家知识产权局组织机构图

4.2.2　专利电子申请

1. 什么是专利电子申请

电子申请是指以互联网为传输媒介将专利申请文件以符合规定的电子文件形式向国家知识产权局提出的专利申请。申请人可通过电子申请系统向国家知识产权局提交发明、实用新型、外观设计专利申请和中间文件，以及进入中国国家阶段的国际申请和中间文件。国家知识产权局电子申请系统于 2004 年 3 月正式开通。新电子申请系统于 2010 年 2 月 10 日上线运行。电子申请系统 365 天 ×24 小时开通，包括国庆节、元旦、春节等节假日。中国专利电子申请网（图 4.7）入口为：http://cponline.cnipa.gov.cn。

图4.7　中国专利电子申请网

2. 如何使用电子申请

（1）首先办理用户注册手续，获得用户代码和密码。

（2）登录电子申请网站，下载并安装数字证书和客户端软件。

（3）进行客户端和升级程序的网络配置。

（4）制作和编辑电子申请文件。

（5）使用数字证书签名电子申请文件。

（6）提交电子申请文件。

（7）接收电子回执。

（8）提交申请后，可随时登录电子申请网站查询电子申请相关信息。

（9）通过电子申请系统接收通知书，针对所提交的电子申请提交中间文件。

电子申请使用流程如图 4.8 所示。

图4.8　电子申请使用流程

3. 相关概念

电子申请用户：电子申请用户是指已经与国家知识产权局签订电子专利申请系统用户注册协议（以下简称用户注册协议），办理了有关注册手续，获得用户代码和密码的申请人和专利代理机构。

数字证书：专利电子申请数字证书是国家知识产权局注册部门为注册用户免费提供的用于用户身份验证的一种权威性电子文档，国家知识产权局可以通过电子申请文件中的数字证书验证和识别用户的身份。

电子签名：电子签名是指通过国家知识产权局电子专利申请系统提交或发出的电子文件中所附的用于识别签名人身份并表明签名人认可其中内容的数据。专利法实施细则第一百一十九条第一款所述的签字或者盖章，在电子申请文件中是指电子签名，电子申请文件采用的电子签名与纸件文件的签字或者盖章具有相同的法律效力。

4. 电子申请用户注册

电子申请用户注册方式包括：当面注册、邮寄注册和网上注册。

当面注册：目前可在法定工作日时间带注册材料到国家知识产权局受理窗口或专利代办处办理注册手续。

网上注册：登录电子申请网站（http://cponline.cnipa.gov.cn/），在网站上注册为临时用户。并于 15 日内邮寄注册材料到专利局，办理正式的注册手续。

邮寄注册：直接邮寄注册材料到专利局，办理注册手续。 邮寄地址：北京市海淀区蓟门桥西土城路 6 号国家知识产权局专利局受理处（邮编 100088）。

4.2.3　中国国家知识产权局专利检索

1. 专利检索机构

国内进行专利检索的机构是国家知识产权局专利检索咨询中心（简称“检索中心”），如图 4.9 所示，其成立于 1993 年，前身是中国专利局专利检索咨询中心，2001 年 5 月更名为国家知识产权局专利检索咨询中心，系国家知识产权局（原中国专利局）直属事业单位，是目前国内科技及知识产权领域提供专利信息检索、专利事务公共服务、专利信息分析及咨询、专利及科技文献翻译、数据加工及专题数据库建设、知识产权培训等服务的权威机构。检索中心拥有丰富的信息资源、一流的涵盖各技术领域的检索团队，为社会各界提供专利及科技情报的全方位、专业化检索分析服务。

国家知识产权局专利检索咨询中心

发布时间：2008-06-24　　大 中 小

国家知识产权局专利检索咨询中心成立于1993年，前身是中国专利局专利检索咨询中心，2001年5月，更名为国家知识产权局专利检索咨询中心，是国家知识产权局直属事业单位，是目前国内科技及知识产权领域提供专利信息检索、专利事务咨询、专利及科技文献翻译等服务的权威机构。

检索服务：为社会各界提供有关专利及科技信息的检索服务，为国家知识产权局专利局各审查部门提供STN、Dialog等商业系统的国际联机检索服务，宣传和普及专利检索技术与方法，通过加强国际交流与合作，紧密跟踪世界最先进的检索技术。以多款专业性高级分析软件和多种信息资源为基础，为客户提供全方位、专业化的检索、咨询和战略分析等高端服务。

业务范围包括：专利及科技信息的定量分析和定性分析；发明创造、专利管理、专利技术利用及专利保护等内容的信息检索和法律状态检索；技术创新、项目研发和专利申请时的现有技术检索及技术评价；宣告无效、侵权纠纷（专利法第57条规定的检索除外）、生产销售和进出口贸易中的专利技术及法律状态检索、产品核心技术分析；国家863、973项目、国家发明奖、专利金奖、CCTV创新盛典等重点项目检索等。

免费咨询：受国家知识产权局委托，负责国家知识产权局客户服务中心的日常工作，其宗旨是为广大专利申请人、专利权人及社会公众提供优质的咨询服务，包括无偿提供有关专利法律、法规咨询；各类专利事务办理；公开、公告后的各种状态查询等服务。咨询方式包括：当面咨询、电话咨询、信函咨询和网站咨询。客户服务中心是国家知识产权局联系社会、服务公众的重要渠道，是联系广大申请人与知识产权管理部门的桥梁和纽带。

翻译服务：为社会各界提供外文专利及科技文献的翻译服务。拥有雄厚的专家和专业队伍。翻译的文献涉及自然科学的各个领域，语种包括英文、德文、日文、俄文、法文、韩文及西班牙文等多种语言。同时作为中立机构，为专利纠纷当事人提供与所涉及诉讼案件相关的外文专利及非专利文献翻译服务。在翻译过程中采取多种措施保证翻译质量，力求做到客观、公正、准确、及时。

中国专利信息网（www.patent.com.cn）：于1997年10月开通，通过互联网向社会公众提供专利信息服务。具有中国专利文摘检索、中国专利英文文摘检索，以及中文专利全文下载功能。采用会员制管理方式向社会公众提供网上检索、网上咨询、论坛交流、公众自我宣传、邮件管理等服务，是提供专利信息综合性服务的网络平台。

检索委托：电　话：010-62083202、62083643

传　真：010-62083161

电子邮件：jiansuochu@patent.com.cn

通信地址：北京市海淀区蓟门桥西土城路6号（100088）

国家知识产权局专利检索咨询中心 检索处

咨询服务：当面咨询：国家知识产权局专利局受理大厅

电话咨询：010-62356655

图4.9　国家知识产权局专利检索咨询中心

中国专利信息网（www.patent.com.cn）于1997年10月开通，通过互联网向社会公众提供专利信息服务，如图4.10所示，具有中国专利文摘检索、中国专利英文文摘检索，以及中文专利全文下载功能。采用会员制管理方式向社会公众提供网上检索、网上咨询、论坛交流、公众自我宣传、邮件管理等服务，是提供专利信息综合性服务的网络平台。

图4.10 中国专利信息网

2. 专利检索概念

专利检索是具体查找专利说明书的渠道和方法，包括利用各种常用的专利检索工具，掌握常用的检索方法等。常用的检索工具包括：各类专利工具书，如各国的专利分类表、专利文摘、专利题录公报、专利权人索引、专利公报等。查找专利可以按专利分类或按发明人进行。按专利分类查找的步骤是：查找专利名称并翻译不同语种的名称；依字母顺序查找所属的专利分类号；用分类表核对或进一步找到课题所属分类号；按分类号查找专利号；按专利号查找专利说明书摘要。按发明人名称查找的步骤是：通过专利权人索引查实专利权人的名字或所属公司企业并查实专利本身的名称；按专利号查找专利说明书摘要。

3. 专利检索方法

网上中国专利的检索可以通过多个网站进行，有收费网站也有免费网站。

（1）中国国家知识产权局网站

字段检索：系统提供了 16 个检索字段，用户可根据已知条件，从 16 个检索入口做选择，可以进行单字段检索或多字段限定检索。每个检索字段均可进行模糊检索，用 %（必须使用半角格式）代表一个任意字母、数字或字；可使用多个模糊字符，且可在输入检索字符串任何位置，首位置可省略。

IPC 分类检索：IPC 分类导航检索即利用 IPC 类表中各部、大类、小类，逐级查询到感兴趣的类目，单击此类目名称，可得到该类目下的专利检索结果（外观设计除外）。IPC 分类导航检索同时提供关键词检索，即在选中某类目下，在发明名称和摘要等范围内再进行关键词检索，提高检索的准确性。

（2）IncoPat 科技创新情报平台

（3）中国专利信息网

（4）专利汇 -patenthub 专利检索引擎

（5）中国知识产权网

（6）innojoy 专利搜索引擎

（7）佰腾网专利检索系统

（8）专利之星 - 专利检索系统

（9）SOOPAT 专利搜索引擎

（10）PatSnap 智慧芽专利检索系统

4. 国家知识产权局网站专利查询

在国家知识产权局网站输入专利号后进行查询的步骤如下：

第一步：进入国家知识产权局网站，如图 4.11 所示，在其右下角单击图示的“专利检索”。

图4.11　国家知识产权局网站专利检索

第二步：跳转到如图 4.12 所示的“使用前必读”，单击底部的“同意”按钮。

图4.12　使用前必读

第三步：单击跳转页面中的“注册”按钮，注册账户再进行登录，如图 4.13 所示。

图4.13　用户注册界面

第四步：在如图 4.14 所示的区域输入专利号，单击右侧的“检索”按钮。

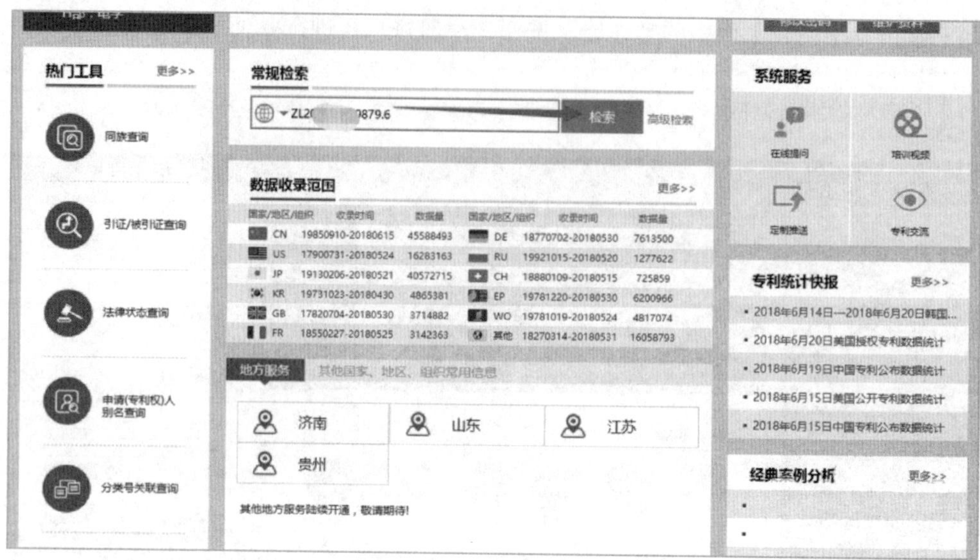

图4.14　输入专利号检索界面

最终检索结果如图 4.15 所示。

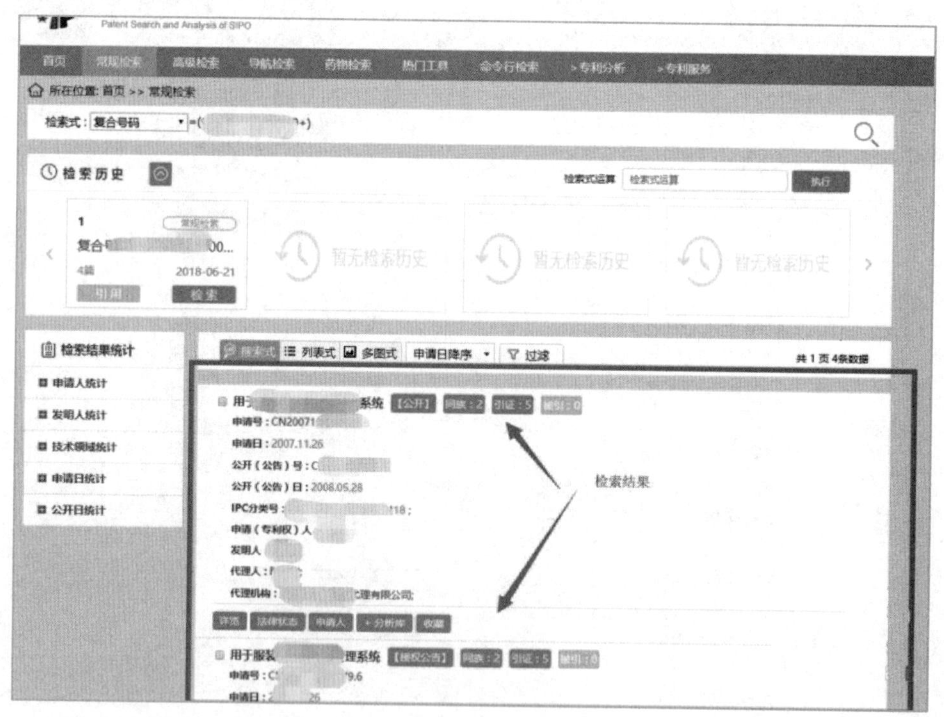

图4.15　专利检索结果

5. 专利审查信息查询

中国专利审查信息查询是为满足申请人、专利权利人、代理机构、社会公众对专利申请的查询需求而建设的网络查询系统。查询系统根据《专利法》《专利法实施细则》和《专利审查指南》中的相关规定，对不同用户设有不同的查询权限。

专利审查信息查询界面如图 4.16 所示。

图4.16　专利审查信息查询界面

其具体操作步骤如下。

用户注册：注册用户是指电子申请注册用户，可以使用电子申请的注册名和密码登录，查询该注册用户名下的所有专利申请的相关信息；分为注册用户和普通用户。下面以如图 4.17 所示的公众用户注册查询为例进行介绍。

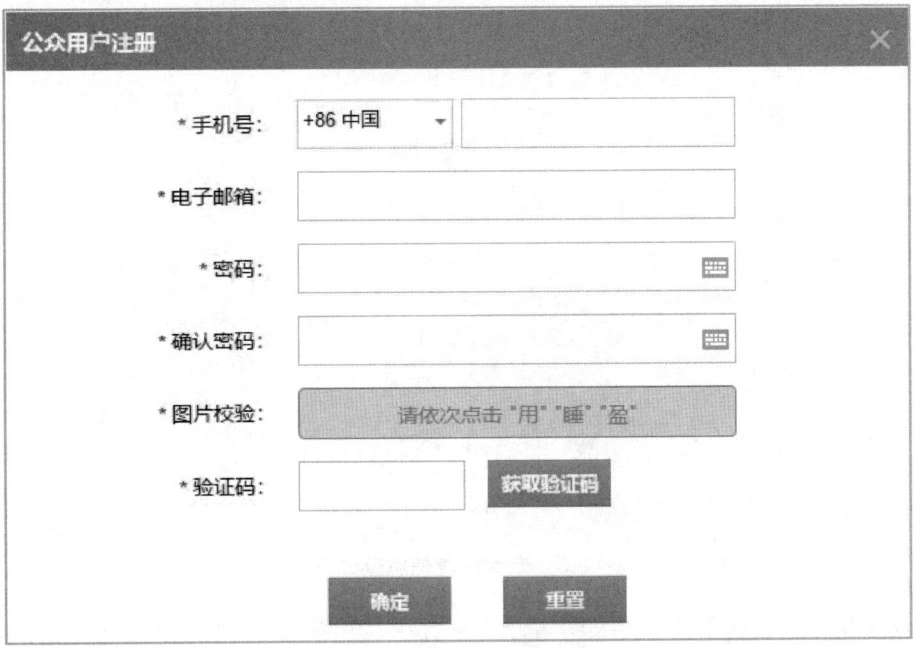

公众用户注册

* 手机号：+86 中国

* 电子邮箱：

* 密码：

* 确认密码：

* 图片校验：请依次点击"用""睡""盈"

* 验证码：获取验证码

确定　重置

图4.17　公众用户注册界面

登录账号：在图 4.16 所示的主界面中，以注册好的账号、密码进行登录，进入到“使用声明”界面，选中“同意以上声明”单选按钮，如图 4.18 所示。

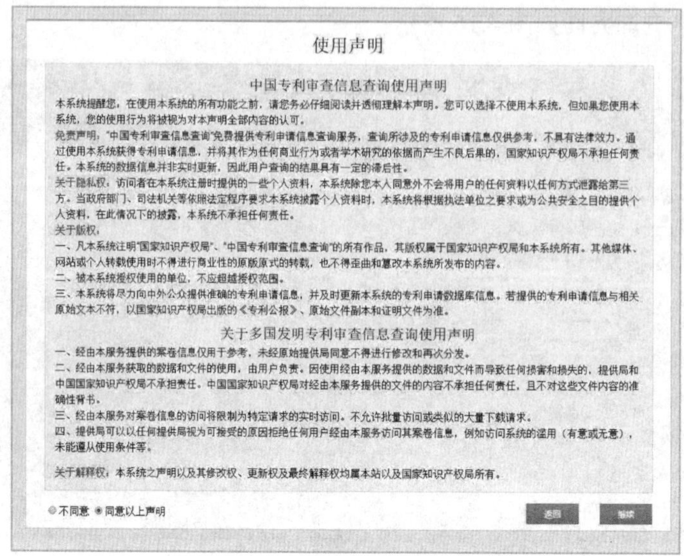

使用声明

中国专利审查信息查询使用声明

本系统提醒您，在使用本系统的所有功能之前，请您务必仔细阅读并透彻理解本声明。您可以选择不使用本系统，但如果您使用本系统，您的使用行为将被视为对本声明全部内容的认可。

免责声明："中国专利审查信息查询"免费提供专利申请信息查询服务，查询所涉及的专利申请信息仅供参考，不具有法律效力。通过使用本系统获得专利申请信息，并将其作为任何商业行为或者学术研究的依据而产生不良后果的，国家知识产权局不承担任何责任。本系统的数据信息并非实时更新，因此用户查询的结果具有一定的滞后性。

关于隐私权：访问者在本系统注册时提供的一些个人资料，本系统除您本人同意外不会将用户的任何资料以任何方式泄露给第三方。当政府部门、司法机关等依照法定程序要求本系统披露个人资料时，本系统将根据执法单位之要求或为公共安全之目的提供个人资料，在此情况下的披露，本系统不承担任何责任。

关于版权：

一、凡本系统注明"国家知识产权局"、"中国专利审查信息查询"的所有作品，其版权属于国家知识产权局和本系统所有。其他媒体、网站或个人转载使用时不得进行商业性的原版原式的转载，也不得歪曲和篡改本系统所发布的内容。

二、被本系统授权使用的单位，不应超越授权范围。

三、本系统将尽力向中外公众提供准确的专利申请信息，并及时更新本系统的专利申请数据库信息。若提供的专利申请信息与相关原始文本不符，以国家知识产权局出版的《专利公报》、原始文件副本和证明文件为准。

关于多国发明专利审查信息查询使用声明

一、经由本服务提供的案卷信息仅用于参考，未经原始提供局同意不得进行修改和再次分发。

二、经由本服务获取的数据和文件的使用，由用户负责。因使用经由本服务提供的数据和文件而导致任何损害和损失的，提供局和中国国家知识产权局不承担责任。中国国家知识产权局对经由本服务提供的文件的内容不承担任何责任，且不对这些文件内容的准确性背书。

三、经由本服务对案卷信息的访问将限制为特定请求的实时访问。不允许批量访问或类似的大量下载请求。

四、提供局可以以任何提供局视为可接受的原因拒绝任何用户经由本服务访问其案卷信息，例如访问系统的滥用（有意或无意），未能遵从使用条件等。

关于解释权：本系统之声明以及其修改权、更新权及最终解释权均属本站以及国家知识产权局所有。

◎不同意 ◉同意以上声明 返回 继续

图4.18 “使用声明”界面

进入查询系统：单击“继续”按钮，进入到专利审查信息查询界面，分为“中国专利审查信息查询”和“多国发明专利审查信息查询”两项，如图 4.19 所示。

图4.19 专利审查信息查询界面

查询结果：在查询条件中，发明名称、申请号、申请人三者必须填一个。输入的申请号 / 专利号必须为 9 位或 13 位，不需输入字母“ZL”，并且不能包含“.”，单击“查询”按钮，即可得到最终查询结果，如图 4.20 所示。查询用户根据需要，可以分别查询该专利的申请信息、审查信息、费用信息、发文信息。

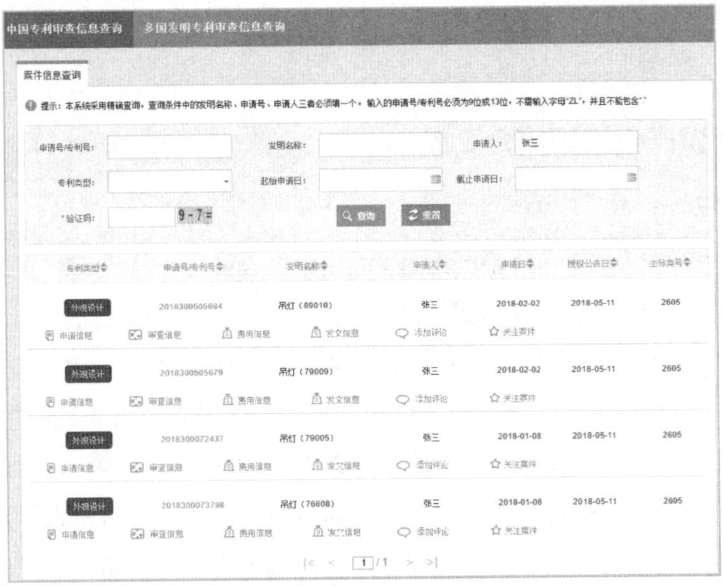

图4.20　专利审查信息查询结果

6. 专利事务服务

专利事务服务（原专利审查流程公共服务）是专利局依照《中华人民共和国专利法》（以下简称《专利法》）、《中华人民共和国专利法实施细则》（以下简称《专利法实施细则》）以及《专利审查指南（2010）》的规定，基于专利审批全流程中的文件、期限、费用、审批进程、法律状态等信息，面向公众、专利代理机构、专利申请人以及专利权人等提供的与专利审查相关的公共服务。专利事务服务的范围不仅包括从申请到授权的整个专利审批流程，还包括授权后的专利权维持、专利权运用，甚至于专利失效后的各项法律手续及事务。根据国家知识产权局发布的第 244 号公告，自 2017 年 7 月 1 日起，国家知识产权局执行新的行政事业性收费标准。其中新增专利文件副本证明费，每份 30 元。

专利事务服务系统如图 4.21 所示。

图4.21　专利事务服务系统

4.3 世界知识产权组织专利检索

4.3.1 世界知识产权组织简介

1. 基本概况

世界知识产权组织（World Intellectual Property Organization）简称“WIPO”，是联合国保护知识产权的一个专门机构，该组织总部设在日内瓦。它是根据《成立世界知识产权组织公约》而设立的；该公约于 1967 年 7 月 14 日在斯德哥尔摩签订，于 1970 年 4 月 26 日生效；中国于 1980 年 6 月 3 日加入了该组织。世界知识产权组织是致力于利用知识产权（专利、版权、商标、外观设计等）作为激励创新与创造手段的联合国机构。该组织的宗旨为：一是通过国家之间的合作，必要时通过与其他国际组织的协作，促进全世界对知识产权的保护；二是确保各知识产权联盟之间的行政合作。该组织管理着一系列知识产权条约，其中包括《保护文学和艺术作品伯尔尼公约》《保护录音制品制作者防止未经许可复制其录音制品公约》等条约。

2. 进入方法

输入网址 www.wipo.int，再在界面上找到 PATENTSCOPE 按钮并单击，即可进入 WIPO 的免费专利检索系统；或者直接输入 patentscope.wipo.int/search/en，也可进入，如图 4.22 所示。

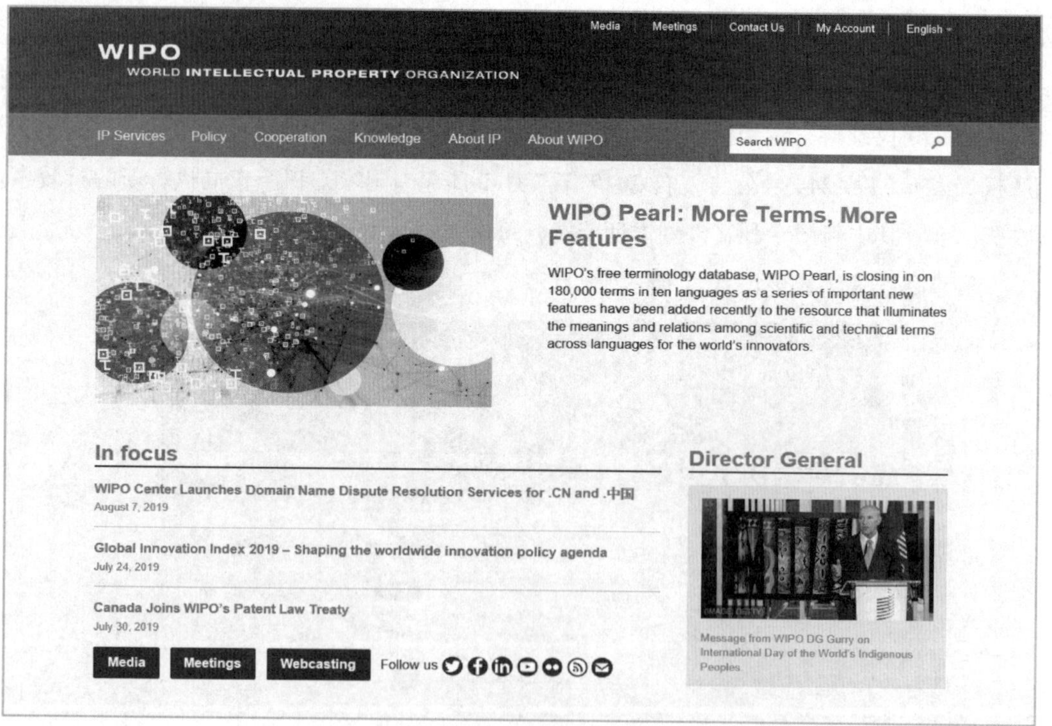

图4.22 世界知识产权组织网站

单击左下方的PATENTSCOPE按钮，如图4.23所示，然后在界面中单击Access the PATENTSCOPE database按钮，如图4.24所示，即可登录WIPO免费专利检索系统。

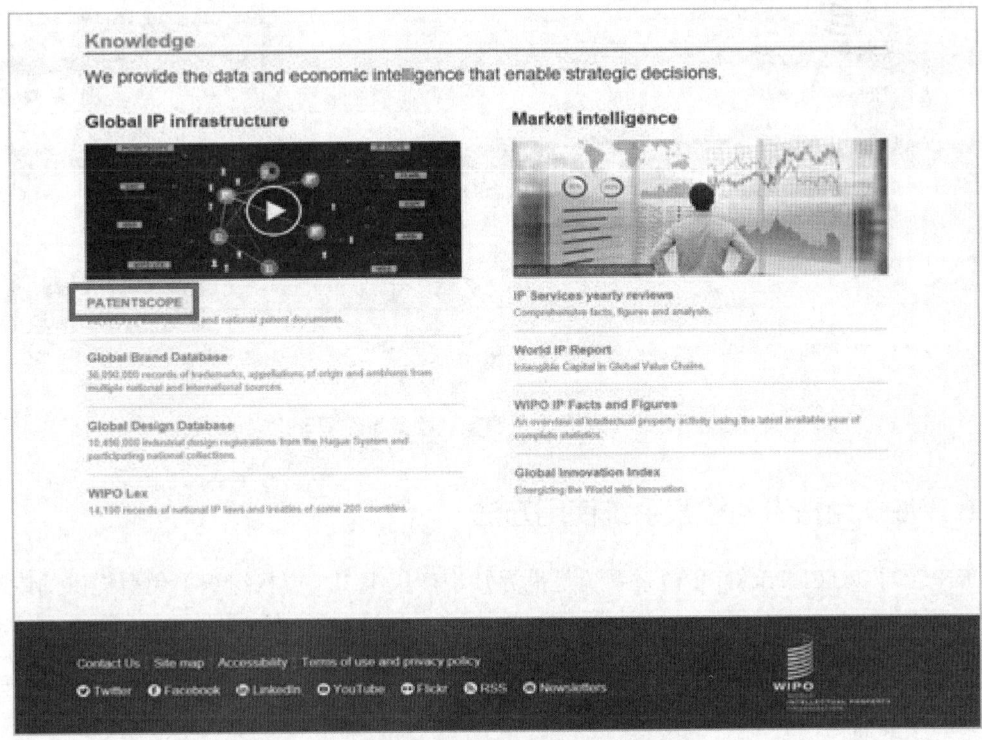

图4.23　单击PATENTSCOPE按钮

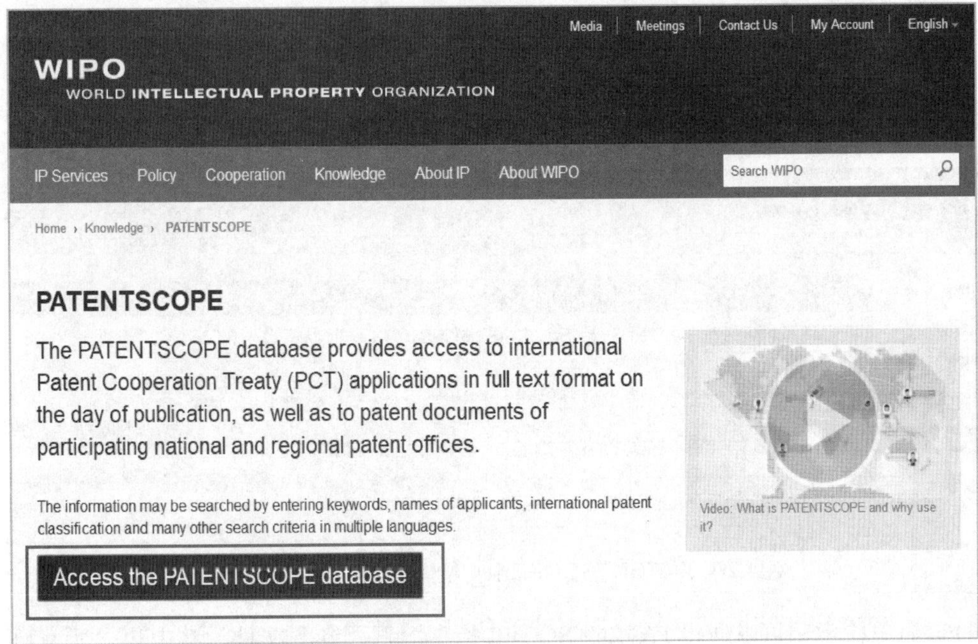

图4.24　单击Access the PATENTSCOPE database按钮

WIPO 免费专利检索系统界面如图 4.25 所示。

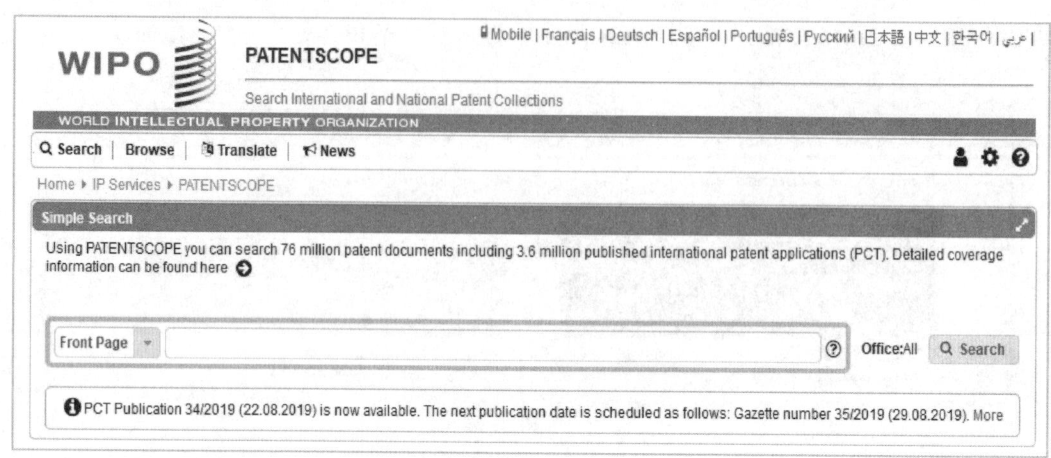

图4.25　WIPO 免费专利检索系统界面

4.3.2　WIPO 免费专利检索系统使用方法

WIPO 的 PATENTSCOPE 检索系统是世界知识产权组织（产权组织）免费提供的专利检索系统，可以查阅数百万份专利文献。目前它可以检索到包括中国在内的 56 个国家组织或者地区的专利数据。国内用户进入 WIPO 免费专利检索系统后，可单击右上角的“中文”按钮，进入到中文界面。

PATENTSCOPE 共有 5 种检索方式，分别为：简单检索、高级检索、字段组合检索、跨语种扩展检索和化合物检索，如图 4.26 所示。

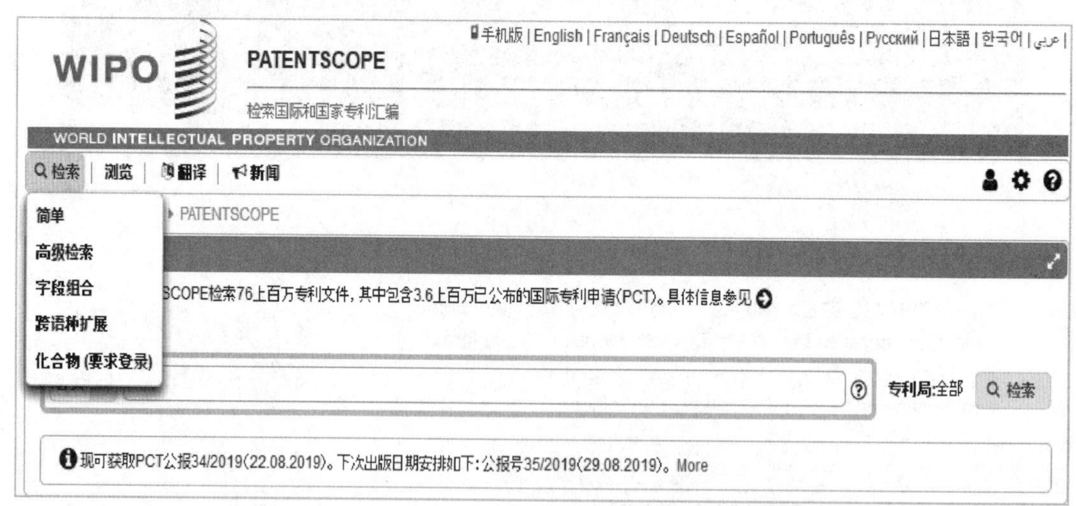

图4.26　PATENTSCOPE中文检索及5种方式选择界面

（1）简单检索：可以通过 PATENTSCOPE 检索上百万专利文件，其中包含所有已公布的国际专利申请（PCT），如图 4.27 所示。

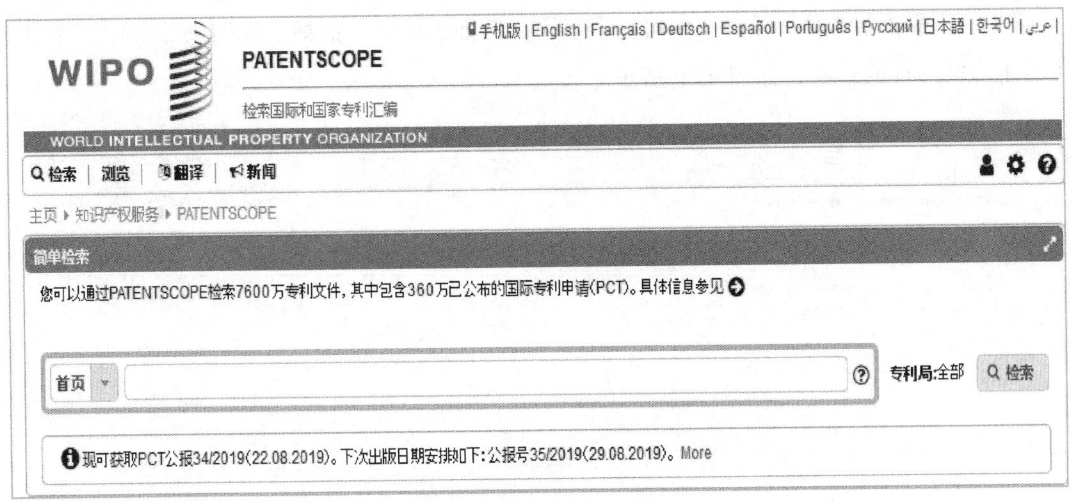

图4.27　简单检索操作界面

（2）高级检索：它是 PATENTSCOPE 的专家检索界面，可输入的关键词没有数量限制，可用于进行复杂的查询。用户可以选择“专利局”旁边的“–/+”按钮，单击它可以选择要检索的国家和地区，如图 4.28 所示。

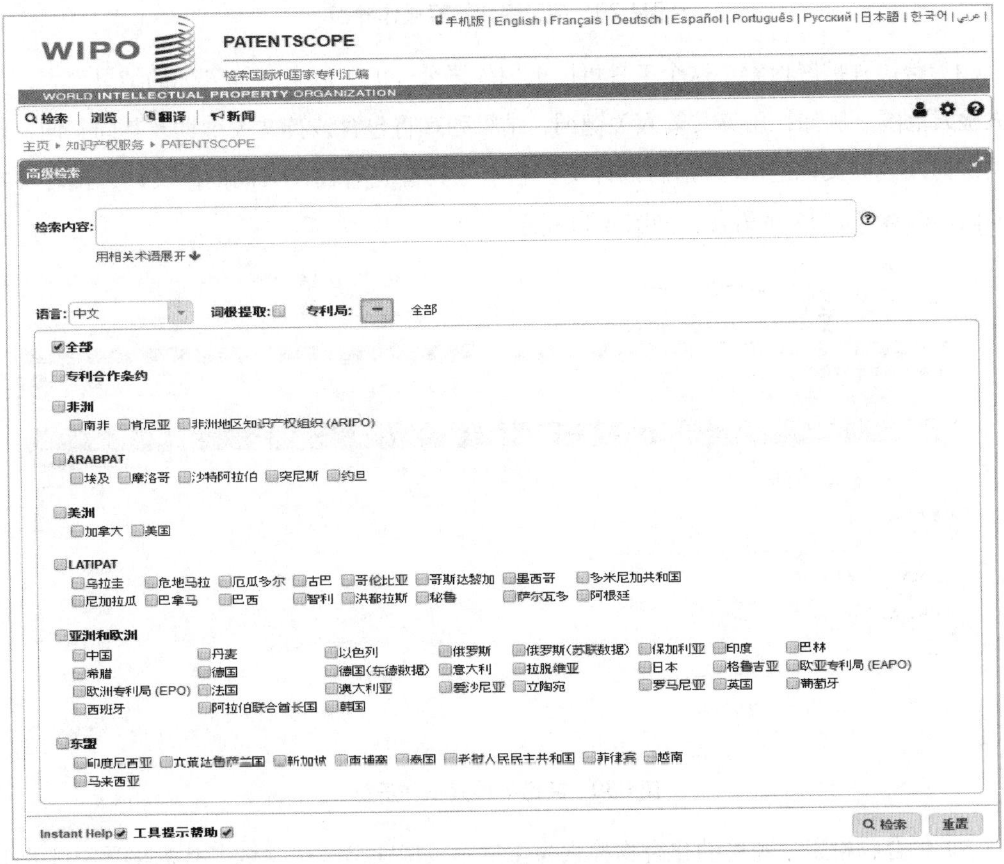

图4.28　高级检索操作界面

（3）字段组合检索：可以在任何检索字段（例如，标题、摘要、说明书等）中多条件地进行更有针对性的检索，如图 4.29 所示。

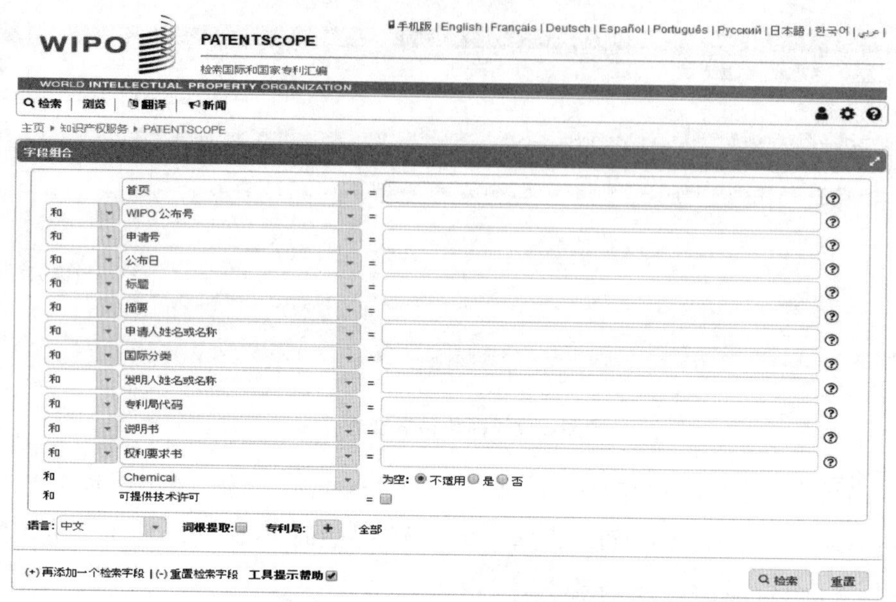

图4.29 字段组合检索操作界面

（4）跨语种扩展检索：这个工具可以把用外语公开的专利文献加入你的结果列表，从而扩大检索范围。例如，用英文输入关键词，结果列表将包含该英文关键词及其同义词，以及该关键词及其同义词的 13 种语言的译文。这个工具首先查找检索词的同义词，接着将查找到的内容都翻译成 13 种语言，如图 4.30 所示。

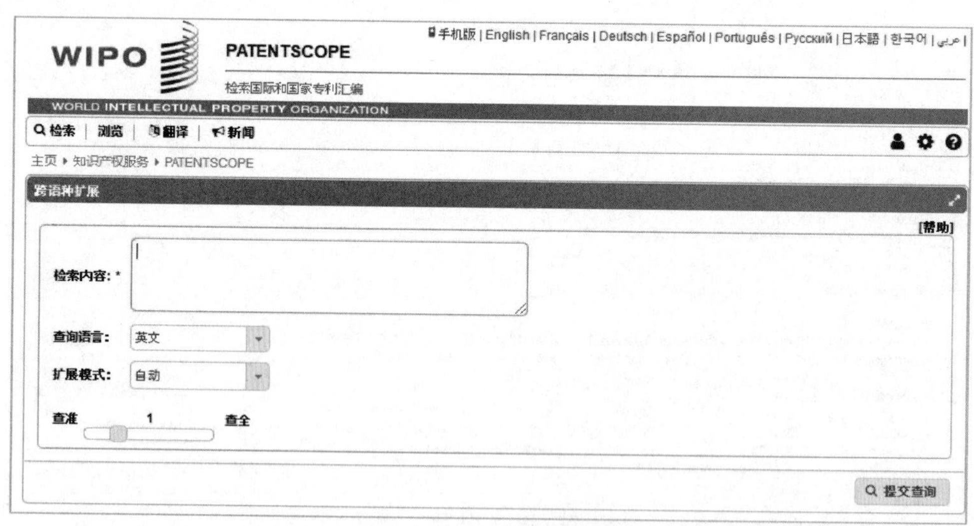

图4.30 跨语种检索操作界面

（5）化合物检索：免费的化合物检索为化学领域特别是医药领域、有机化学领域的小伙伴提供了便利。但是需要注意的是，要使用化学结构检索，需要首先登录 PATENTSCOPE 的账户，并且使用英文界面，如图 4.31 所示。

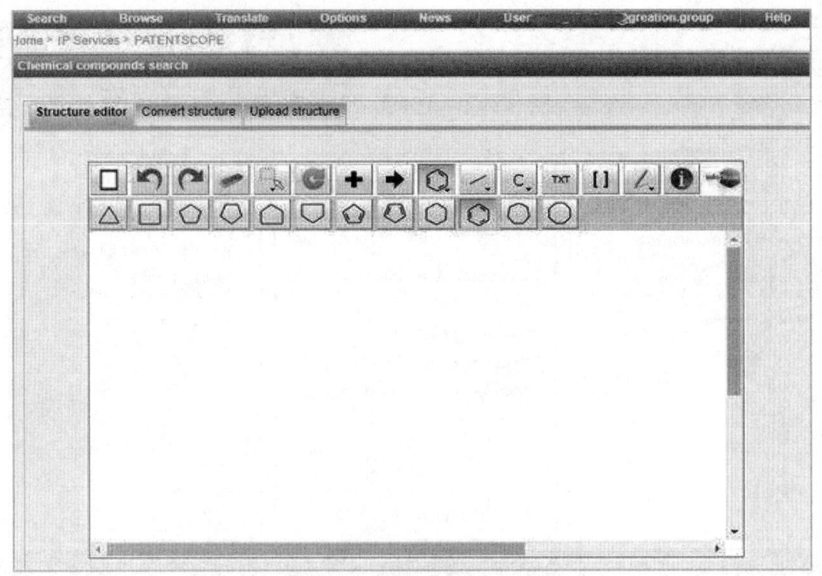

图4.31 化合物检索操作界面

4.3.3 部分国外专利局检索入口

用户还可以登录中国国家知识产权局综合服务平台，网址为 http://www.sipo.gov.cn/zhfwpt/zlsqzn_pt/zlfssxzjsczn/index.htm，然后单击“专利检索”按钮，分别登录美国专利商标局、日本特许厅、韩国知识产权局、欧洲专利局等 4 国专利机构；通过该平台也可以登录世界知识产权组织的 PATENTSCOPE 免费专利检索系统，如图 4.32 所示。

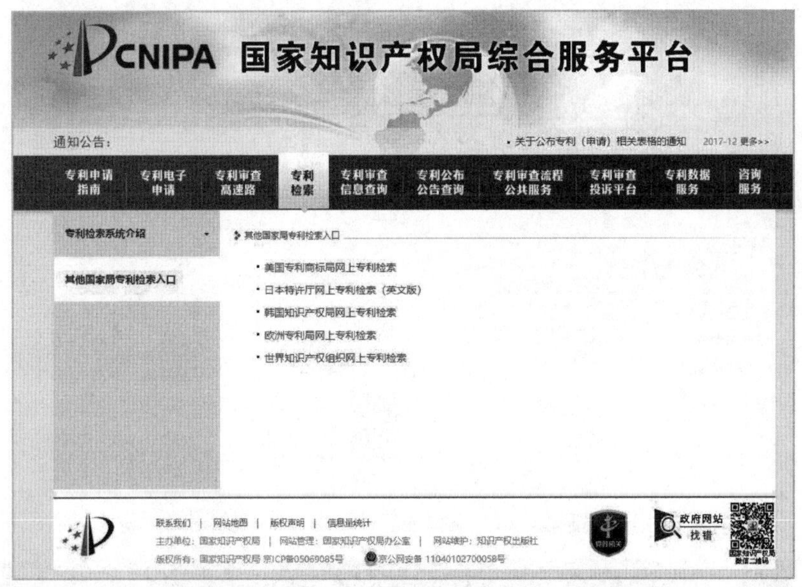

图4.32 国家知识产权局综合服务平台其他国家专利局检索入口

1. 美国专利商标局网上专利检索系统（图 4.33）

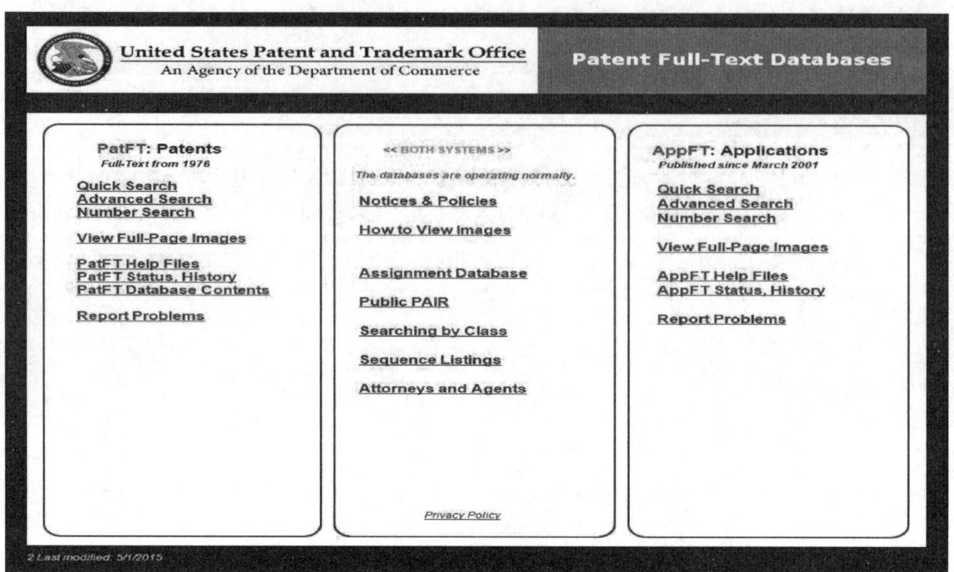

图4.33　美国专利商标局网上专利检索系统

2. 日本特许厅网上专利检索系统（英文版）（图 4.34）

图4.34　日本特许厅网上专利检索系统

3. 韩国知识产权局网上专利检索系统（图 4.35）

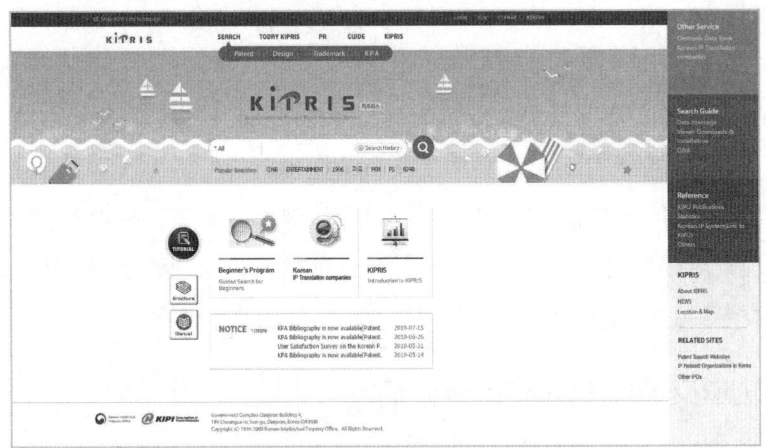

图4.35　韩国知识产权局网上专利检索系统

4. 欧洲专利局网上专利检索系统（图 4.36）

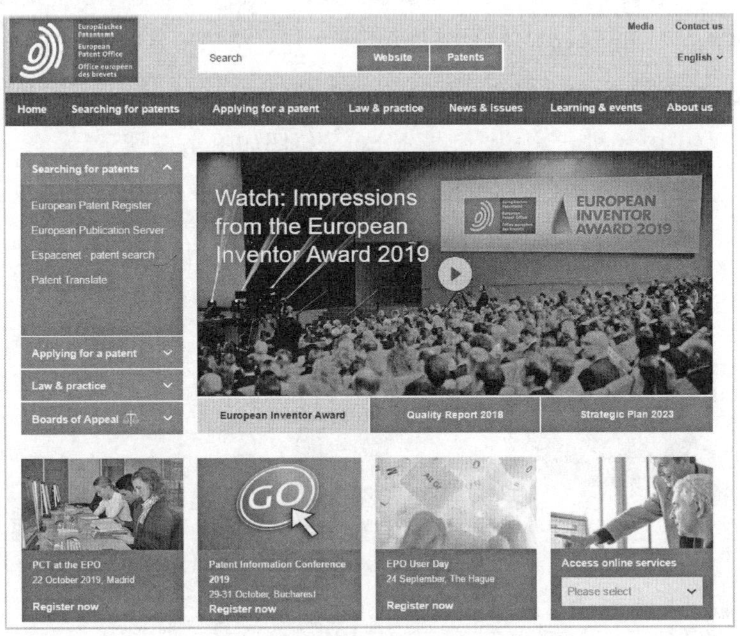

图4.36　欧洲专利局网上专利检索系统

4.4　国内各级各类专利检索情况

4.4.1　专利检索的意义

1984 年 3 月 12 日，第六届全国人大常委会第四次会议审议通过了《中华人民共和国专利法》；1985 年 4 月 1 日，专利法正式实施，从此揭开了中国专利事业以至整个知识产权事业发展史上的一个新篇章。专利法实施的第一天，原航天工业部207所工程师胡国华提交了我国第一件专利申请，该项发明专利是一种光学装置，专利号为“85100001.0”，以此为起点，我国的专利申请步入正轨并走上了快车道。

很多申请了专利的人都不太明白专利检索是什么，专利检索是具体查找专利说明书的渠道和方法，包括利用各种常用的专利检索工具，掌握常用的检索方法等。专利申请前专利检索的作用和重要意义可以归纳为以下几点：一是可以评价专利申请获得授权的可能性，二是将帮助专利代理人更好地起草专利文件，三是申请前的初步专利检索将完善申请方案。下面将以轨道交通类专利的检索为例，介绍专利检索的方法和具体情况。

4.4.2 中国轨道交通类专利申请分布情况

根据《轨道交通产业全球专利状况分析报告》数据显示，中国城市轨道交通发展用15年走过了发达国家100年的发展历程，轨道交通的技术和装备也从原来的依赖进口走向自主化、国产化开发。这使得轨道装备的市场前景巨大，已经向建设健全产业链发展，许多企业都希望进入装备的生产和供应领域。截至2015年3月，全球涉及轨道交通产业的专利/申请共计423 646件，中国共计88 655件，约占全球专利申请量的17.3%。

轨道交通产业中国专利申请国别和省份分布分析图如图4.37所示。

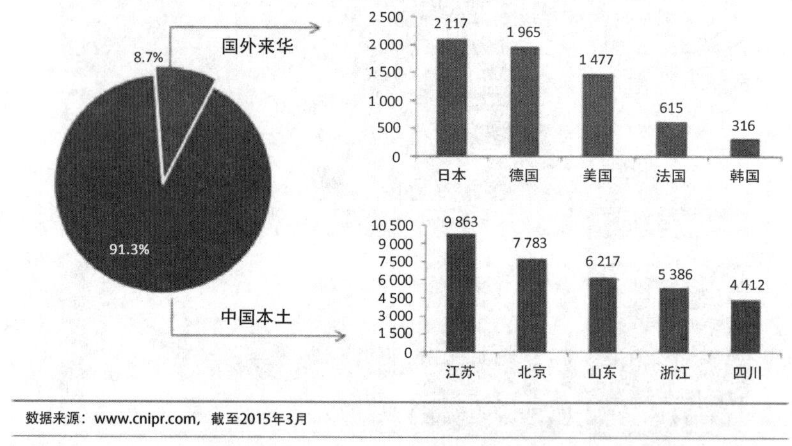

图4.37 轨道交通产业中国专利申请国别和省份分布分析图

从轨道交通产业中国专利申请情况来看，91.3%的专利来自中国本土申请人，8.7%的专利来自国外申请人。可见，轨道交通领域中国专利申请仍以中国本土申请为主。国外来华专利申请主要来自日本、德国和美国；从中国轨道交通产业国外来华专利申请国家来看，基本都是发明专利，说明国外来华申请专利技术含量高；从申请人类型来看，国外来华申请人类型以企业为主体。

中国轨道交通产业专利主要国家申请情况综合报表如表4.1所示。

表4.1 中国轨道交通产业专利主要国家申请情况综合报表

中国轨道交通产业专利主要国家申请情况综合报表												
国家	申请量	专利类型					申请人类型					
		发明	PCT发明	新型	PCT发明	外观	个人	大专院校	科研单位	工矿企业	机关团体	其他
中国本土	80 899	26 959	41	52 451	0	1 488	21 890	7 545	4 208	43 932	184	3 140
日本	2 117	1 021	1 021	36	2	37	21	8	17	2 062	0	9
德国	1 965	594	1 271	66	13	21	2	2	1	1 926	1	33
美国	1 477	829	591	47	4	6	10	16	4	1 389	1	57
法国	615	231	361	9	4	10	4	0	8	588	4	11
韩国	316	219	79	15	0	3	29	4	16	253	0	14
奥地利	306	169	129	7	1	0	0	0	1	296	0	9
瑞典	187	35	149	3	0	0	0	0	0	181	0	6
意大利	117	34	61	2	0	0	0	1	0	99	2	15
瑞士	115	42	51	12	0	10	0	0	0	111	0	4
英国	111	33	76	2	0	0	0	1	0	102	0	8

数据来源：www.cnipr.com，截至 2015 年 3 月

中国本土专利申请排名前三的为江苏省、北京市、山东省，如表 4.2 所示。江苏省专利申请总量、发明专利申请量均排在第一，优势地位明显。从申请人类型来看，大专院校方面，北京申请量排名第一，其次是江苏，四川排在第三；科研单位方面，北京实力雄厚，遥遥领先；工矿企业方面，江苏申请量优势明显，远高于排名第二的北京。

表4.2 中国轨道交通产业专利主要省市申请情况综合分析报表

中国轨道交通产业专利主要省市申请情况综合报表												
省份	申请量	专利类型					申请人类型					
		发明	PCT发明	新型	PCT发明	外观	个人	大专院校	科研单位	工矿企业	机关团体	其他
江苏	9 863	3 839	3	5 872	0	149	2 016	892	244	6 479	17	215
北京	7 783	3 290	2	4 410	0	81	1 304	1 070	1 311	3 718	20	360
山东	6 217	1 788	1	4 371	0	57	1 946	337	312	3 423	8	191
浙江	5 386	1 544	1	3 623	0	218	2 167	453	89	2 503	13	161
四川	4 412	1 496	0	2 883	0	33	834	705	94	2 650	12	117
湖南	4 322	1 468	1	2 758	0	95	821	362	137	2 873	4	125
辽宁	4 321	1 382	3	2 923	0	13	1 578	280	285	1 966	21	191
广东	4 196	1 419	15	2 397	0	367	1 470	212	79	2 264	12	159
上海	3 865	1 673	0	2 106	0	86	462	736	314	2 232	3	118
湖北	3 252	1 049	0	2 185	0	18	706	266	288	1 886	9	97

数据来源：www.cnipr.com，截至 2015 年 3 月

4.4.3 中国轨道交通类全球申请人情况分析

全球申请人 TOP10 中，排名第一的为总部在德国的西门子公司；总部在日本的公司有 3 位，分别为排名第二的日立、第四的三菱、第五的东芝；总部在中国的公司有 2 位，分别为排名第三的南车集团和排名第六的北车集团（现合并为中国中车股份有限公司）；其他的都为总部在美国的公司，共有 4 位，分别为排名第七的联合信号开关公司、第八的通用电气公司、第九的安施德工业集团和第十的西屋空气制动器公司。从申请数量来看，中国中车股份有限公司还是占有一定优势，如图 4.38 所示。

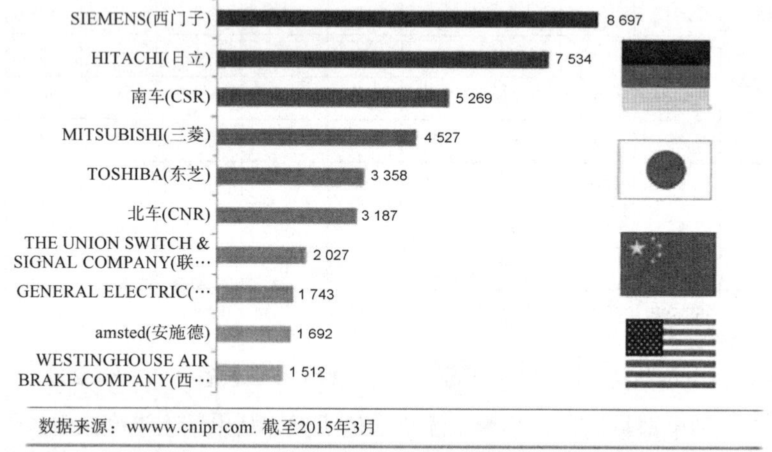

图4.38 全球轨道交通类专利申请人TOP10分析图

中国申请人 TOP10 中，南车下属企业占有 5 家，北车下属企业占有 2 家；国外来华企业西门子排在第七；西南交通大学排在第三，北京交通大学排在第十。从申请数量来看，中国区域国内南车、北车集团实力雄厚；西南交通大学研发实力强，如图 4.39 所示。

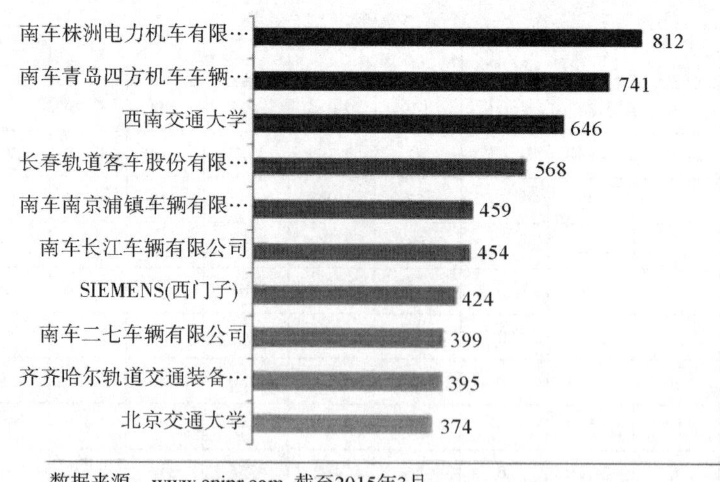

图4.39 中国轨道交通类专利申请人TOP10分析图

4.4.4　中国轨道交通类专利技术分布情况分析

在全球轨道交通类专利的技术分布中，铁路电气设备在全球轨道交通产业专利申请量占比最高，达到 39.58%，排在第二、三的是铁路专用施工设备、机车车辆及主要部套件，占比分别为 27.56%、20.70%，如表 4.3 所示。

表4.3　轨道交通类专利全球重点及热点技术布局统计表

轨道交通产业重点及热点技术布局				
技术分支	区域			
	全球		中国	
	申请量	近五年专利占比	申请量	近五年专利占比
机车车辆及主要部套件	230 015	20.70%	34 247	68.86%
轨道交通线路设备	52 279	19.25%	9 390	62.22%
铁路专用施工设备	8 140	27.56%	1 284	62.93%
铁路电气设备	119 332	39.58%	47 707	71.09%
运营维护设备	100 248	16.86%	12 014	63.61%

数据来源：www.cnipr.com，截至 2015 年 3 月

在以上 5 个技术领域中，中国所申请的专利情况分别为：机车车辆及主要部套件领域，中国排名第三；轨道交通线路设备领域，中国排名第一；铁路专用施工设备领域，中国排名第三;铁路电气设备领域，中国区域优势明显，排在第一;运营维护设备领域，中国排名第四，如表 4.4 所示。

表4.4　中国在轨道交通5大技术领域专利申请对比分析表

轨道交通产业技术分支专利申请对比分析表				
技术分支	申请量	国家和地区（前三位）	中国在全球的排名	省市（前三位）
机车车辆及主要部套件	230 015	US[50514] JP[43962] CN[34247]	第三	北京[3640] 江苏[3581] 山东[2687]
轨道交通线路设备	52 279	CN[9390] DE[8970] JP[8761]	第一	北京[1022] 陕西[808] 江苏[780]
铁路专用施工设备	8 140	JP[1738] US[1469] CN[1284]	第三	北京[162] 江苏[111] 湖北[89]
铁路电气设备	119 332	CN[47707] JP[17167] US[16276]	第一	江苏[5858] 浙江[3977] 北京[3326]
运营维护设备	100 248	JP[21118] DE[16861] US[16004]	CN[12014]第四	北京[1498] 江苏[937] 辽宁[855]

数据来源：www.cnipr.com，截至 2015 年 3 月

小 结

本章主要介绍了专利的定义、分类及其特点，详细介绍了中国国家知识产权局的机构职能及其专利检索的操作方法与技巧，同时还简要叙述了世界知识产权组织专利检索的类型及操作方法，并介绍了几个主要国家的知识产权机构，最后对中国轨道交通类专利目前情况进行了分析说明。这些都将为读者未来开展专利申请和检索提供便捷的学习通道，为以后的知识积累打下坚实的基础。

习 题

一、思考题

1. 什么是专利？简述其主要含义。
2. 专利的分类方式有哪些？我国的专利是如何进行分类的？
3. 专利有什么特点？简述专利的非显而易见性和适度揭露性。

二、实训操作题

1. 登录中国专利电子申请网，完成电子注册，并详细了解网址功能。
2. 通过中国国家知识产权局网站，完成专利检索用户注册，并登录账号，以“高速铁路”为关键字，进行专利信息检索。
3. 登录专利审查信息查询系统，完成电子注册，并登录账号，选择“姓名”查询方式，输入合适的名字，进行专利审查信息查询。
4. 登录世界知识产权组织 PATENTSCOPE 免费专利检索系统，熟悉该系统提供的 5 种查询方式。
5. 利用中国国家知识产权局综合服务平台，了解并登录美国专利商标局、日本特许厅、韩国知识产权局、欧洲专利局等国外专利机构。
6. 运用所学知识，查询中国轨道交通类专利目前的情况。

参考文献

[1] 刘军．知识产权制度的理性与绩效分析 [M]. 北京：中国社会科学出版社，2004.
[2] 富田彻男．市场竞争中的知识产权 [M]. 廖正衡，等译，北京：商务印书馆，2000.
[3] 吴汉东，胡开忠．走向知识经济时代的知识产权法 [M]. 北京：法律出版社，2002.
[4] 田虹．专利战略特点及国际比较研究 [J]. 知识产权，1992.2：24-26.

第5章 网络数据库信息检索

学习目标

了解各类行业内的信息检索分类，学会熟练运用相关数据库和网站，掌握信息检索技巧，融会贯通，举一反三。

重点难点

重点在于学会与使用中国知网、读秀学术搜索、万方知识服务平台、国家统计局和中国轨道交通协会等数据库和网站。难点在于如何根据检索课题要求，灵活快速选择相关数据库和网站，并以最快速度查询所需内容。

授课内容

（1）政策法规检索。

（2）统计信息检索。

（3）学习资源检索。

（4）权威媒体信息检索。

（5）机构个人信息检索。

授课方式采用课堂授课和上机实操两部分。

建议学时 8 学时，5 学时为课堂授课，3 学时为上机实操。

我国的数据库和资源信息平台起步于 20 世纪 70 年代，经过几十年的发展，已经在各行各业领域内涌现出了许多优秀的中文网络数据库和大量的专业网站平台，它们的出现对于我们研究和学习发挥了重要的作用。本章依据轨道交通行业领域内的信息需要，列出丰富多样的数据库资源和网络信息平台，并且详细介绍各种资源库的内容以及使用方法，并根据在生活实践中遇见的问题进行实例介绍，以供大家学习和参考。

5.1 政策法规检索

以轨道交通行业政策法规检索为例，就是专门针对行业政策法规的检索，综合各类数据库和网络信息资源进行汇总，介绍各种数据库的情况和使用方法，以达到满足学习者获取所需资源信息的目的。

1. 法律法规数据库

（1）资源介绍

法律法规数据库网址是：http://search.chinalaw.gov.cn。中国法律法规数据库主要由国家信息中心提供，信息来源权威、专业，对把握国家政策有着不可替代的参考价值。该数据库包括13个基本数据库，内容涵盖国家法律法规、行政法规、地方法规及国际条约及惯例、司法解释、合同范本、案例分析等，涉及社会各个领域，而且关注社会发展热点，更具实用价值，被认为是国内最权威、全面、实用的法律法规数据库。该数据库数据格式采用国际通用的HTML格式，收录了自1949年以来全国人民代表大会及其常委会、国务院及其办公厅、国务院各部委、最高人民法院和最高人民检察院以及其他机关单位所发布的国家法律、行政法规、部门规章、司法解释以及其他规范性文件等66 637部法律法规（截止到2019年4月）。

（2）检索平台展示

输入网址：http://search.chinalaw.gov.cn，进入法律法规数据库，即可显示检索主页面，包括全库、法律、行政法规、国务院部门规章、地方性法规、地方政府规章、司法解释等分库，一站式检索和高级检索并用，检索方式简单明了，通俗易懂，如图5.1所示。

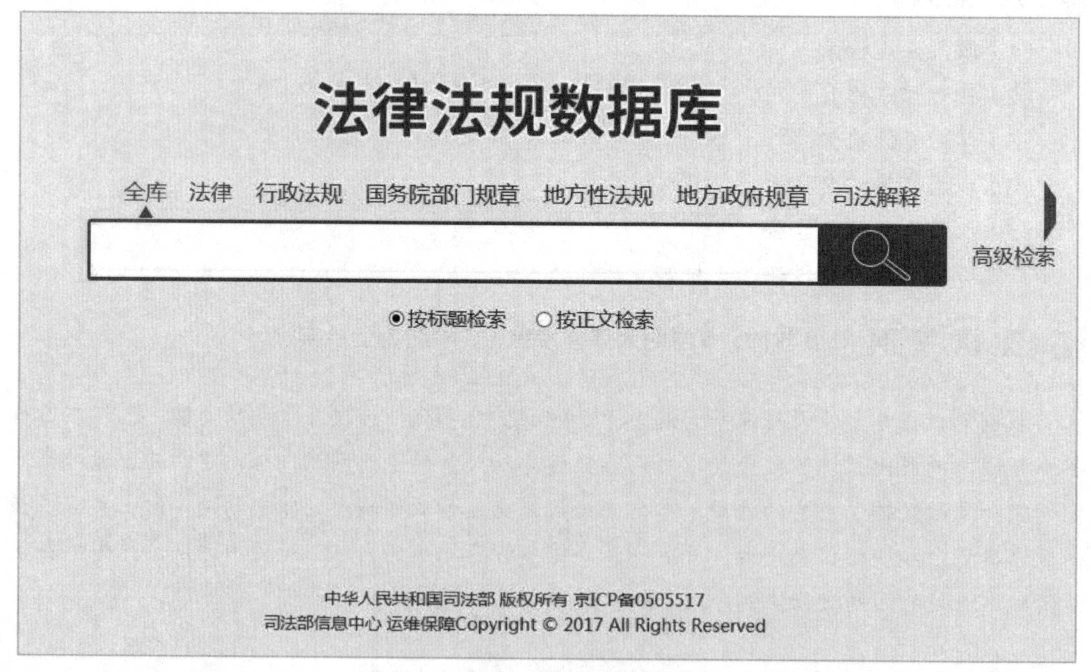

图5.1　法律法规数据库主页

单击“高级检索”，可以根据法律法规发布的时间段、法规标题、正文检索等字段，任意单一检索或者组合检索，高级检索可以实现检索范围更明确，检索更精准，如图5.2所示。

法律法规数据库

2019年4月8日 8:33:25 首页 返回

首页 > 高级检索

发布时间: 至 实施时间: 至

法规标题:

正文检索:

* 注: 请根据上方提供的查询选项进行高级查询.

开始检索 重置条件

中华人民共和国司法部 版权所有 京ICP备0505517

司法部信息中心 运维保障Copyright © 2017 All Rights Reserved

图5.2 法律法规数据库高级检索界面

（3）检索案例展示

如需检索“城市轨道交通运营管理规定”法律法规，在数据库主页面中输入法律法规名称，单击“高级检索”即可，如图 5.3 和图 5.4 所示。

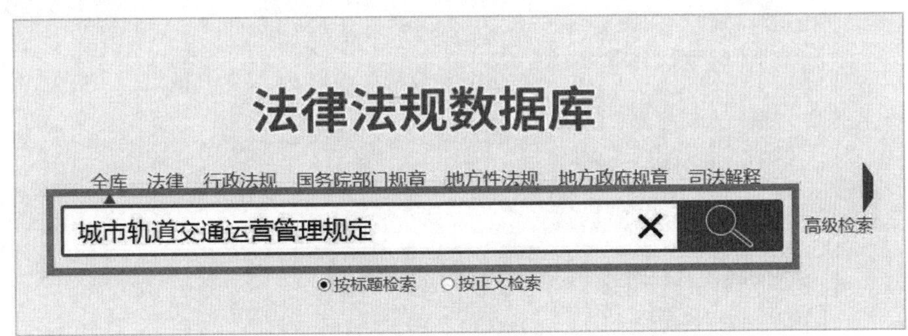

图5.3 在检索框内输入法律法规名称

字体: 大 | 中 | 小 |

城市轨道交通运营管理规定

公布机关：交通运输部

公布日期：2018.05.21 施行日期：2018.07.01

效力：有效 门类：交通运输

（2018年5月21日中华人民共和国交通运输部令2018年第8号发布 自2018年7月1日起施行）

第一章 总则

第一条 为规范城市轨道交通运营管理，保障运营安全，提高服务质量，促进城市轨道交通行业健康发展，根据国家有关法律、行政法规和国务院有关文件要求，制定本规定。

第二条 地铁、轻轨等城市轨道交通的运营及相关管理活动，适用本规定。

第三条 城市轨道交通运营管理应当遵循以人民为中心、安全可靠、便捷高效、经济舒适的原则。

第四条 交通运输部负责指导全国城市轨道交通运营管理工作。

省、自治区交通运输主管部门负责指导本行政区域内的城市轨道交通运营管理工作。

城市轨道交通所在地城市交通运输主管部门或者城市人民政府指定的城市轨道交通运营主管部门（以下统称城市轨道交通运营主管部门）在本级人民政府的领导下负责组织实施本行政区域内的城市轨道交通运营监督管理工作。

图5.4 检索结果

如需检索发布时间在 2017 年 1 月 1 日至 2019 年 4 月 8 日的轨道交通方面的法律法规，应在高级检索界面中操作，如图 5.5 和图 5.6 所示。

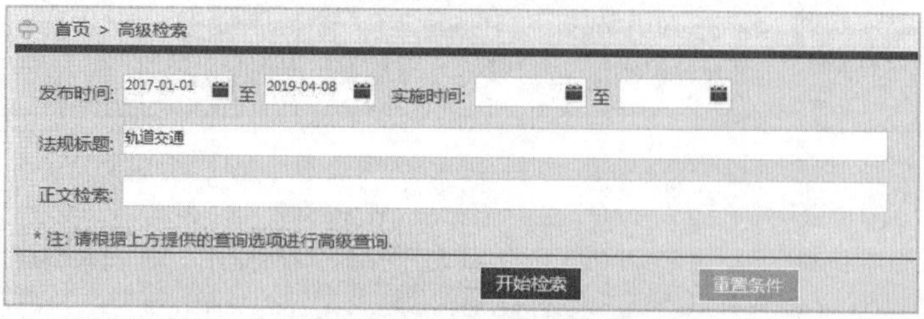

图5.5　在高级检索界面内输入检索条件

图5.6　检索结果显示

2. 法律之星

（1）资源介绍

法律之星网址是：http://law1.law-star.com/。法律之星是国内历史悠久、知名度高的法律检索软件。自 1986 年诞生以来，在几十年的发展过程中，先后经历了八次大的版本升级和六十余次小的功能改进，已经形成了一套完整的法律法规文件检索和应用的高品质软件产品。法律之星涵盖了中央和地方政府批准和颁布的各类现行法律、行政法规、部门规章、司法解释、地方性法规、规章、规范性文件；中国与各国签定的经济协定、科技协定和双边条约；有关贸易、保险、金融等方面的多边条约、国际公约、国际商业惯例；最高人民法院公布的典型案例、司法裁判文书以及国家工商行政管理局示范合同式样和合同范本、常用文书范本和格式文书等。法律之星每天以 200 ~ 300 篇的法规更新速度增加产品的法规内容，保证了法律之星与立法的同步。法律之星为使用者提供了标准的数据库检索、智能多重资料链接、法律文件全文检索、法律文件摘录编辑、个性化文件夹管理、每日法规自动下载更新等功能。使用者不但可以轻松查询到所需要的法律文件，还可以利用文件的相关链接和参考文件获取更多的法律资料信息。

（2）检索平台展示

输入网址：http://law1.law-star.com/，即可进入法律之星主页面，内部包括了九大数据库，同时具备高级检索功能，如图 5.7 和图 5.8 所示。

图5.7　法律之星主页面

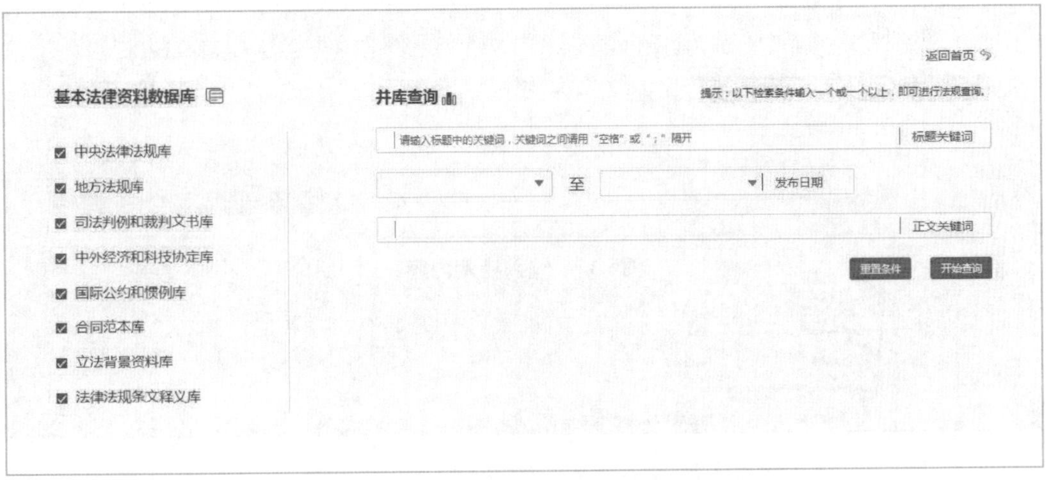

图5.8　法律之星高级检索

（3）检索案例展示

如需检索“国务院办公厅关于保障城市轨道交通安全运行的意见”法规，在法律之星检索界面中输入检索内容，单击“高级检索”即可，如图 5.9 和图 5.10 所示。

图5.9 检索内容输入

图5.10 检索结果展示

如检索与广州有关的轨道交通方面的法律法规，需用到高级检索，在高级检索框中输入“轨道交通 , 广州”，然后单击“开始查询”按钮即可，如图 5.11 和图 5.12 所示。

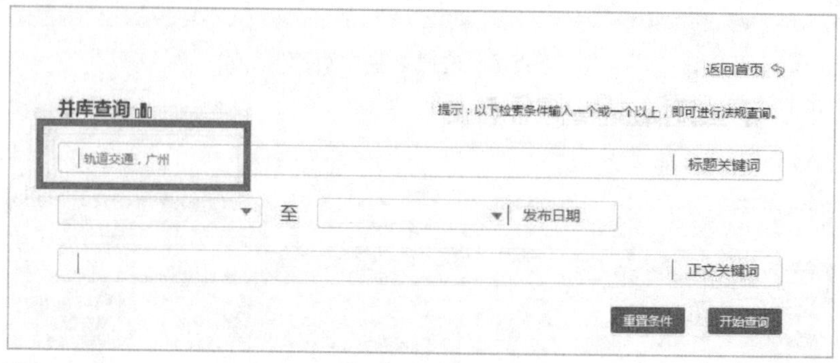

图5.11 输入检索内容

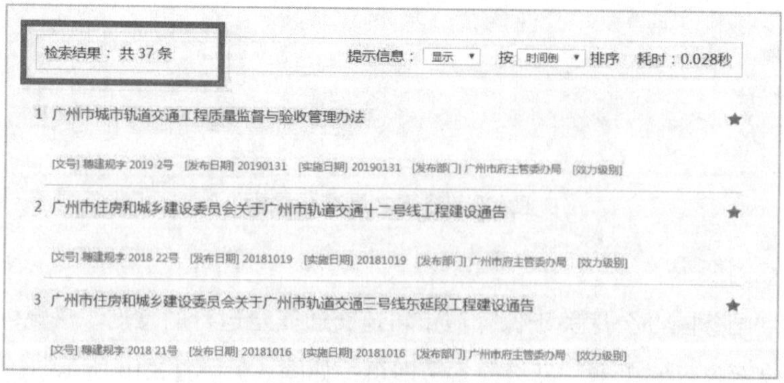

检索结果：共 37 条　　提示信息：显示　按 时间倒 排序　耗时：0.028秒

1 广州市城市轨道交通工程质量监督与验收管理办法

2 广州市住房和城乡建设委员会关于广州市轨道交通十二号线工程建设通告

3 广州市住房和城乡建设委员会关于广州市轨道交通三号线东延段工程建设通告

图5.12 检索结果显示

3. 中国法律法规信息库

（1）资源介绍

中国法律法规信息库的网址是：http://law.npc.gov.cn:8081/FLFG/，中国法律法规信息库有数据近 6 万条，基本涵盖现行全部法律法规。法律法规信息库采用目前主流的 Java 技术，并采用分布式的部署架构，系统更安全、更稳定。规范性文件分类更严谨，法律法规信息库严格按照全国人大常用的公文种类对全国人大及其常委会通过的法律、修正案，作出的法律解释及有关决定等作了区分，并按照七大部门对法律标准文本进行了分类。检索更快捷，法律法规信息库提供快速检索和高级检索两种检索方式，使用者只要输入关键词，系统即可自动检索到含有该词语的法律法规，而高级检索则提供标题、正文、颁布日期、施行日期、发文字号、制定机关等其他细化内容。同时，使用者还可以选择在检索结果中再次检索，进一步实现检索的精确性。无论采取哪一种检索方式，最终都可按有效、已修正、失效等方式查询自己想找的法律信息。目前，宪法法律类还实现了全文列表和条目列表两种显示方式，条目列表将自动删除无关信息，只显示涉及关键词的相关条目。

（2）检索平台展示

输入网址：http://law.npc.gov.cn:8081/FLFG/，即可显示中国法律法规信息库主页面，单击“高级检索”，可以利用高级检索进行精准查询，如图 5.13 和图 5.14 所示。

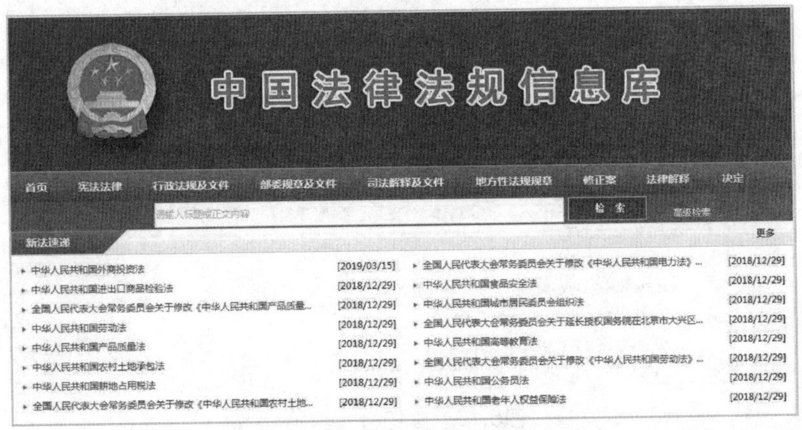

图5.13　中国法律法规信息库主页面

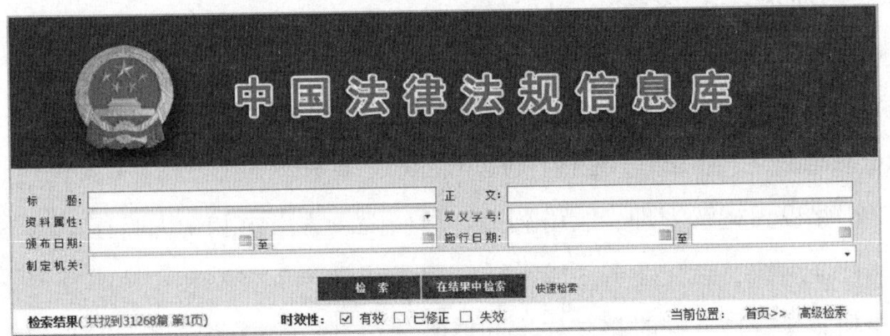

图5.14　中国法律法规信息库高级检索页面

（3）检索案例展示

如需检索“兰州市轨道交通管理办法”，在检索框内直接输入检索内容，单击“检索”按钮即可，如图 5.15 所示。

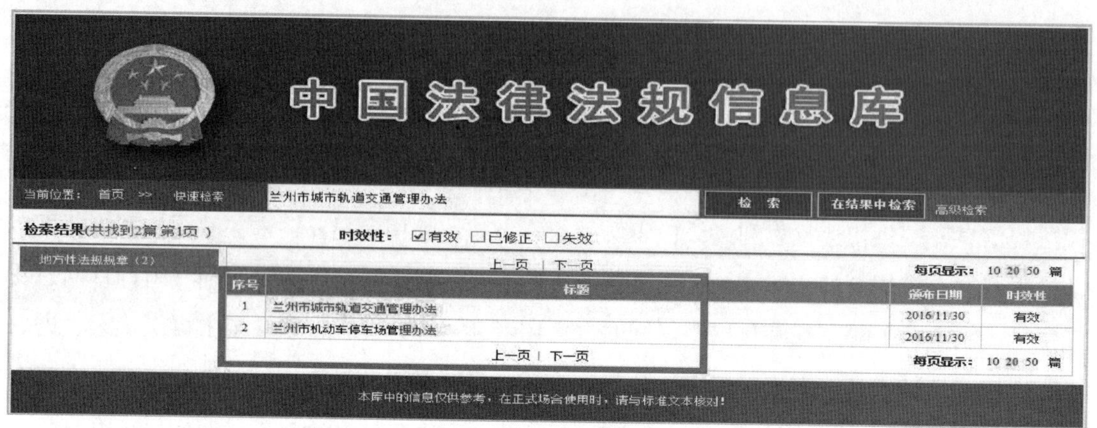

图5.15　检索结果

在高级检索中，检索颁布日期在 2015 年 2 月 1 日至 2019 年 4 月 8 日的关于轨道方面的法律法规，如图 5.16 所示。

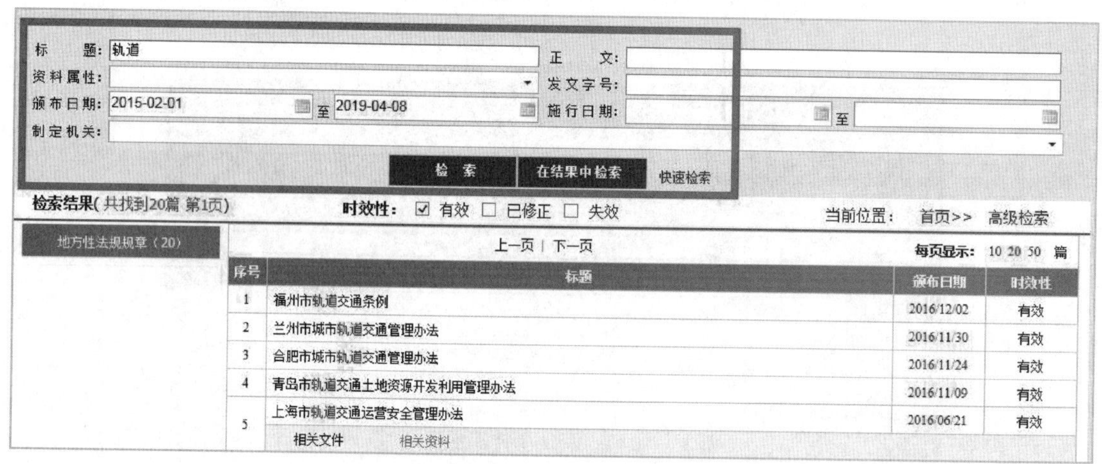

图5.16　高级检索结果

4. 中国城市轨道交通协会

（1）资源介绍

中国城市轨道交通协会的网址是：http://www.camet.org.cn。中国城市轨道交通协会（China Association of Metros，CAMET）是由与城市轨道交通有相关业务的发展规划、设计咨询、投资融资、工程建设、运营管理、装备制造、科研院校等单位和个人自愿结成的全国性、行业性、非营利社会组织，接受业务主管单位国家发展和改革委员会和社团登记管理机关民政部的业务指导和监督管理，同时接受住房和城乡建设部、交通运输部、工业和信息化部、国家认证认可监督管理委员会的行业指导。

（2）平台展示

输入网址 http://www.camet.org.cn，即可进入中国城市轨道交通协会网站首页，如图 5.17 所示。

图5.17　中国城市轨道交通协会网站首页

（3）检索案例展示

关于轨道交通行业政策法规的内容均在网站菜单栏展示，直接输入网址：http://biaozhun.camet.org.cn/，即可看到政策法规及规章制度，如图 5.18 和图 5.19 所示。

图5.18　中国城市轨道交通协会网站菜单栏

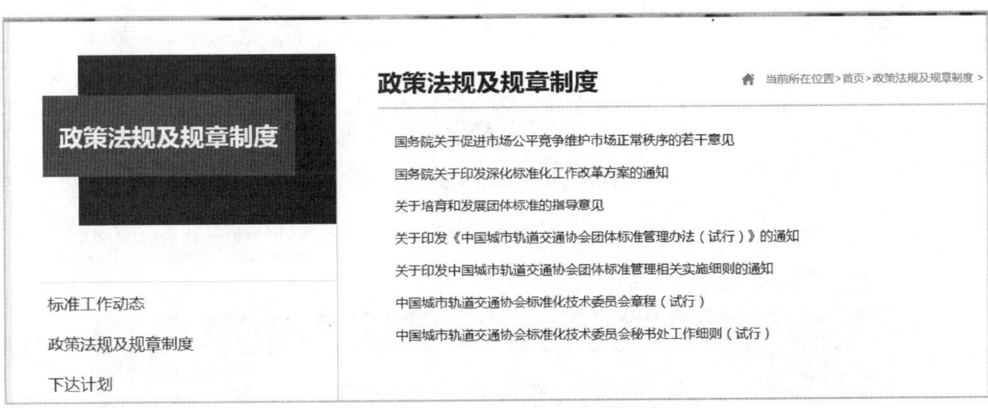

图5.19　政策法规及规章制度

除了以上 4 种最重要的数据库外，北大法律信息网、中国知网、读秀、万方均可以实现轨道交通方面的法律法规检索，因为以上章节已经做了介绍，现在仅对其进行简单叙述。

5. 北大法律信息网

北大法律信息网的网址是：http://www.chinalawinfo.com/，网站界面如图 5.20 所示。

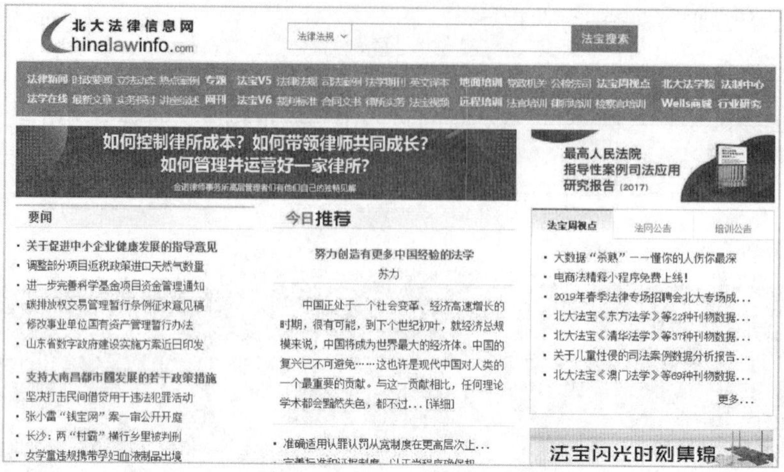

图5.20　北大法律信息网网站界面

6. 中国知网和万方数据知识服务平台

中国知网的网址是：http://www.cnki.net/；万方数据知识服务平台的法规资源库网址是：http://www.wanfangdata.com.cn/index.html。它们的主页面分别如图 5.21 和图 5.22 所示。

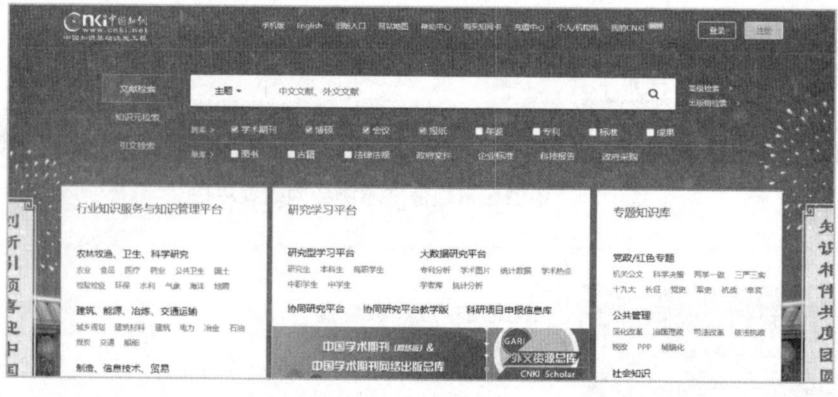

图5.21　中国知网首页

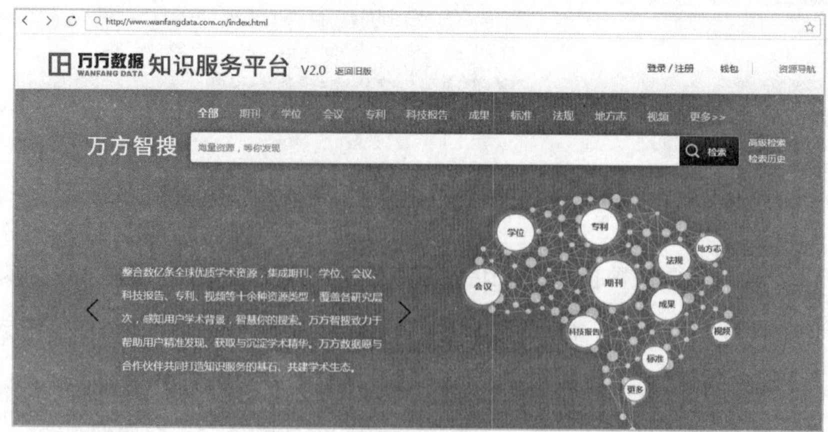

图5.22　万方数据知识服务平台首页

5.2　统计信息检索

统计信息是指运用统计方法处理对人类活动产生影响的以统计数据或资料形式表现的信息，包括认识活动的一般统计信息、专业科学研究的统计信息和统计工作的统计信息三部分。当人们既面对统计数据，又面对很生动的以往的具体事例且与前面的信息内容相反时，这些事例往往更能够影响人的判断，即使统计信息更加准确，人们也往往依据具体事例的内容做判断。

1. 中国城市轨道交通协会

中国城市轨道交通协会的网址是：http://biaozhun.camet.org.cn/，在主页菜单栏上有“数据统计”一栏，显示有轨道交通数据统计报告，如图 5.23 和图 5.24 所示。

图5.23　中国城市轨道交通协会

您现在的位置：首页 > 数据统计 > 数据统计 >

数据统计

城轨讲堂

数据统计

2018-04-19　2017年统计报告

...

2017-11-22　2016年统计报告

...

2017-11-22　2015年统计报告

...

图5.24　数据统计信息结果显示

2. 国家统计局

国家统计局的网址是：http://www.stats.gov.cn/，国家统计局成立于 1952 年 8 月，统计是国家管理和科学决策的一项重要基础性工作。1952 年，为了适应社会主义经济建设的需要，中央人民政府第十七次全体会议决定成立国家统计局。国家统计局是国务院直属机构，主管全国统计和国民经济核算工作，拟定统计工作法规、统计改革和统计现代化建设规划以及国家统计调查计划，组织领导和监督检查各地区、各部门的统计和国民经济核算工作，监督检查统计法律法规的实施。

国家统计局主页如图 5.25 所示。

图5.25 国家统计局主页

在其官方主页“统计数据”和“统计知识”菜单中，选择“统计百科”“统计词典”“常见问题解答”，如图 5.26 所示。

图5.26 统计菜单栏

如需检索“城市轨道交通设备制造工业生产者出厂价格指数”统计数据信息，可进入国家统计局首页，单击“数据查询”超链接，在国家数据搜索框内输入检索内容，单击“搜索”按钮即可，如图 5.27 和图 5.28 所示。

图5.27　统计数据—数据查询

图5.28　搜索结果显示

3. 中国知网

进入中国知网主页，网址是 http://www.cnki.net/，单击“高级检索”，在“统计数据”一栏中可以检索各行各业的统计数据，如图 5.29 所示。

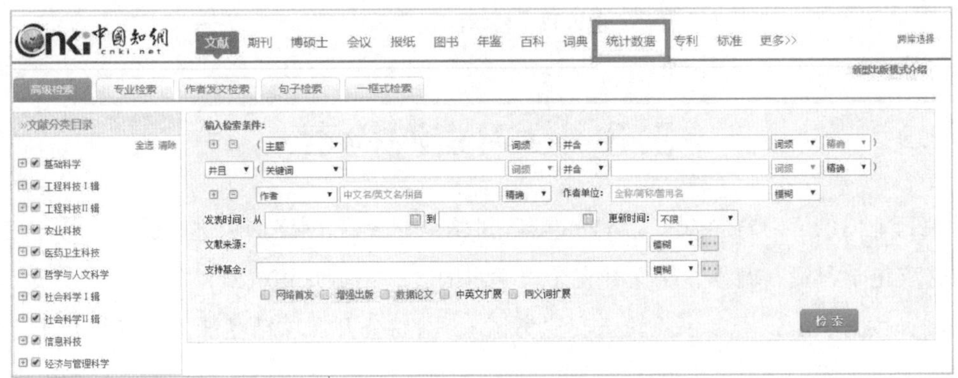

图5.29　中国知网—“统计数据”菜单栏

如需在“统计数据”栏检索 2017 年至 2018 年轨道交通情况，可在中国知网首页单击“高级检索”，输入检索条件，“正文”输入“轨道交通情况”，“年鉴年份”输入“2017—2018”，单击“检索”按钮，获取结果，如图 5.30 和图 5.31 所示。

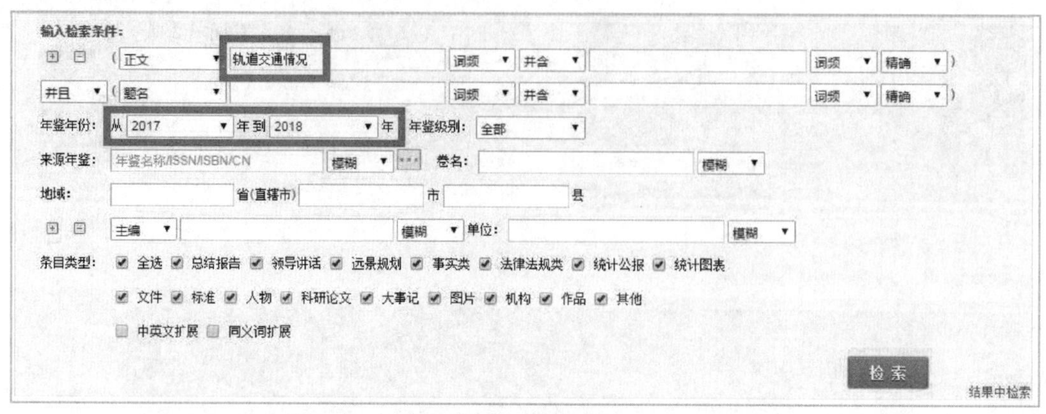

图5.30 检索条件输入

图5.31 检索结果清单

5.3 学习资源检索

轨道行业内的学习资料众多，本节重点选取纸本资料和网络资料进行讲解。希望读者认真学习，牢记学习资料名称，从而补充个人学习内容，拓宽知识视野，提高专业素质。其中中国知网、读秀、考试资料王（轨道交通考试）、网易公开课、精品课网站等均是丰富的学习资源。

1. 智慧职教

网址是：https://www.icve.com.cn/，“职业教育数字化学习中心”（亦称“智慧职教”网站）是由高等教育出版社建设和运营的职业教育数字教学资源共享平台和在线教学服务平台，一共包括 22 个大类专业资源，分为资源库、在线开放课程（MOOC）、高教社数字课程、职教云等四个菜单栏。在该数据库中，轨道交通行业的学习资源属于交通运输大类，国家级资源库囊括了铁道信号自动控制（备选）、城市轨道交通、高速铁道技术、铁道交通运营管理（备选 / 西安铁路）、铁道供电技术、铁道交通运营管理（备选 / 南京铁道）、铁道机车（备选）、智能交通技术运用（备选）等资源库；省级资源库囊括铁道交通运营管理（陕铁职院）、城市轨道交通车辆技术（广州铁路）、铁道工程技术（陕铁职院）、城市轨道交通运营管理（广州铁路）、智能交通技术运用（陕西交通）等资源库。这些丰富的资源库，为我们学习轨道行业的知识提供了大量素材。

智慧职教网站首页如图 5.32 和图 5.33 所示。

图5.32　智慧职教网站首页

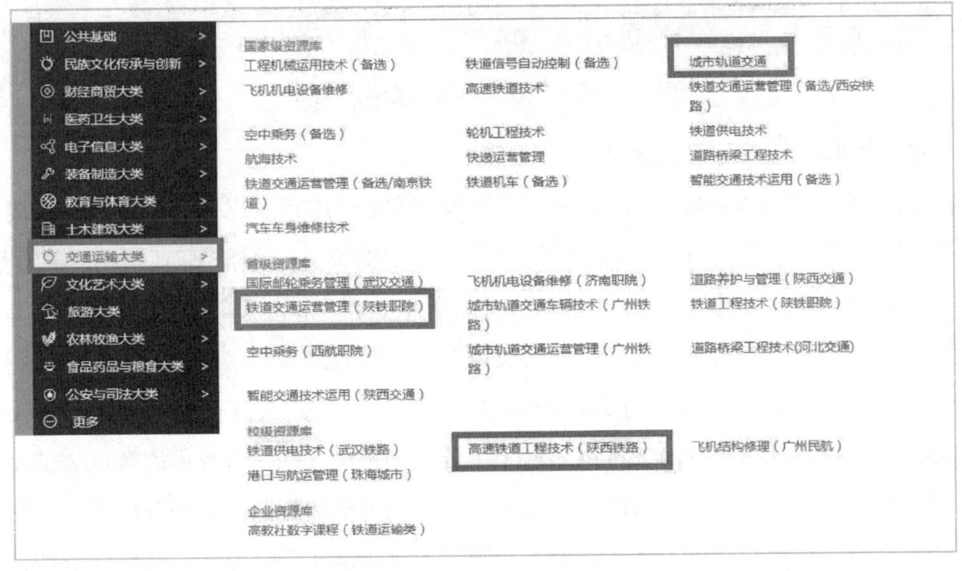

图5.33　交通运输大类资源库

智慧职教中包含了城市轨道交通数据库，是一个开放、互动共享、可持续更新的互联网教与学平台。该资源库是由城市轨道运输类专业指导委员会主任单位主持制定多项国家职业教育标准的北京交通运输职业学院牵头，全国 8 所知名中高职院校、多家城市轨道交通运营企业共同参与建设完成。城市轨道交通专业教学资源库涵盖城市轨道交通的运营管理专业、车辆技术专业、机电技术专业、通信信号技术专业、供配电技术专业、工程技术专业等专业，整合了国家精品课程、核心课程、企业案例、行业标准及规范等资源，以“人人皆学、时时能学、处处可学、样样有学”和“能学能测、互学共进”的新型学习方式，满足职业院校在校学生、教师、企业人员、社会用户对于城市轨道交通专业多层次的学习需求，如图 5.34 所示。

图5.34 城市轨道交通专业教学资源库

2. 考试资料网——轨道交通考试

网址是：https://www.ppkao.com/，考试资料网目前已为广大考友提供 10 万套在线试卷进行全真测试、模拟练习，同时提供公务员、外语类、财会类、建筑类、职业资格、学历考试、医药类、外贸类、计算机类、交通类等考试试题，同时提供考试题库、考试指南、考试时间、在线模考、考试资讯等五大主题内容，学习资源丰富，内容众多，是一个齐全的学习资源最佳选择网站。其中轨道交通考试方面的网址是：https://www.ppkao.com/tiku/64456/，提供了铁路车辆系统考试、铁路车务系统考试、铁路工务系统考试、铁路机务系统考试、铁路电务系统考试、铁路供电系统考试、铁路客运系统考试、轨道交通考试、铁路知识考试、铁路试验员、铁路交通事故调查处理考试、铁路工程施工考试等众多科目考试试题，即可模拟在线考试，也可以下载资料，供本人学习使用。其网站界面如图 5.35 和图 5.36 所示。

图5.35　考试资料网首页

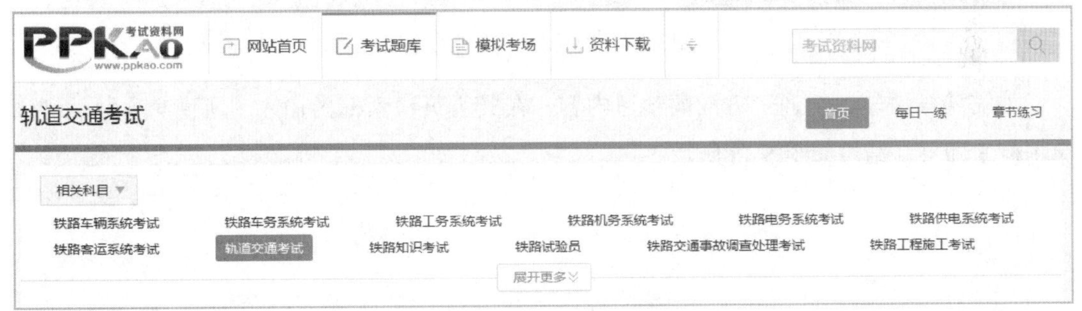

图5.36　轨道交通考试界面

3. 网易公开课

网址是：https://open.163.com/。2010 年 11 月 1 日，中国领先的门户网站网易推出“全球名校视频公开课项目”，首批 1 200 集课程上线。用户可以在线免费观看来自于哈佛大学等世界级以及国内名校的公开课课程。首批上线的公开课视频来自于哈佛大学、牛津大学、耶鲁大学等世界知名学府，内容涵盖人文、社会、艺术、金融等领域，其中有 200 多集配有中文字幕。

网易在 2011 年 11 月 9 日宣布旗下的网易公开课项目正式推出中国大学视频公开课，这也是继网易公开课上线一周年后，首次大规模上线国内大学的公开课程。网民只要通过互联网即可享用这些课程。

网易首批上线了 20 门国内大学课程，覆盖信息技术、文化、建筑、心理、文学和历史等不同学科，这些课程分别来自北京大学、清华人学等十余所国内著名的高等院校。

首批上线的课程主讲者中不乏国内名家，如我国著名的信息系统专家、两院院士、北京理工大学教授王越，世博会中国馆设计者、中国工程院院士、华南理工大学教授何镜堂，首届国家级教学名师奖获得者、吉林大学教授孙正聿等知名学者。同时也包含一些中国传统文化的课程，例如北京大学历史系阎步克教授、邓小南教授的《中国古代政治与文化》、北京师范大学于丹教授的《千古明月》等内容。

网易公开课网站主页如图 5.37 所示。

图5.37 网易公开课网站主页

如需检索“轨道交通”方面的学习内容，在其主页检索框内输入“轨道交通”关键词，单击检索即可，结果如图 5.38 所示。

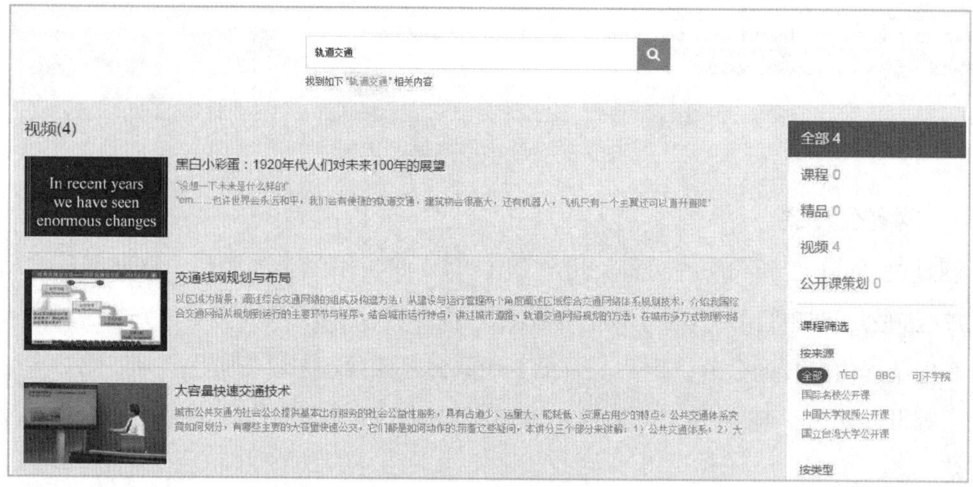

图5.38 检索结果

4. 精品课网站

精品课网站的网址是：http://www.jingpinke.com/，精品课网站是由高等教育电子音像出版社主办的面向在线学习领域的重要服务平台。网站开设了课程中心、学习中心、资源中心三个频道，共提供两万余门课程、百万条学习资源（共 1 299 314 条资源，其中本科 880 010 条，高职高专 419 304 条），内容横跨教学课件、电子教案、例题习题、文献资料、社会实践等 13 大类内容。

服务平台——全民终身学习课程平台是由中国成人教育协会主办，由高等教育电子音像出版社承办的面向终身学习领域的重要服务平台。

学习资源——网站以信息技术为支撑，以海量学习资源和先进的课程体系为核心，开设了课程、学习、资源三个频道，共提供两万余门课程、百万条学习资源，内容横跨 5 大领域、46 个类别，包含 53 个行业、311 个岗位学习课程，涉及 73 个学科，涵盖了从理论到实践、从生活到职场、从个人成长到社会发展的全方位学习内容，充分满足各个年龄、层次人群的学习需求。

使命和愿景——网站以构建灵活、开放的终身教育培训体系为目标，致力于为广大人民群众提供充足的、优质的教育资源与信息资讯服务，丰富群众文化生活，促进人民的全面发展，积极推进学习型社会建设。

精品课网站主页如图 5.39 所示。

图5.39　精品课网站主页

如需检索“轨道交通”方面的课程与学习资料，在“资源中心”检索框内输入关键词“轨道交通”，单击“搜索”按钮，课程资源、视频资源、PPT 资源均在下方列出，检索结果如图 5.40 所示。

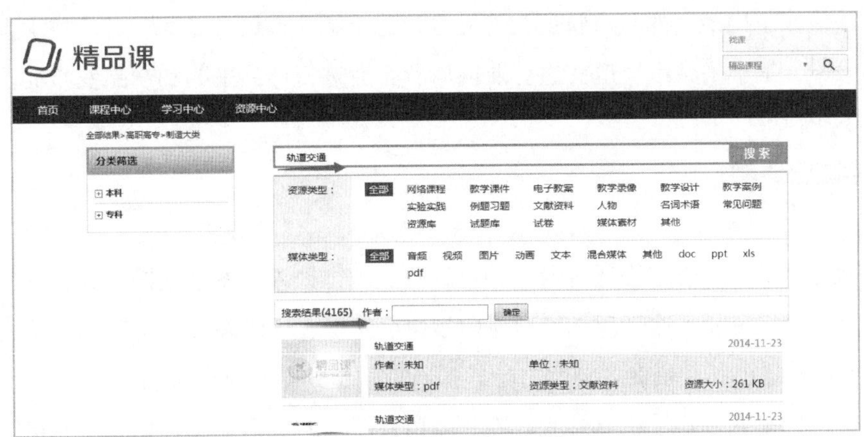

图5.40　检索结果显示

5.4 权威媒体信息检索

权威媒体信息检索的目的在于为读者提供一批专业的、权威的、可信度高、知识面广的网站，能够更好地服务读者，了解最新的轨道行业动态等。

1. 中国城市轨道交通网

网址是：http://www.chinametro.net/，网站主页如图 5.41 所示。

图5.41 中国城市轨道交通网网站主页

该网站汇集了全国城市轨道交通建设单位、咨询企业、设计院、施工企业独立发布的信息与资讯，并大力宣传国家关于城市轨道交通行业的各项方针、政策，介绍国内外城市轨道交通建设、运营过程的经验。

作为专业网站，实时报道国内外最新科技成果及技术信息，促进同行业间的学术研讨和技术交流，为行业内提供最广泛和丰富的技术资源，最权威的专家意见。

努力建设成全国最大的城市轨道交通社区，让企事业单位、专家学者、技术人员都能得到很好的服务，是中国城市轨道交通行业内所有企业进行产品采购和产品发布的电子商务平台和广告发布与推广平台。

2. 中国轨道网

网址是：https://www.chnrails.com/，网站主页如图 5.42 所示。

中国轨道网致力于轨道交通行业（国家铁路、地方铁路、城市地铁、有轨电车等）发展市场的研究，依托交通运输管理机构、业内学协会组织、科研院校、工程建设单位、设备制造厂商等业内雄厚的行业资源，全力打造轨道行业快捷的信息交流平台。

中国轨道网本着“立足轨道行业，服务轨道发展”的宗旨，配合相关行业组织、机构宣传有关政策规定，开展行业政策咨询、研发推广等工作，组织、发动新技术、新产品的项目研究及应用的普及。努力快速传播行业动态信息、市场行情资讯、技术装备推广交流，全方位、多层次地反映轨道交通行业的发展状况及趋势。

图5.42　中国轨道网官网

中国轨道网采用先进的网络控制技术，栏目设置完整翔实，内容广泛深入，浏览率高，受众专业，信息传达快速直接。

中国轨道网在立足轨道交通事业发展的基础上，努力推动轨道交通建设进程，促进轨道交通事业的健康发展，传递行业不断进步的正能量。

3. 中国城市轨道交通教育认证网

中国城市轨道交通教育认证网的网址是：http://www.chmetro.cn/，中国城市轨道交通教育认证网又叫中国轨道交通教育网，网站主页如图5.43所示。

图5.43　中国城市轨道交通教育认证网主页

北京中轨联教育科技院主要从事城市轨道交通建设、轨道交通行业人才信息发布、市政的规划、设计、咨询等业务。依托于行业协会、院校及科研机构的力量，秉承“精心组织、诚信服务、创新发展、顾客满意”的质量方针，以完备的质量控制标准及流程，为广大客户提供优质的服务，确保服务成果及质量要求。

中国轨道交通教育网由北京中轨联教育科技院创办于2011年2月，同年，承接了中国轨道交通联合会、全国轨道交通专业评审委员会颁发的“城市轨道运营管理师”岗位技能证书全国运营管理工作，并上线“全国城市轨道交通资质认证（现更名为‘轨道交通专业技术证书及岗位技能合格证书’）”证书查询及人才甄别系统，网站坚持面向轨交类人才教育及培训开发，与中国轨道交通联合会、全国轨道交通专业评审委员会、北京交通大学、西南交通大学、重庆交通大学、上海轨道交通研究院等主编或参编了《城市轨道交通运营管理概论》《城市轨道交通运营管理实务》《高级客运员》《城市轨道交通设备》等专业培训类教材10余本，多年来为轨道交通行业培养相关运营管理岗位及高技能人才近10万人。中国轨道交通教育网总部设在陕西西安。

经过多年来的发展，中国轨道交通教育网在全国各省市均设立了考试及培训中心，全国近80%的轨道交通类职业院校均与中国轨道交通教育网建立了联合培训及人才培养机制。

中国轨道交通教育网设置了“教育培训、学术研究、名校展示、焦点时空、企业招聘、查询中心”等十四大版块、近50个栏目，建设了“微博发布厅”“人才论坛”等与手机互联互通的互动平台，以便于为广大轨交企业提供优质的人才查询及人才储备服务。

立足于“专业性、市场性、高端性、有效性”，将最及时的新闻资讯、最详实的市场研究、最精准的企业招聘、最全面的人才信息查询、最独特的焦点策划、最关注的焦点时空，以视频、音频、图片和文字等多种表现形式传递给受众。

北京中轨联教育科技院官网及中国轨道交通教育网核心频道包括新闻、研究、项目、招标、中标、互动、访谈、焦点、专题等，全面服务于政府机构、协会学会、科研院校、业主单位、规划单位、设计单位、施工单位、监理单位、咨询单位、行业企业等。受众群主要为中高层决策者、设计师、规划师、工程师、研究员、销售人员、市场人员，以及众多关注中国轨道交通行业发展的其他人员。

中国轨道交通教育网作为中国轨道交通行业的新主流门户，是目前中国轨道交通行业最专业、最权威的教育类网站之一，日更新数据量、人才数据录入量及日均访问量位居同行业网站之首，网站日均访问量远超同行业其他网站，网站知名度和影响力位居同行业网站之冠。

中国轨道交通教育网将秉承“建设轨道交通行业人才资讯新门户、打造轨道交通行业人才工作新平台、构筑轨道交通行业人才服务新家园、凝聚科学发展新动力、服务跨越崛起新中国”的建网宗旨，不断强化服务意识和服务水平，把中国轨道交通教育网打造成“传播中央精神的重要阵地、交流工作经验的有效渠道、展现轨交人才风采的生动窗口、服务创新创业的便捷平台”。

4. 中国城市轨道交通资讯网

中国城市轨道交通资讯网的网址是：http://www.zcmetro.com/，网站主页如图 5.44 所示。

图5.44　中国城市轨道交通资讯网官网

中国城市轨道交通资讯网是为关注轨道交通、轨道、铁路、轨道交通资讯、火车、高铁、铁路行业发展最新动态的决策者和研究者提供信息服务的网站；广泛全面地为业内人员提供新闻动态、会议交流、招标采购、轨道百科、政策法规等多方面的内容，是一个全方位的轨道交通行业内的资讯、教育、政策、产品动态、地方发展集一体的网站。

5. 中国城市轨道交通协会

中国城市轨道交通协会的网址是：http://www.camet.org.cn/，网站主页如图 5.45 所示。

图5.45　中国城市轨道交通协会官网

中国城市轨道交通协会是我国城市轨道交通领域的国家一级协会，由国家发展和改革委员会作为业务主管单位，同时接受住房和城乡建设部、交通运输部的行业指导，是具有独立法人资格的全国性、行业性、非营利性社会组织。

中国城市轨道交通协会网成立于 2012 年 12 月 3 日，是协会面向行业传递和发布信息的重要平台之一，网站以推动行业健康、快速发展为本，以服务行业发展、促进行业提升、搭建多方沟通桥梁为基点，以顺应时代发展的高效率、高标准为目标，切实贯彻协会宗旨和章程，做好“快发布、快更新、快处理、快应对”的维护管理工作。

协会现有单位会员 170 家，涵盖了中国城市轨道交通行业中的地铁运营、建设施工、装备制造、咨询研究、院校媒体等各种类型的企事业单位，协会宗旨是：遵守法规加强自律，发挥桥梁纽带作用，精诚为政府企业服务，推动行业科学发展。

6. 世界轨道交通资讯网

世界轨道交通资讯网的网址是：http://rail.ally.net.cn/，网站主页如图 5.46 所示。

图5.46 世界轨道交通资讯网官网

世界轨道交通资讯网是为关注轨道交通行业发展最新动态的决策者和研究者提供信息服务的中英文网站；在广泛全面地为业内读者提供世界轨道交通行业信息的同时，通过电子信息化的表现手段，全方位、跨时空为企业推广提供了全景的展示平台。

行业门户中英文网站，最新设置了路局信息、在建项目、拟建项目、人才招聘、招标信息、新品推荐、供求信息等栏目，提供了丰富多彩的展示形式。

其以全面、及时、准确的权威信息资源为基础，在国内轨道交通业率先建立“信息定制、每周评论、研究报告、定制咨询”的咨询服务体系。其核心是为正在高速发展的中国轨道交通业提供行业状况、市场环境、运营管理与投融资等方面的咨询服务。

7. 中国职业技术教育学会轨道交通专业委员会

网址是：http://rtccsvte.tjtdxy.cn/，网站主页如图 5.47 所示。

图5.47　中国职业技术教育学会轨道交通专业委员会官网

中国职业技术教育学会轨道交通专业委员会成立的目的在于加强各轨道交通单位的联系，实现信息共享，促进轨道行业发展，为中国的轨道事业做出应有的贡献，是群众性职业技术教育团体和职业技术教育工作者自愿组成的群众性、学术性社会团体，接受中国职业技术教育学会管理和业务指导，是国家二级学术社会团体之一。

该网站共有政策法规、理论研究、学会文件、会员风采、在线留言 、信息集萃等 6 大主题内容，为轨道交通行业的学习和知识传播起到了重要作用，是轨道行业最权威的媒体之一。

5.5　个人信息检索

机构个人信息检索的目的在于了解行业方面的专家资料，了解专家基本信息、研究方向和研究成果，以供教育机构、科研单位、个人等方面进行学习咨询。

1. 中国城市轨道交通网

中国城市轨道交通网在“知名专家”一栏收录了轨道交通方面的专家近 200 位，可以随时单击他们的姓名，了解其详细情况，如图 5.48 所示。

本节重点选取知名专家以供参考。

（1）施仲衡专家

中国工程院院士，教授，博士生导师。苏联莫斯科铁道运输工程学院地下铁道专业研究生，获副博士学位。现任中国城市轨道交通协会顾问兼专家委员会主任、住房和城乡建设部质量安全专家委员会主任、中国国际工程咨询公司专家委员会顾问、北京市轨道交通建设指挥部专家委员会主任委员、北京城建设计发展集团股份有限公司首席顾问、中国地铁工程咨询公司总工程师，重庆、南京等城市轨道交通指挥部专家委员会主任、北京交通大学城市轨道交通研究中心主任、轨道交通控制与安全国家重点实验室学术委员会主任、《都市快轨交通》杂志社主编、北京交通大学教授、博士生导师，主编并修编了我国第一本地铁国家设计标准《地铁设计规范》，主编了我国第一本《地下铁道设计与施工》专著，主编了我国城市轨道交通第一本杂志《地铁与轻轨》(现更名为《都市快轨交通》)。

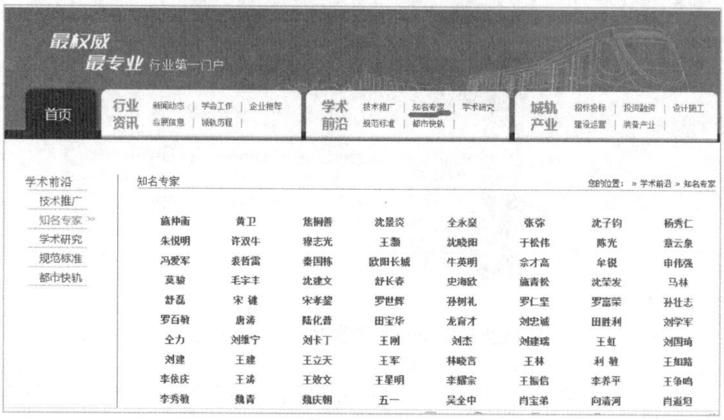

图5.48 “知名专家”一栏表

（2）黄卫专家

中国工程院院士，曾任东南大学交通运输工程系副教授、教授，东南大学交通学院院长、东南大学副校长、东南大学常务副校长、党委常委。1993 年 5 月至 1994 年 2 月美国加利福尼亚大学伯克利分校高级访问学者，2000 年 1 月“长江学者奖励计划”特聘教授。曾任江苏省建设厅厅长、党组书记、江苏省副省长、省政府党组成员、建设部副部长、党组成员、住房和城乡建设部副部长、党组成员、江苏十届省委候补委员、省十届人大代表、北京市副市长。2007 年 12 月当选中国工程院院士。

曾获省优秀教学成果一等奖、国家优秀教学成果二等奖、交通部科技进步三等奖、省科技进步二等奖 5 项、三等奖 5 项、四等奖 1 项，享受政府特殊津贴、入选国家教委跨世纪人才计划、国家有突出贡献中青年专家、2001 年获中国高科技进步一等奖、2002 年获交通部科技进步一等奖，撰写了《推进自治区交通运输科学发展率先跨越》《城市轨道交通出行者信息服务水平评价》等文章。

（3）沈子钧专家

1961 年毕业于长沙铁道学院桥隧系隧道及地下铁道专业。1970 年 5 月入伍，荣立过三等功，1972 年 2 月加入中国共产党，曾任北京城建设计研究总院技术科长、总工程师、顾问，政府特殊津贴享受者。1961 年开始从事城市轨道交通工程，地下工程教学、研究、规划、咨询、设计工作 56 年。先后承担过北京、重庆等城市的地铁、轻轨、人防、直线电机、空中客车等工程的研究与设计工作；主审过北京、上海、广州等 10 多个城市有关地铁与轻轨的可行性研究、初步设计、施工设计工作；在担任中国国际咨询公司、北京市重大办等单位技术专家期间，参加过上海、成都等多个城市的城市轨道交通立项、评估和审查工作；参与大型丛书《中国土木工程指南》《世界建筑科技发展水平与趋势》《地下铁道设计与施工》等的编写或任副主编工作，主审过《地铁工程设计创新与实践》《北京地铁八通线》等专著，发表过多篇论文并获得多项专利；2004 年参加《国家中长期科学与技术发展规划（2006—2020）战略研究》，并获荣誉证书；2006—2008 年参加奥运工程规划、勘察、咨询等工作，获“突出贡献顾问”称号，2017 年中国城市轨道交通协会第二届专家和学术委员会荣誉专家；现任《都市快轨交通》杂志常务副主编。

2. 世界轨道交通资讯网

世界轨道交通资讯网在“人物”一栏收录了轨道交通方面的专家和业界精英近 50 位，可以随时单击他们的姓名，了解其详细情况，如图 5.49 所示。

图5.49 世界轨道交通资讯网“人物”栏

（1）严金秀专家

严金秀，女，1964 年 9 月出生，1984 年 7 月毕业于成都地质学院获工学学士学位，1997 年 7 月毕业于西南交通大学获工学硕士学位。1984 年 7 月开始在铁道部科学研究院西南研究所从事科研工作，历任研究实习员、实习研究员、副研究员、研究员，研究室副主任、主任、铁路隧道及地下工程科技信息中心常务副主任、科技部部长、院长助理、副院长等职位，现任中国中铁科学研究院研究员、副总经理。2016 年当选国际隧道和地下空间协会副主席。

严金秀是享受国务院政府特殊津贴的专家。1984 年大学毕业后，长期从事隧道工程技术研究，对国内外隧道工程技术现状、发展方向、长大和复杂山岭隧道设计及施工技术、水下隧道设计及施工技术、隧道风险管理、隧道防排水技术等方面有较深的研究。先后主持过多项省部级以上科研项目，在国内外发表论文 20 余篇，主编了 500 多万字的隧道专业论文集及期刊。曾获中国铁道学会科学技术特等奖 1 项、一等奖 1 项、二等奖 1 项，中国施工企业管理协会科学技术创新成果一等奖 1 项，中国铁路工程总公司科学技术二等奖 1 项，被表彰为铁道部科技拔尖人才、第五届詹天佑铁道科学技术人才奖、铁道部火车头奖章等。

（2）赵一新专家

赵一新同志现任中国城市规划设计研究院城市交通研究分院院长，住房和城乡建设部地铁与轻轨研究中心副主任，教授级高级工程师，中国城市轨道交通协会工程建设专业委员会副主任委员兼秘书长，九三学社北京市城建委员会副主任委员。他一直从事城市规划和城市交通领域的技术工作，在城市规划、交通规划、交通工程等规划、咨询、设计方面有丰富的实践经验和较强的科学研究能力，并且对本专业的业务拓展具有一定前瞻性和开拓性。

赵一新主持和参与了数十项国家和省部级科研和规划设计项目，规划的项目遍及全国各地，主持编制的《北京市王府井商业中心区交通设计与研究》获建设部优秀规划设计一等奖和国家优秀设计金奖,《“九五”课题大城市停车场规划技术研究》获建设部 99 科技进步二等奖,《上海虹桥综合交通枢纽地区规划》获 2009 年度全国优秀城乡规划设计一等奖,《佛山市禅城区近期公交发展规划》获 2009 年度全国优秀城乡规划设计三等奖,《淮南市老城道路网改善规划（2008—2020 年）》获 2009 年度全国优秀城乡规划设计三等奖，主持编写的《中国低碳生态城市发展战略——中国快速公交规划设计导则》已由中国城市出版社出版,《中国城市公共交通发展报告》已由中国建筑工业出版社出版，参与编写的《城市基础设施工程规划手册》已由中国建筑工业出版社出版。

3. 网页浏览器搜索

目前国内多数用户使用的是百度、360、搜狗等浏览器，核心均属于 IE 浏览器。在网页检索框内直接输入专家姓名查询。

比如查询广东省公布的轨道交通专家库名单中的李小珍教授，工作单位为西南交通大学，查询结果如图 5.50 所示。

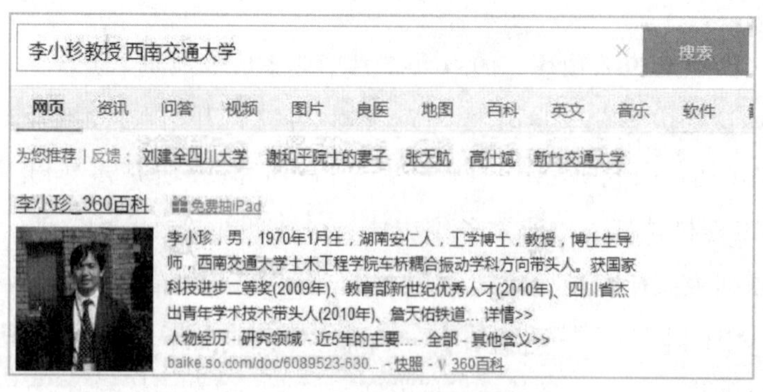

图5.50　李小珍查询结果显示

小　　结

本章主要介绍了部分类型的信息检索，结合常用的数据库，从实际操作出发，目的在于让读者了解数据库、熟悉检索步骤和流程。提高检索技能、提升检索技巧，本章的重点在于熟悉各种数据库的内容特点，增强信息检索意识、把信息检索融汇于日常技能中，学习要理论联系实际，结合实际上机操作效果更佳。

习　　题

1. 自拟一个具体的轨道交通方面的检索课题，实施对信息的综合检索。
2. 中国知网的单一检索和高级检索有何区别？
3. 检索轨道交通方面的权威期刊和2020年出版的最新图书，并对其进行整理。
4. 综合整理第5章所提及的数据库和网站。

参考文献

[1] 许京生，董文驾．文献信息检索技巧 [M]. 北京：国家图书馆出版社，2014.

[2] 黄瑞华．现代实用信息检索获取经贸、科技和法规信息的方法和技巧 [M]. 西安：西安交通大学出版社，1996.

[3] 李谋信．信息资源检索：理论•技巧•训练 [M]. 北京：机械工业出版社，2017.

[4] 吴晓明．网络信息检索小百科 [M]. 北京：光明日报出版社：2017.

[5] 任永利．信息检索实用教程 [M]. 北京：石油工业出版社，2020.

[6] 王玉香，郭爱民．信息检索与利用 [M]. 沈阳：东北大学出版社，2020.

第6章 外文信息资源检索

学习目标

了解世界四大外文数据库 SpringerLink(施普林格)、Science Direct（爱思唯尔）、Engineering Village2 和 EBSCO(史蒂芬斯) 的基本知识，理解数据库的检索特点，掌握数据库资源检索方式，具备通过各种途径获取所需电子图书资源的能力。

重点难点

外文数据信息检索方法。

授课内容

（1）四大外文数据的基本知识。

（2）四大外文数据库信息检索方法。

（3）两大外文数据库资源使用方法。

建议学时

4 学时。

外文期刊是了解国际科学领域尖端科技和科学发展的主要途径，也是与国外进行学术交流和学习的主要工具。本章主要介绍世界四大外文信息资源数据库：德国 SpringerLink(施普林格)、荷兰 Science Direct(爱思唯尔)、Engineering Village2 和美国 EBSCO(史蒂芬斯) 的简介、检索方法等相关知识。

6.1 SpringerLink

1. SpringerLink 简介

SpringerLink（施普林格）成立于 1842 年，是世界上最大的私营科技出版机构。每年出版超过 2 400 种学术期刊，雇佣 5 000 多名员工，年收入 10 亿美元。近 10 年来，经过与贝塔斯曼、克鲁维尔 (Kluwer)、Nature 等公司数度重组，施普林格成为世界上最大的科技出版社之一。2006 年 8 月，施普林格全新的 SpringerLink 正式上线，10 月底 Springer 中国网站全面开通，是全球科技出版市场最受欢迎的电子出版物平台之一。该系统在清华大学建立了镜像站，提供的全文电子期刊及电子丛书 3 000 余种，具体学科涉及数学、物理与天文学、化学、生命科学、医学、工程学、计算机科学、环境科学、地球科学、经济学、法律等。

2. SpringerLink 数据库入口网址

网址：https://link.springer.com/。

3. SpringerLink 数据库主页

SpringerLink 主页主要包括三大部分：搜索功能、浏览功能和相关内容介绍，如图 6.1 所示。

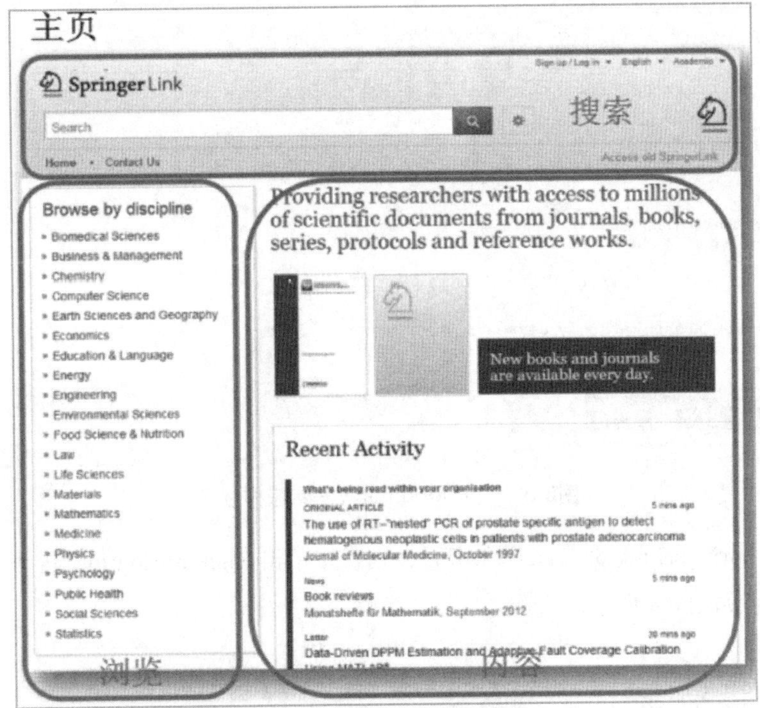

图6.1　SpringerLink 数据库主页

4. 用户登录

如果是初次使用，没有注册账户，可以在主页上单击 Sign up/Log in 填写相关信息进行注册，如图 6.2 所示。

图6.2　SpringerLink数据库注册/登录

进入注册界面后，根据提示填写相关信息：姓名、邮箱地址、密码和再次确认密码，如图 6.3 所示。

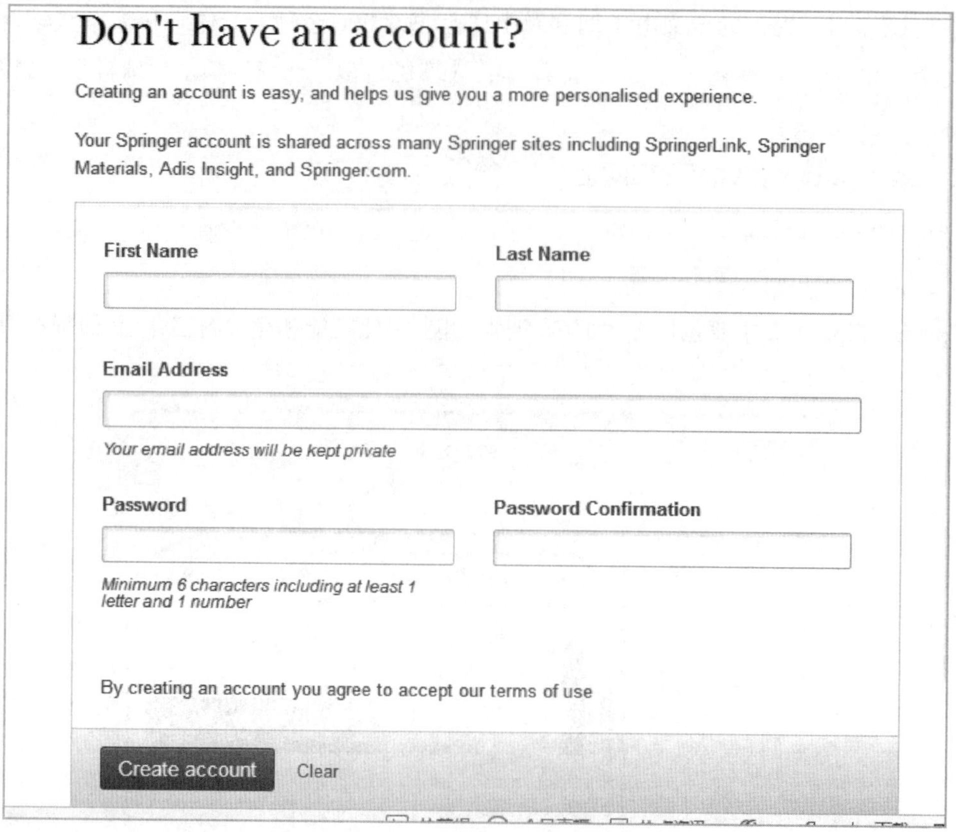

Don't have an account?

Creating an account is easy, and helps us give you a more personalised experience.

Your Springer account is shared across many Springer sites including SpringerLink, Springer Materials, Adis Insight, and Springer.com.

First Name　Last Name

Email Address

Your email address will be kept private

Password　Password Confirmation

Minimum 6 characters including at least 1 letter and 1 number

By creating an account you agree to accept our terms of use

Create account　Clear

图6.3　SpringerLink数据库账户注册

如果已在SpringerLink拥有账户和密码，则直接单击Sign up/Log in，进入登录界面，填写邮箱和密码，如图6.4所示。

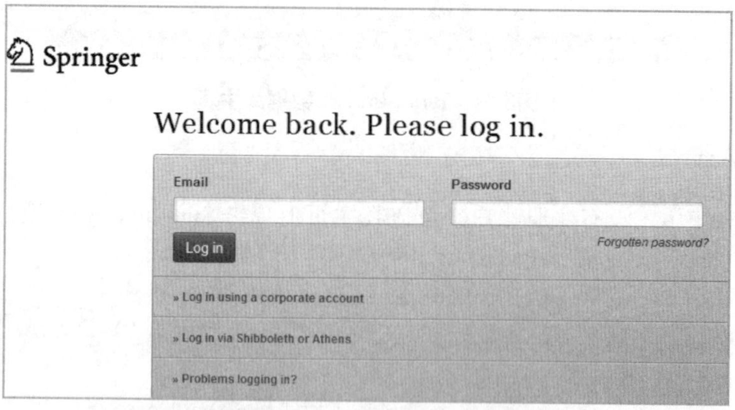

Springer

Welcome back. Please log in.

Email　Password

Log in　*Forgotten password?*

» Log in using a corporate account

» Log in via Shibboleth or Athens

» Problems logging in?

图6.4　SpringerLink数据库登录

5. 普通检索

进入SpringerLink主页后，在搜索框中输入关键词，即可使用搜索功能浏览相关内容，如图6.5所示。

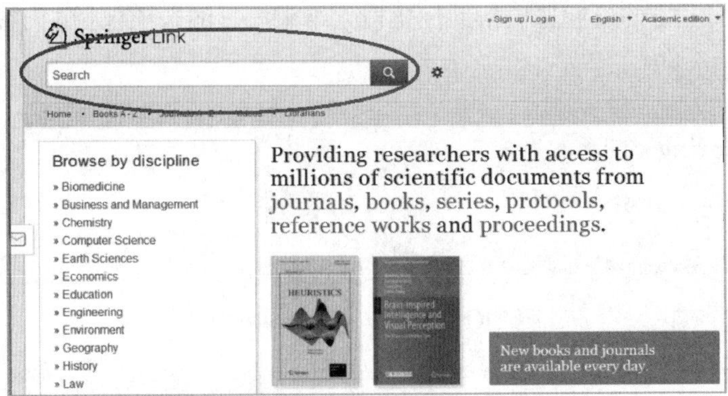

图6.5　SpringerLink数据库普通检索

6. 普通检索案例

如需检索与城市轨道交通相关内容，可在 SpringerLink 首页检索框中输入关键词 city、transportation 等，单击检索按钮即可，如图 6.6 所示。

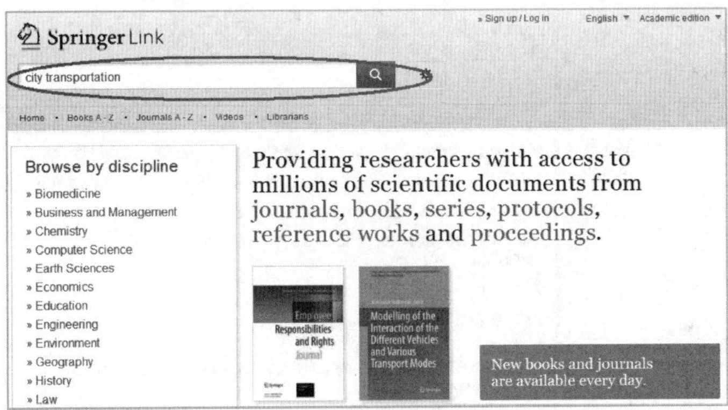

图6.6　输入检索内容

单击检索后，会出现一些与关键词相关的内容，用户可以根据需要单击查看，如图 6.7 所示。

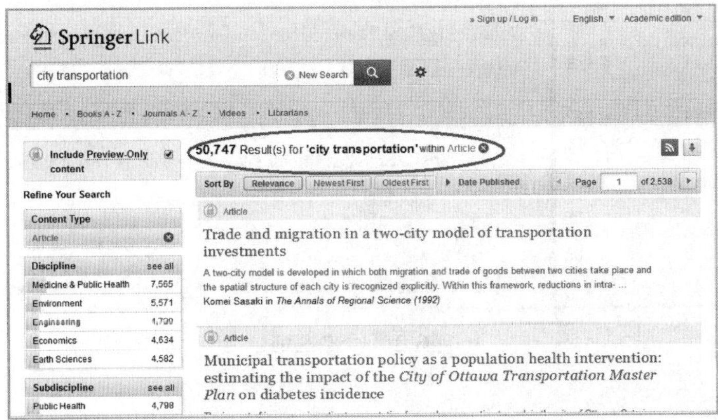

图6.7　检索结果

也可使用页面左方的过滤选项帮助优化搜索结果。过滤选项包括：内容类型、学科、子学科和语言，如图 6.8 所示。

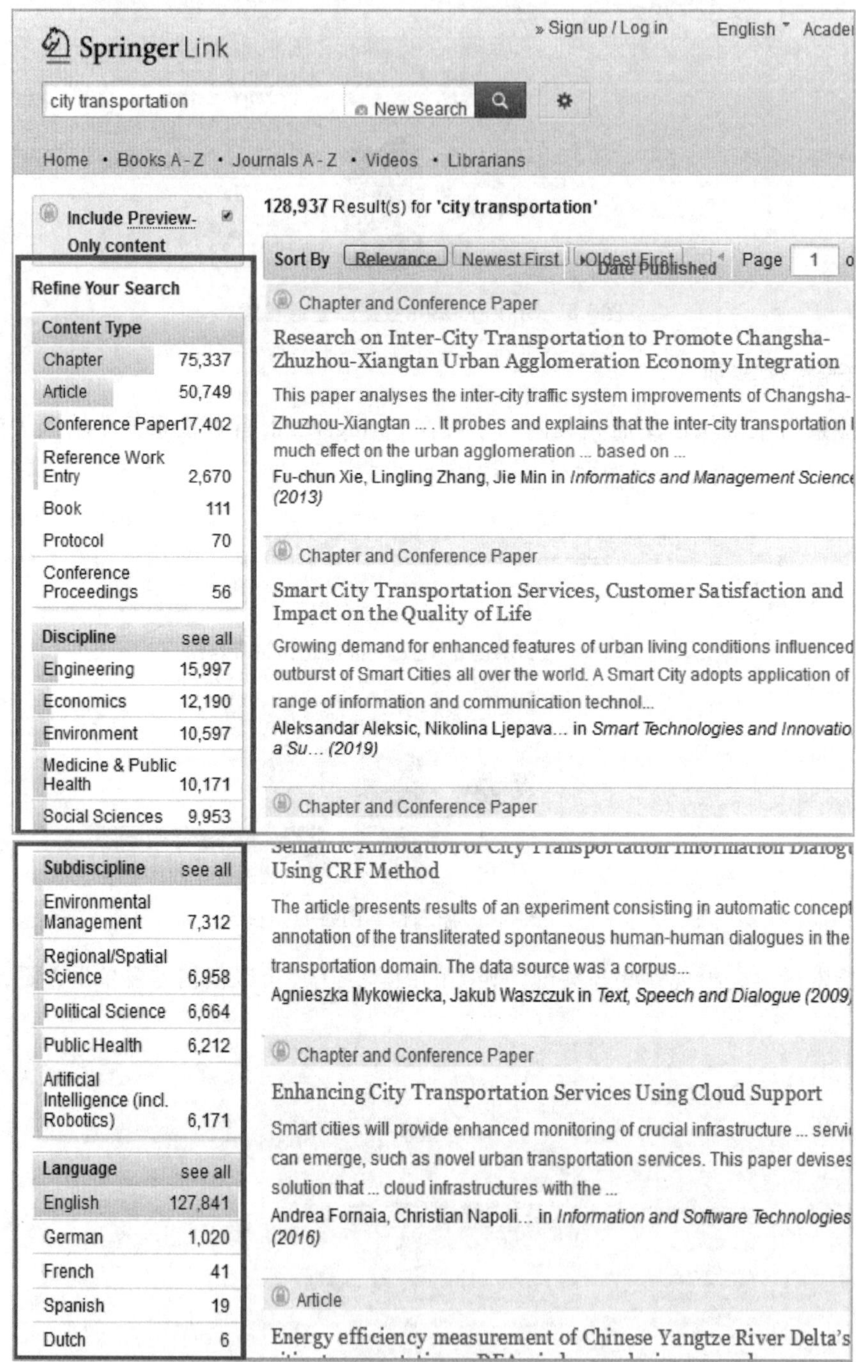

图6.8 过滤选项

7. 高级检索

为了更好地满足用户需求，提高检索的精准度和节约检索时间，SpringerLink 数据库也提供了高级检索方式。首先在 SpingerLink 数据库主页上单击工具按钮，如图 6.9 所示，会出现 Advanced Search 的下拉菜单栏，单击即可，如图 6.10 所示。

图6.9　工具按钮

图6.10　高级搜索（Advanced Search）

在单击 Advanced Search 后，即可进入高级搜索界面，如图 6.11 所示。用户可根据需要填入全称、字段和关键词等进行搜索。

Springer Link　» Sign up / Log in　English　Academic edition

Search

Home · Books A - Z · Journals A - Z · Videos · Librarians

Advanced Search

Find Resources

with **all** of the words

with the **exact phrase**

with at least **one of the words**

without the words

where the **title** contains

e.g. "Cassini at Saturn" or Saturn

where the **author / editor** is

e.g. "H.G.Kennedy" or Elvis Morrison

Show documents published

Start year　**End year**

betw ▾　and

Include Preview-Only content

Search

图6.11　高级搜索界面

8. 浏览

在 SpringerLink 主页左侧的浏览功能中按照学科共分为 24 类，包括 Biomedicine（生物医学）、Business and Management（经济与管理）、Chemistry（化学）、Computer Science（计算机科学）和 Earth Sciences（地球科学）等，如图 6.12 所示。

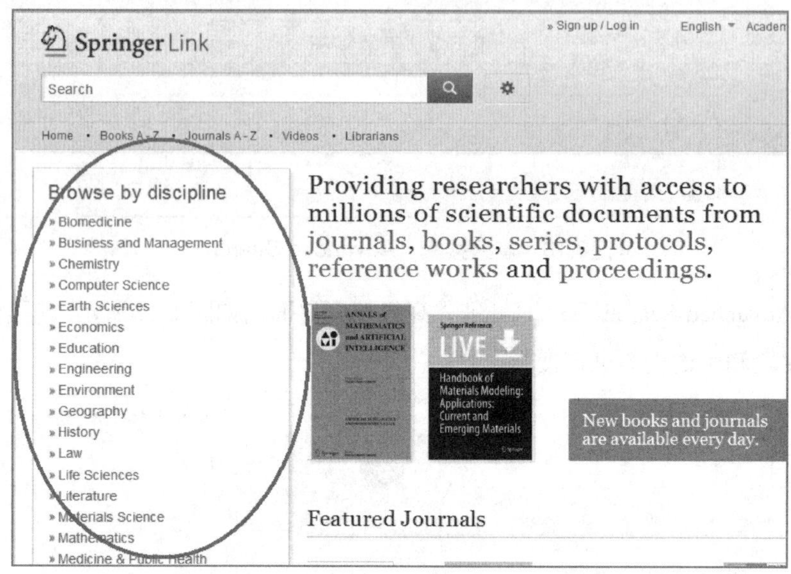

图6.12 学科分类

在 SpringerLink 主页，用户也可以选择按照内容的类型进行浏览。在学科导航框的下方，可以找到详细内容的类型：Articles（（期刊）文章）、Chapters（参考文献）、Conference Papers（学术报告）、Reference Work Entries（（图书）章节）、Protocols（实验室指南）和 Videos（视频），如图 6.13 所示。

图6.13 内容类型

9. 搜索结果

用户搜索后会进入搜索结果界面，在页面右下角会显示搜索结果列表，如图 6.14 所示。

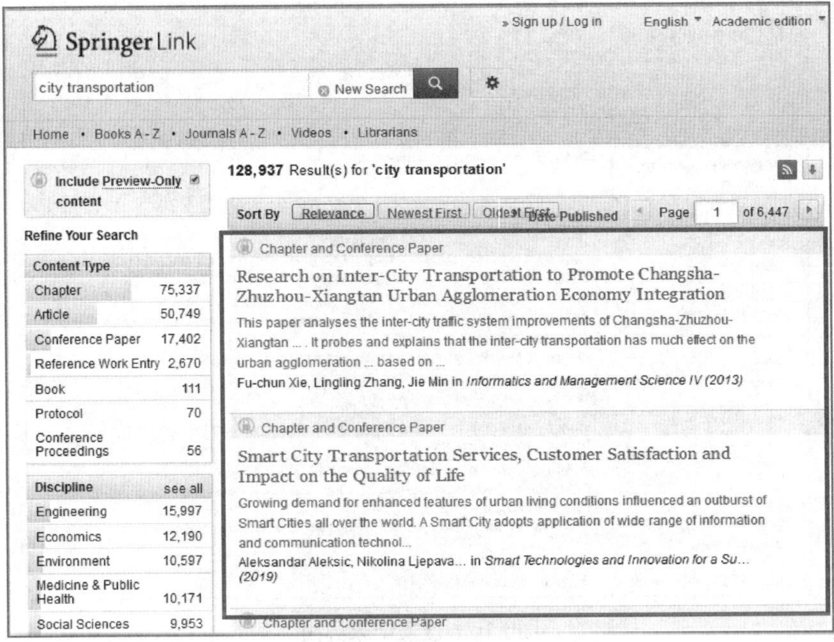

图6.14 搜索结果列表

搜索结果列表内容主要由 5 个部分组成：①内容类型；②内容标题；③内容描述；④所列内容的作者；⑤出版地点及类型，如图 6.15 所示。

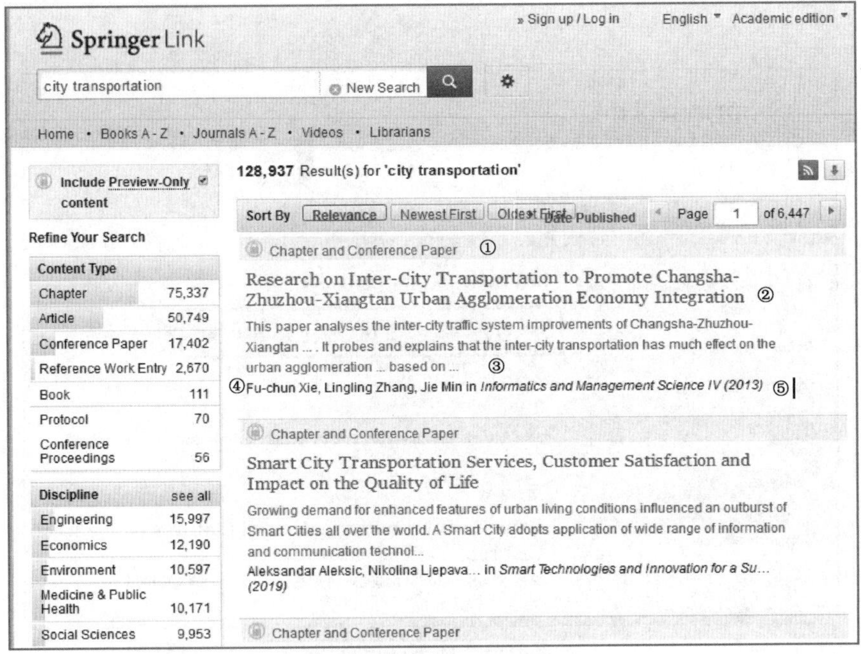

图6.15 搜索结果内容分类

在预设情况下，将只显示权限范围内的搜索结果。如果想看权限以外的搜索结果，可以勾选黄色区域内的过滤选项，被锁住的内容也会被列出来，如图 6.16 所示。

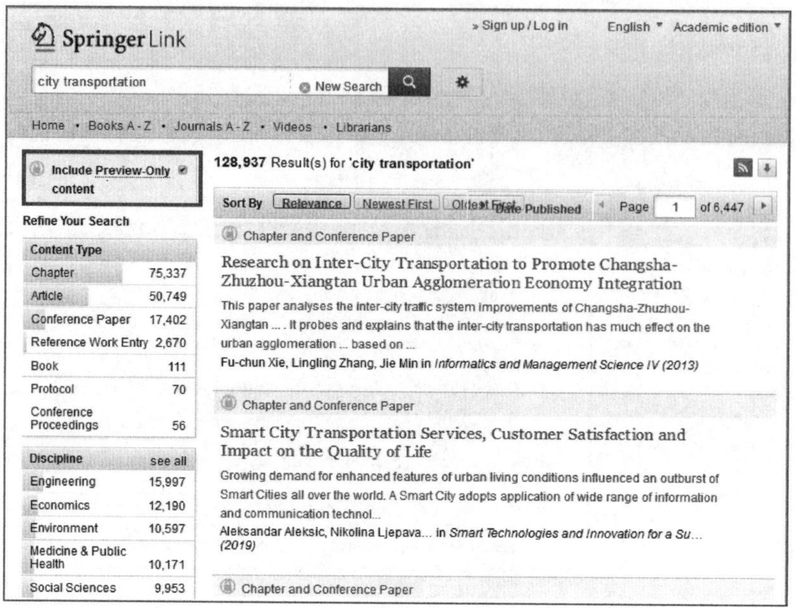

图6.16 搜索结果界面

10. 搜索结果排序

用户可以根据检索需要，将搜索结果按照 Relevance（相关性）、Newest First（按时间顺序由新到旧）、Oldest First（按时间顺序由旧到新）进行排序，以此优化搜索结果，如图 6.17 所示。

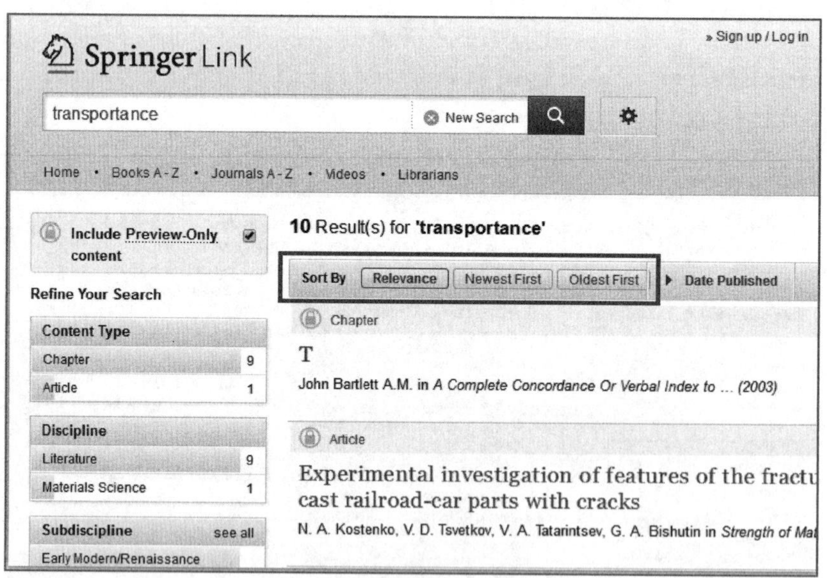

图6.17 搜索结果排序

也可按照 Date Published（出版时间）对搜索结果进行进一步的缩小范围检索，提高检索精度，如图 6.18 所示。

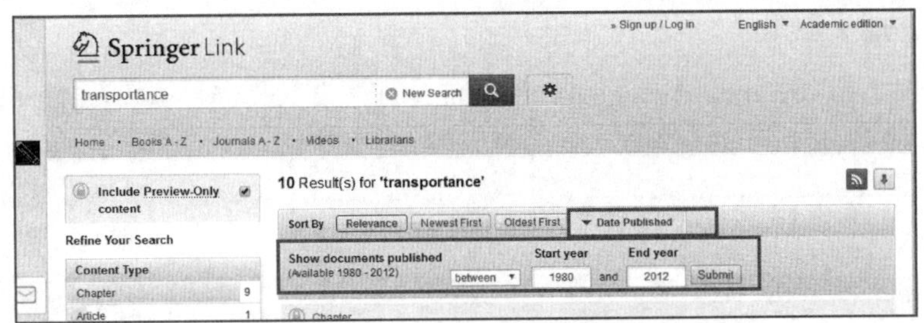

图6.18　按出版时间搜索

11. 搜索信息下载

用户在检索到所需资源后，可根据页面右侧提示进行资料下载，如图 6.19 所示。

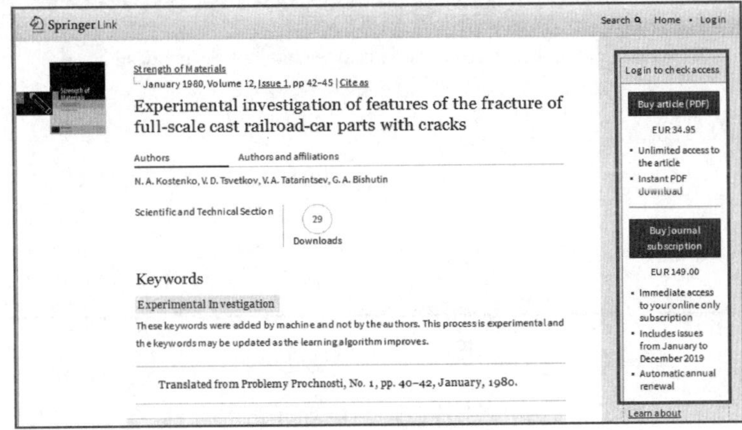

图6.19　资料下载

6.2　Science Direct

6.2.1 Science Direct 基本知识

Elsevier（爱思唯尔）创办于 1880 年，是全球最大的出版商，涵盖 24 个学科领域，期刊超过 2 500 种，电子图书超过 10 000 种，其中非常著名的有《细胞》《柳叶刀》《格雷氏解剖学》《纳尔逊儿科》等，是中国使用量最高的外文全文数据库之一。本节介绍的 Science Direct 是 Elsevier 公司旗下的核心产品之一，1997 年面世并于 1999 年进入商业运行，是全球最著名的科技和医学全文数据库之一。

6.2.2　Science Direct 使用方法

1. Science Direct 登录网址

网址：https://www.sciencedirect.com/。

2. 用户注册 / 登录

如果是初次使用 Science Direct 数据库查询、阅览或下载资料，可先进入官网主页进行注册，如图 6.20 所示。

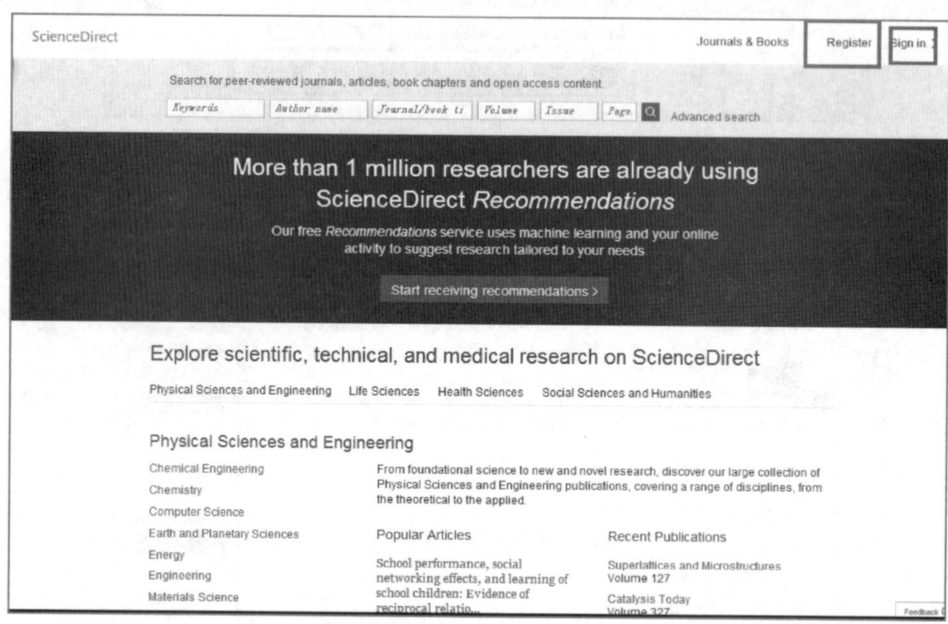

图6.20 官网主页

进入注册页面后，按照提示填写姓名、邮箱地址和密码，创建一个新的账户，如图 6.21 所示。如果是老用户，直接单击 Sign in 即可。

账户创建成功后，进入 Science Direct 数据库的主页，用户的姓名将会出现在主页的右上角，如图 6.22 所示。

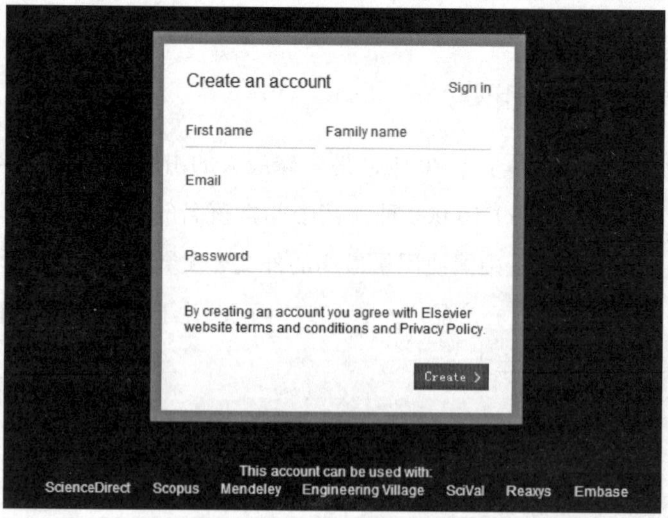

Create an account
Sign in
First name
Family name
Email
Password
By creating an account you agree with Elsevier website terms and conditions and Privacy Policy
Create >
This account can be used with:
ScienceDirect Scopus Mendeley Engineering Village SciVal Reaxys Embase

图6.21 创建账户

图6.22 创建账户成功

3. 个性化设置

Science Direct 为了给用户提供优质服务，提供了 Personalizing Your Settings（个性化设置）服务。用户可以根据自身需求进行设置，这样可以缩短用户检索时间，提高检索效率。

用户在登录 Science Direct 后，进入主页即可使用 Personalizing Your Settings 服务。首先单击主页右上角的用户名，会出现下拉菜单，如图 6.23 所示。

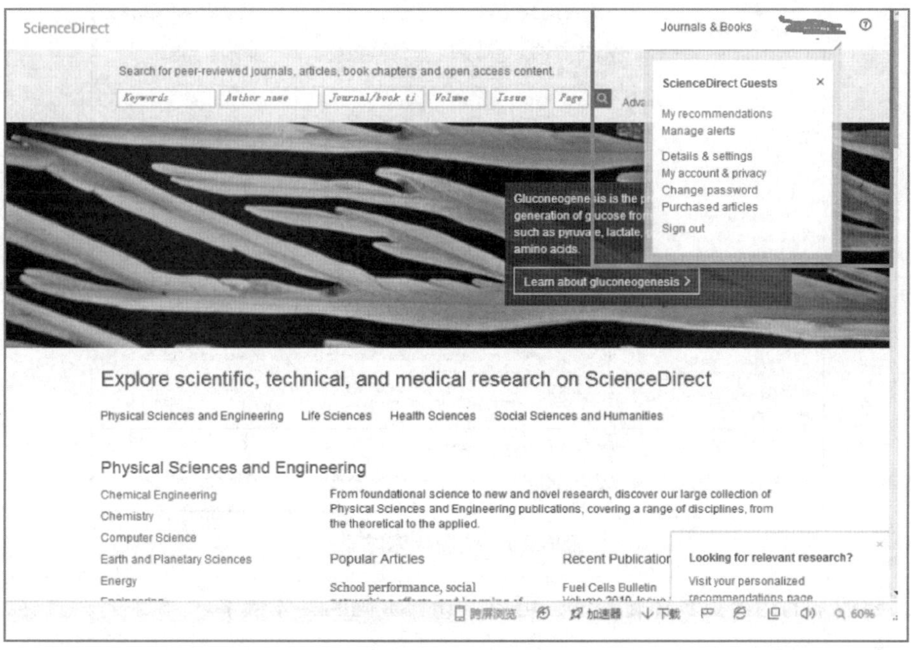

图6.23 个性化设置

然后根据需求选择相应的项目进行设置。如要更新账户信息，就单击 My account & privacy，更改完成后，单击 Submit 提交即可。为了给用户提供更好的服务，Science Direct 提供了提醒服务，如果用户想对已设置的提醒服务进行查阅或更新，可单击 Manage alerts。如要修改登录密码,则需单击 Change password 进行修改。如果用户以前通过购物车(信用卡)购买过 Science Direct 的产品，单击 Purchased articles 可直接购买。单击 Available Articles 下载文章。

4. 检索方式

Science Direct 提供多种检索方式，有快速检索、高级检索两种。

（1）快速检索

在进入 Science Direct 主页后，在主页上方可以看到检索选项，如图 6.24 所示。

图6.24 快速检索

可以根据提示填入相对应的内容，如关键词、作者姓名、期刊或书籍的章节等信息，如输入 tansportation 这个关键词，在搜索框下方会出现和关键词相关的内容，如图 6.25 所示。

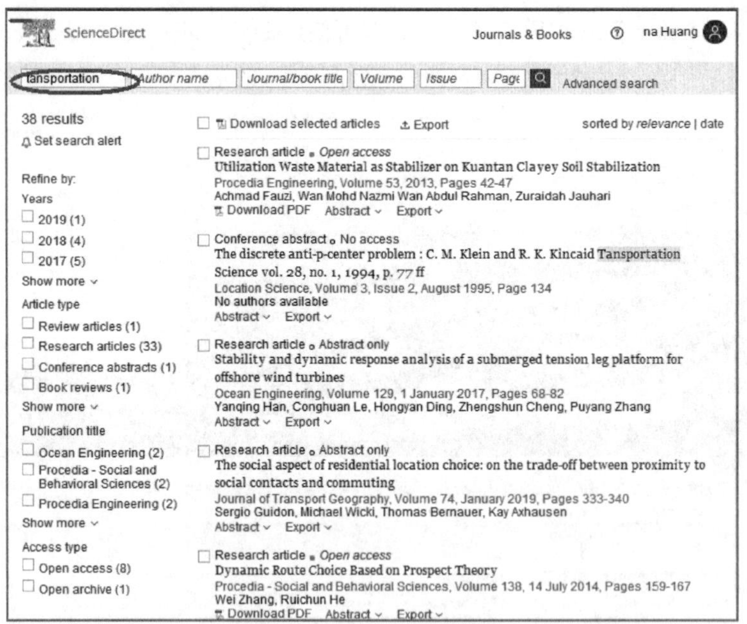

图6.25 快速检索结果

如果要搜索的内容更具体化一些，可填入卷、页码的具体数字。

（2）高级检索

如果要进行更具体、精确的检索，可以选择高级检索（Advanced search），如图 6.26 所示。

图6.26　高级检索

进入高级检索页面后，用户可以根据需要填写选项，如图 6.27 所示。

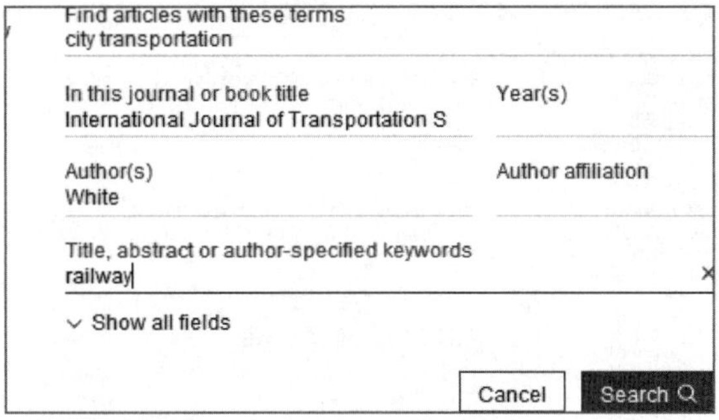

图6.27　填写选项

如要搜索一篇和交通建设相关的研究文章，可以输入一定会在文章中出现的术语或是短语，并加上引号进行搜索，这样可以限定搜索内容。还可以使用 Boolean operators 包括或排除格外项目。用户还可以通过检索作者缩小搜索范围，而且还可以使用破折号，排除与特定作者的协作。如果用户知道要检索文章，可直接输入，在输入时，Science Direct 会给出建议包含的术语。如果用户想对检索内容更具体化，可以单击 Show all fields，则会出现更多内容，如图 6.28 所示。

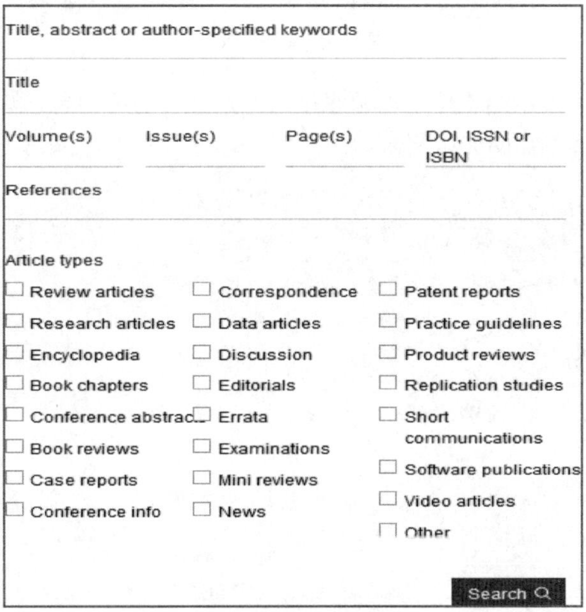

图6.28　高级检索具体化

确定检索内容后，单击 Search 按钮即可，如果认为检索结果过于严格，可以取消一些项目，返回高级检索，单击 Advanced search 即可，如要返回先前的结果，单击 Cancel，如图 6.29 所示。

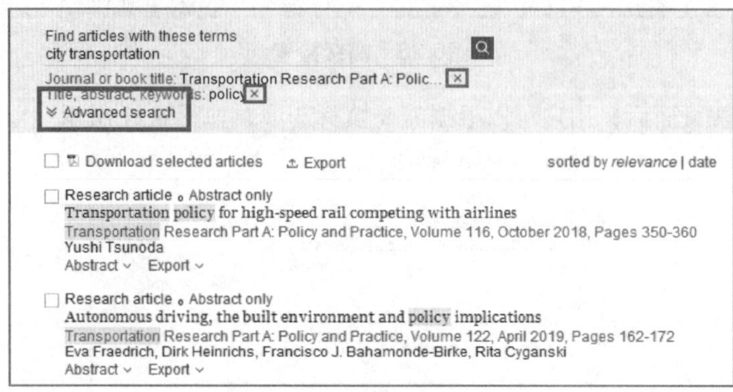

图6.29 高级检索

5. 查阅期刊

Science Direct 有几种不同的出版物类型，在这里主要给大家介绍如何查阅期刊出版物。

在 Science Direct 中有几种不同进入期刊主页的方式，可以在主页的右上角单击 Journals & Books，如图 6.30 所示。

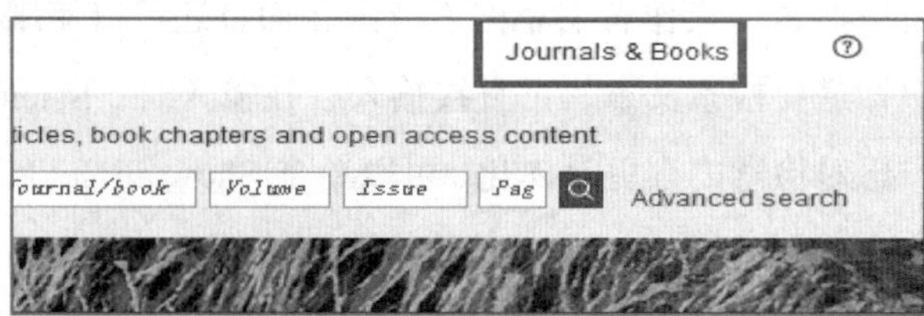

图6.30 期刊浏览

在搜索结果界面（搜索结果按字母顺序排列），选择一个期刊名，单击进入该期刊的主页，查阅该期刊的相关信息，如图 6.31 所示。

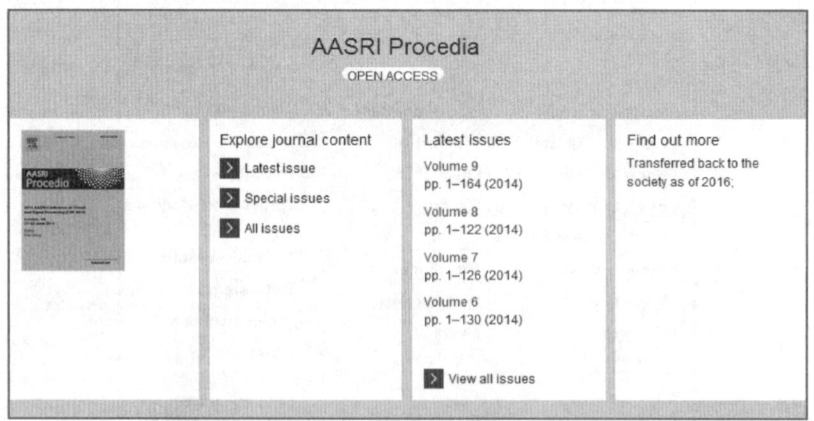

图6.31 期刊搜索结果

6. 查阅文档

用户可以对检索结果进行查阅，比如使用快速检索，用户可以在检索列表中查阅文档的摘要（Abstract），如果文档来自著作，则可以查阅它的摘录。单击文档名，可以查看整个文档。单击作者名，则可以查阅到与之相关的其他内容，如图 6.32 所示。

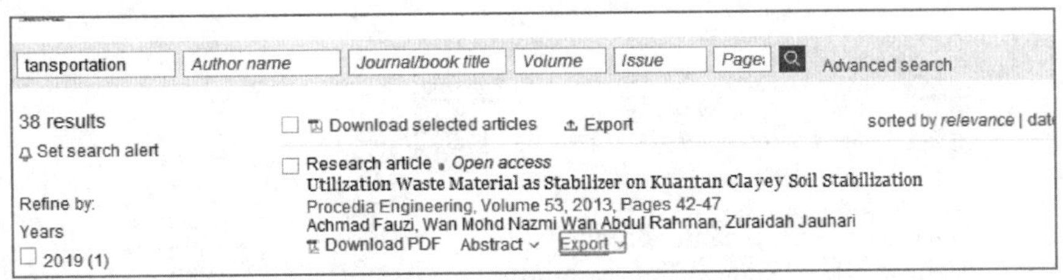

6.32 查阅文档

如要查看文档的其他相关信息，可以单击搜索结果页面左侧的 Show more；查看完毕，则可以单击 Show less，如图 6.33 所示。

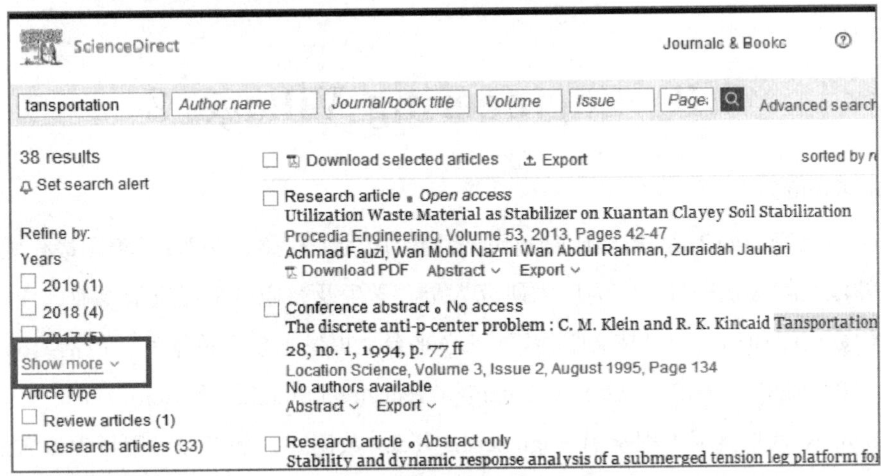

图6.33 查阅文档的其他相关信息

7. 下载文档

如果用户查阅的文档右侧有 Open access，可以下载文档，单击 Download，即可下载文档的 PDF 格式，如图 6.34 所示。

图6.34 下载文档

8. 购买文档

如果文档不可以免费下载，用户想要购买查阅的文档，可以单击文档名，进入文档主页，单击右侧的 Purchase PDF 即可，如图 6.35 所示。

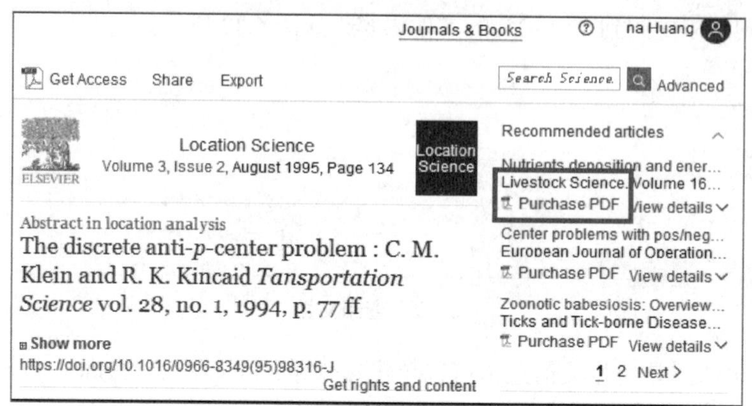

图6.35 购买文档

6.3 Engineering Village 2

1. 数据库简介

Engineering Village 2，是由美国 Elsevier 公司出版的工程类数据库，是美国最权威的工程、应用科学领域文献检索平台。它为广大研究人员、学生及教职员工提供最专业、内容最丰富的工程科学数据库和相应的科技文献检索。EV 平台上提供十多个数据库，包括 Compendex、INSPEC、CRC ENGnetBASE、USPTO Patents、Techstreet Standars 和 Scirus 等。

Compendex 就是美国工程索引 Engineering Index 数据库，是工程应用科学领域最权威的文摘索引数据库，收录来自 55 个国家超过 5 600 多种工程类期刊、会议论文集和技术报告。数据库涵盖了工程和应用科学领域的各学科，涉及核技术、生物工程、交通运输、化学和工艺工程、照明和光学技术、农业工程和食品技术、计算机和数据处理、应用物理、电子和通信、控制工程、土木工程、机械工程、材料工程、石油、宇航、汽车工程以及这些领域的子学科与其他主要的工程领域。Compendex 数据库每周更新数据，以确保用户可以跟踪其所在领域的最新进展。Compendex 目前只支持英文检索。

2. 登录方式

因权限所致，目前用户不可以直接登录 Compendex 数据库，需要购买数据库资源。

3. 检索方式

Engineering Village 2 提供了 Easy Search（简单检索）、Quick Search（快速检索）、Expert Search（专家检索）、Thesaurus（主题词表）、eBook Search（电子书检索）5 种检索方式。

6.4　EBSCO

EBSCO 于 1944 年建立，是一家从事多元化产业经营的跨国公司，主要产业有文献信息产品和服务、渔具、地产与酒店等。EBSCO 在 19 个国家设有分部，开发了近 100 多个在线文献数据库，涉及自然科学、社会科学、人文和艺术等多种学术领域。其中两个主要全文数据库是：Academic Search Premier 和 Business Source Premier。

1. Academic Search Premier 学术期刊集成全文数据库

Academic Search Premier（ASP）收录了 20 世纪 80 年代至今的数据，总收录期刊超过 8 000 种，其中提供全文的期刊有 4 000 多种，总收录的期刊中经过同行鉴定的期刊有 6000 多种，同行鉴定的期刊中提供全文的有 3 000 多种，主要涉及教育、法律、医学、工商、经济、信息技术、人文科学、社会科学、通信传播、艺术、文学、通用科学等多个领域。

2. Business Source Premier 商业资源电子文献全文数据库

Business Source Premier（BSP）收录了 20 世纪 30 年代至今的数据，约收录期刊 5 000 多种，其中提供全文的期刊有 4 000 多种，总收录的期刊中经过同行鉴定的期刊有 2000 种左右，同行鉴定的期刊中提供全文的有 1 000 多种，涉及的主题范围有市场营销、国际商务、房地产、经济学、税收、金融、会计、劳动人事、银行等。

3. 登录方式

因权限所致，目前用户不可以直接登录这两个数据库，需要购买数据库资源。

小　结

德国 SpringerLink（施普林格）、荷兰 ScienceDirect（爱思唯尔）、Engineering Village2 和美国 EBSCO（史蒂芬斯）是世界四大外文信息资源数据库，每个数据库都有自身的特有功能，了解各个数据库的基本知识，掌握常用检索方法，可以学会如何在外文数据库中检索所需资料。

习　题

一、思考题

1. 除本章所讲的四大外文信息资源数据库以外，还有哪些常用的外文检索数据库？
2. 本章所讲的四大外文数据库在检索方式上有哪些相似之处？

二、实训题

1. 在 SpringerLink 数据库中注册一个账户。
2. 使用快速检索方式在 SpringerLink 数据库中搜索和电车设计相关的文献。

参考文献

[1] 陈漪红 . 新 SpringLink 平台功能简析 [J]. 图书馆建设，2007(4).

[2] 鲁宁 . Internet 上外文果树信息资源的利用 [J]. 中国果树，2007(5).

[3] 刘桂菊 . 信息网络时代大学生信息素养现状与培养策略 [J]. 教育现代化，2019，6(62).

[4] 瞿新吉，李振 . 基于关键词的数据库信息检索方法 [J]. 电子技术与软件工程，2020(17).

[5] 徐坚，孙瑜 . 基于图的关键词提取方法研究 [J]. 曲靖师范学院学报，2020，39(03).

[6] 郑铁男 . 构建统一资源库实现跨媒体出版：中国外文局实现出版新模式 [J]. 中国传媒科技，2008(8).

[7] 王长山，张斌 . 基于认知理论的专科大学生信息检索能力分析与应对策略 [J]. 湖北开放职业学院学报，2020，33(15).

附录

附录A　中国图书馆分类法

《中国图书馆分类法》是我国建国后编制出版的一部具有代表性的大型综合性分类法，是当今国内图书馆使用最广泛的分类法体系，是按照图书的内容、形式、体裁和读者用途等，在一定的哲学思想指导下，运用知识分类的原理，采用逻辑方法，将所有学科的图书按其学科内容分成几大类，每一大类下分许多小类，每一小类下再分子小类。最后，每一种书都可以分到某一个类目下,每一个类目都有一个类号 。分类词表是层次结构的类号和类目的集合。

《中国图书馆分类法》现行为第五版，于 2010 年 8 月发布出版。包括马列主义、毛泽东思想，哲学，社会科学，自然科学，综合性图书五大部类，22 个基本大类。

《中国图书馆分类法》简表

A　马克思主义、列宁主义、毛泽东思想、邓小平理论

- A1　马克思、恩格斯著作
- A2　列宁著作
- A3　斯大林著作
- A4　毛泽东著作
- A49　邓小平著作
- A5　马克思、恩格斯、列宁、斯大林、毛泽东、邓小平著作汇编
- A7　马克思、恩格斯、列宁、斯大林、毛泽东、邓小平生平和传记
- A8　马克思主义、列宁主义、毛泽东思想、邓小平理论的学习和研究

B　哲学、宗教

- B0　哲学理论
- B1　世界哲学
- B2　中国哲学
- B3　亚洲哲学
- B4　非洲哲学

B5　欧洲哲学
B6　大洋洲哲学
B7　美洲哲学
B80　思维科学
B81　逻辑学（伦理学）
B82　伦理学（道德哲学）
B83　美学
B84　心理学
B9　宗教

C　社会科学总论
C0　社会科学理论与方法论
C1　社会科学现状及发展
C2　社会科学机构、团体、会议
C3　社会科学研究方法
C4　社会科学教育与普及
C5　社会科学丛书、文集、连续性出版物
C6　社会科学参考工具书
[C7]　社会科学文献检索工具书
C8　统计学
C91　社会学
C92　人口学
C93　管理学
[C94]　系统科学
C95　民族学
C96　人才学
C97　劳动科学

D　政治、法律
D0　政治理论
D1　国际共产主义运动
D2　中国共产党
D33/37　各国共产党
D4　工人、农民、青年、妇女运动与组织
D5　世界政治

D6　中国政治
D73/77 各国政治
D8　外交、国际关系
D9　法律
E　军事
E0　军事理论
E1　世界军事
E2　中国军事
E3/7　各国军事
E8　战略学、战役学、战术学
E9　军事技术
E99　军事地形学、军事地理学
F　经济
F0　经济学
F1　世界各国经济概况、经济史、经济地理
F2　经济计划与管理
F3　农业经济
F4　工业经济
F49　信息产业经济（总论）
F5　交通运输经济
F59　旅游经济
F6　邮电经济
F7　贸易经济
F8　财政、金融
G　文化、科学、教育、体育
G0　文化理论
G1　世界各国文化与文化事业
G2　信息与知识传播
G3　科学、科学研究
G4　教育
G8　体育
H　语言、文字
H0　语言学

H1 汉语
H2 中国少数民族语言
H3 常用外国语
H4 汉藏语系
H5 阿尔泰语系（突厥 - 蒙古 - 通古斯语系）
H61 南亚语系（澳斯特罗 - 亚细亚语系）
H62 南印语系（达罗毗茶语系、德拉维达语系）
H63 南岛语系（马来亚 - 玻里尼西亚语系）
H64 东北亚诸语言
H65 伊比利亚 - 高加索语系
H66 芬兰 - 乌戈尔语系
H67 闪 - 含语系
H7 印欧语系
H81 非洲诸语言
H83 美洲诸语言
H84 大洋洲诸语
H9 国际辅助语

I 文学
I0 文学理论
I1 世界文学
I2 中国文学
I3/7 各国文学

J 艺术
J0 艺术理论
J1 世界各国艺术概况
J2 绘画
J29 书法、篆刻
J3 雕塑
J4 摄影艺术
J5 工艺美术
[J59] 建筑美术
J6 音乐
J7 舞蹈

J8　　戏剧艺术

J9　　电影、电视艺术

K　历史、地理

K0　　史学理论

K1　　世界史

K2　　中国史

K3　　亚洲史

K4　　非洲史

K5　　欧洲史

K6　　大洋洲史

K7　　美洲史

K81　　传记

K85　　文物考古

K89　　风俗习惯

K9　　地理

N　自然科学总论

N0　　自然科学理论与方法论

N1　　自然科学现状及发展

N2　　自然科学机构、团体、会议

N3　　自然科学研究方法

N4　　自然科学教育与普及

N5　　自然科学丛书、文集、连续性出版物

N6　　自然科学参考工具书

[N7]　　自然科学文献检索工具

N8　　自然科学调查、考察

N91　　自然研究、自然历史

N93　　非线性科学

N94　　系统科学

[N99]　　情报学、情报工作

O　数理科学和化学

O1　　数学

O3　　力学

O4　　物理学

O6 化学

O7 晶体学

P 天文学、地球科学

P1 天文学

P2 测绘学

P3 地球物理学

P4 大气科学（气象学）

P5 地质学

P7 海洋学

P9 自然地理学

Q 生物科学

Q1 普通生物学

Q2 细胞生物学

Q3 遗传学

Q4 生理学

Q5 生物化学

Q6 生物物理学

Q7 分子生物学

Q81 生物工程学（生物技术）

[Q89] 环境生物学

Q91 古生物学

Q93 微生物学

Q94 植物学

Q95 动物学

Q96 昆虫学

Q98 人类学

R 医药、卫生

R1 预防医学、卫生学

R2 中国医学

R3 基础医学

R4 临床医学

R5 内科学

R6 外科学

R71　妇产科学

R72　儿科学

R73　肿瘤学

R74　神经病学与精神病学

R75　皮肤病学与性病学

R76　耳鼻咽喉科学

R77　眼科学

R78　口腔科学

R79　外国民族医学

R8　特种医学

R9　药学

S　农业科学

S1　农业基础科学

S2　农业工程

S3　农学（农艺学）

S4　植物保护

S5　农作物

S6　园艺

S7　林业

S8　畜牧、动物医学、狩猎、蚕、蜂

S9　水产、渔业

T　工业技术

TB　一般工业技术

TD　矿业工程

TE　石油、天然气工业

TF　冶金工业

TG　金属学与金属工艺

TH　机械、仪表工业

TJ　武器工业

TK　能源与动力工程

TL　原子能技术

TM　电工技术

TN　无线电电子学、电信技术

TP 自动化技术、计算机技术
TQ 化学工业
TS 轻工业、手工业
TU 建筑科学
TV 水利工程

U 交通运输
U1 综合运输
U2 铁路运输
U4 公路运输
U6 水路运输
[U8] 航空运输

V 航空、航天
V1 航空、航天技术的研究与探索
V2 航空
V4 航天（宇宙航行）
[V7] 航空、航天医学

X 环境科学、安全科学
X1 境科学基础理论
X2 社会与环境
X3 环境保护管理
X4 灾害及其防治
X5 环境污染及其防治
X7 废物处理与综合利用
X8 环境质量评价与环境监测
X9 安全科学

Z 综合性图书
Z1 丛书
Z2 百科全书、类书
Z3 辞典
Z4 论文集、全集、选集、杂著
Z5 年鉴、年刊
Z6 期刊、连续性出版物
Z8 图书目录、文摘、索引

来源 :《中国图书馆分类法（第五版）》，国家图书馆出版社。

附录B　中国科学引文数据库（CSCD）

中国科学引文数据库（Chinese Science Citation Database，CSCD）创建于1989年，具有建库历史最为悠久、专业性强、数据准确规范、检索方式多样、完整、方便等特点，自提供使用以来，深受用户好评，被誉为“中国的SCI”。收录我国数学、物理、化学、天文学、地学、生物学、农林科学、医药卫生、工程技术和环境科学等领域出版的中英文科技核心期刊和优秀期刊千余种，目前已积累从1989年到现在的论文记录5 124 086条，引文记录68 089 717条。中国科学引文数据库内容丰富、结构科学、数据准确。系统除具备一般的检索功能外，还提供新型的索引关系——引文索引，使用该功能，用户可迅速从数百万条引文中查询到某篇科技文献被引用的详细情况，还可以从一篇早期的重要文献或著者姓名入手，检索到一批近期发表的相关文献，对交叉学科和新学科的发展研究具有十分重要的参考价值。中国科学引文数据库还提供了数据链接机制，支持用户获取全文。

经过定量遴选、专家定性评估，2019—2020年度中国科学引文数据库收录来源期刊1 229种，其中中国出版的英文期刊228种，中文期刊1 001种。中国科学引文数据库来源期刊分为核心库和扩展库两部分，其中核心库909种（以备注栏中C为标记）；扩展库320种（以备注栏中E为标记）。

中国科学引文数据库来源期刊每两年遴选一次。每次遴选均采用定量与定性相结合的方法，定量数据来自于中国科学引文数据库，定性评价则通过聘请国内专家定性评估对期刊进行评审。定量与定性综合评估结果构成了中国科学引文数据库来源期刊。

附录C　IPC国际专利分类表（2018版）

A部——人类生活必需

分部：农业

A01 农业；林业；畜牧业；狩猎；诱捕；捕鱼

A01B 农业或林业的整地；一般农业机械或农具的部件、零件或附件（用于播种、种植或施厩肥的开挖沟穴或覆盖沟穴入A01C 5/00；收获根作物的机械入A01D；可变换成整地设备或能够整地的割草机入A01D 42/04；与整地机具联合的割草机入A01D 43/12；工程目的的整地入E01，E02，E21）

A01C 种植；播种；施肥（与一般整地结合的入A01B 49/04；农业机械或农具的部件、零件或附件一般入A01B 51/00至A01B 75/00）

A01D 收获；割草

A01F 脱粒（联合收割机入 A01D 41/00 ）；禾秆、干草或类似物的打捆；将禾秆、干草或类似物形成捆或打捆的固定装置或手动工具；禾秆、干草或类似物的切碎；农业或园艺产品的储藏（与收割有关的制作或设置堆垛的设备入 A01D 85/00 ）

A01G 园艺；蔬菜、花卉、稻、果树、葡萄、啤酒花或海菜的栽培；林业；浇水（水果、蔬菜、啤酒花等类植物的采摘入 A01D46/00；洋葱或花球茎的去顶或剥皮装置入 A23N15/08；繁殖单细胞藻类入 C12N1/12；植物细胞培养入 C12N5/00）

A01H 新植物或获得新植物的方法；通过组织培养技术的植物再生〔5〕

A01J 乳制品的加工（乳制品的保藏、巴氏消毒、灭菌入 A23；化学物质见小类 A23C）

37

A01K 畜牧业；禽类、鱼类、昆虫的管理；捕鱼；饲养或养殖其他类不包含的动物；动物的新品种

A01L 动物钉蹄铁

A01M 动物的捕捉、诱捕或惊吓（用于捕捉蜂群或捕获雄蜂的器具入 A01K57/00；捕鱼入 A01K 69/00 至 A01K 97/00；生物杀灭剂、害虫驱避剂或引诱剂入 A01N）；消灭有害动物或有害植物用的装置

A01N 人体、动植物体或其局部的保存（食品或粮食的保存入 A23）；杀生剂，例如作为消毒剂，作为农药或作为除草剂（杀灭或防止不期望生物体的生长或繁殖的医用、牙科用或梳妆用的配制品入 A61K）；害虫驱避剂或引诱剂；植物生长调节剂（农药与肥料的混合物入 C05G）

A01P 化学化合物或制剂的杀生、害虫驱避、害虫引诱或植物生长调节活性〔8〕 62

分部：食品；烟草

A21 焙烤；制作或处理面团的设备；焙烤用面团〔1，8〕

A21B 食品烤炉；焙烤用机械或设备（家用焙烤设备入 A47J 37/00；燃烧设备入 F23；全部或部分为烤炉的家用炉或灶入 F24B，F24C）

A21C 制作或加工面团的机械或设备；处理由面团制作的焙烤食品

A21D 焙烤用面粉或面团的处理（如保存），例如通过添加材料；焙烤；焙烤产品；及其保存〔1，8〕

A22 屠宰；肉品处理；家禽或鱼的加工

A22B 屠宰

A22C 肉类、家禽或鱼的加工（保存入 A23B；从食料中获得蛋白质组合物入 A23J 1/00；鱼、肉或家禽的制备入 A23L；粉碎肉，如切碎肉入 B02C 18/00；蛋白质的制备入 C07K 1/00）

A23 其他类不包含的食品或食料；及其处理

A23B 保存，如用罐头储存肉、鱼、蛋、水果、蔬菜、食用种子；水果或蔬菜的化学催熟；保存、催熟或罐装产品

A23C 乳制品，如奶、黄油、干酪；奶或干酪的代用品；其制备（从食料中取得食用蛋白质组合物入 A23J 1/00；一般肽的制备，如蛋白质入 C07K 1/00）

A23D 食用油或脂肪，例如人造奶油、松酥油脂、烹饪用油（获得、精制、保存入 C11B，C11C；氢化入 C11C 3/12）

A23F 咖啡；茶；其代用品；它们的制造、配制或泡制

A23G 可可；可可制品，例如巧克力；可可或可可制品的代用品；糖食；口香糖；冰淇淋；其制备〔1，8〕

A23J 食用蛋白质组合物；食用蛋白质的加工；食用磷脂组合物〔4〕

A23K 专门适用于动物的喂养饲料；其生产方法

A23L 不包含在 A21D 或 A23B 至 A23J 小类中的食品、食料或非酒精饮料；它们的制备或处理，例如烹调、营养品质的改进、物理处理（不能为本小类完全包含的成型或加工入 A23P）；食品或食料的一般保存（用于烘焙的面粉或面团的保存入 A21D）〔4，8〕 90

A23N 其他类不包含的处理大量收获的水果、蔬菜或花球茎的机械或装置；大量蔬菜或水果的去皮；制备牲畜饲料装置（切割草类或饲料机械入 A01F 29/00；碎裂，例如切碎入 B02C；切断，例如切割、割裂、切片入 B26B，B26D） 99

A23P 未被其他单一小类所完全包含的食料成型或加工 101

A24B 吸烟或嚼烟的制造或制备；烟草；鼻烟 103

A24C 制造雪茄烟或纸烟的机械 105

A24D 雪茄烟；纸烟；烟油滤芯；雪茄烟或纸烟的烟嘴；烟油滤芯或烟嘴的制造 107

A24F 吸烟者用品；火柴盒（点火器入 F23Q） 108

分部：个人或家用物品 112

A41 服装 112

A41B 衬衣；内衣；婴儿内衣；手帕 112

A41C 妇女紧身衣；乳罩 114

A41D 外衣；防护服；衣饰配件（护眼器或护耳器入 A61F 9/00，A61F 11/00；发汗衫入 A61H 36/00） 115

A41F 衣服扣件；吊带 118

A41G 人造花；假发；面具；羽饰 120

A41H 缝制衣服的工具或方法，如其他类目不包含的制作女服用的、裁制用的（制作服装上特殊物件用的机械、工具或方法，参见各产品有关组 A41B 至 A41F；一般裁剪工具机械入 B26；织造、编带、制花边、针织、栽绒、纺织品整理入 D03 至 D06；缝纫机、缝衣用

B部——作业；运输

B26F 打孔；冲孔；切下；冲裁；除切割外的切断（划线、打孔或制作纽扣孔入 A41H25/00；制鞋入 A43D；外科手术入 A61B；金属冲孔入 B21D；金属钻孔入 B23B；局部加热金属的切割，例如火焰切割入 B23K；用磨料流体喷射切割入 B24C5/02；切断机器的通用零件入 B26D；木料钻孔入 B27C；石料钻孔入 B28D；塑料或塑性状态物质的加工入 B29；用纸或经类似加工的材料，例如金属箔，制造盒子、纸板箱、信封或袋子入 B31B；玻璃的入 C03B；皮革的入 C14B；纺织材料的入 D06H；用光导的入 G02B6/25；票券的入 G07B）〔2，5〕 228

B27 木材或类似材料的加工或保存；一般钉钉机或钉 U 形钉机 230

B27B 用于木材或相似材料的锯；其零件或附件（专门适用于修枝或去枝的锯入 A01G3/08；专门适用于砍伐树木的锯设备入 A01G23/091；不限于特定类型木锯的特性入 B23D；例如锯条固定入 B23D51/00；一般机床的机架、床身、立柱或类似的构件入 B23Q1/01）〔5〕 230

B27C 用于木材或相似材料的木工刨床、钻床、铣床、车床或通用机械（一般机床入 B23；用磨料，例如砂纸打磨装置加工木材入 B24；这些用途的工具入 B27G） 235

B27D 加工单板或胶合板（一般将液体或其他流体材料施加于表面入 B05；木料的磨削、砂纸打磨或抛光入 B24；将黏合剂或胶施加于木材的表面入 B27G 11/00；单板的制造入 B27L 5/00） 236

B27F 木材或相似材料的楔形榫的加工；凸榫；开槽机；钉钉机或钉 U 形钉机（手持钉钉或钉 U 形钉工具入 B25C；木箱、大型木质方管或木盒的制造入 B27M3/34；一般建筑结构的连接，例如建筑结构中使用的暗榫入 E04B1/38；一般接合元件，如一般暗榫入 F16B） 237

B27G 加工木材或类似材料的附属机械和装置；加工木材或类似材料的工具（磨削工具入 B24D；锯割工具入 B27B33/00；开槽或凿榫眼机械用的工具入 B27F5/02；制造刨花、木屑、粉末或类似物的工具入 B27L11/00）；加工木材的机械或工具的安全装置 239

B27H 弯曲木材或相似材料；制桶；用木材或相似材料制作木轮 241

B27J 藤茎、软木或类似材料的机械加工 242

B27K 其他类目中不包括的木材的浸渍、着色、染色、漂白，或者用渗入液体处理木材的工艺、设备或材料选择；软木、藤、芦苇、稻草或类似材料的化学或物理处理〔2〕 243

B27L 除去树皮或残留树枝（林业入 A01G）；劈裂木材；薄木片、木棒、刨花、木质纤维或木粉的制造 245

B27M 不包含在 B27B 至 B27L 小类中的木材加工；特种木制品的制造 247

B27N 用干燥方法制造物品，带或不带有机黏合剂，物品是由含有木材或其他木质纤维的或类似有机材料的碎粒或纤维构成的（包含水泥质材料的入 B28B；处于塑性状态物质的

分部：交 通 运 输 403

B60 一般车辆 403

B60B 车轮（通过轧制制造车轮或车轮部件入 B21H 1/00，通过锻制、锤锻或模压入 B21K 1/28）；脚轮；用于车轮或脚轮的轴；车轮附着力的提高 403

B60C 车用轮胎（制造、修理入 B29）；轮胎充气；轮胎的更换；一般充气弹性体与气门的连接；与轮胎有关的装置或布置（轮胎的试验入 G01M 17/02）〔5〕 409

B60D 车辆的连接件（制动系统的部件入 B60T 17/04） 414

B60F 轨道和道路两用车辆；可在不同介质上或介质中行驶的车辆，例如两栖车辆（气垫车入 B60V） 416

B60G 车辆悬架装置的配置（气垫车入 B60V；车身与车架之间的连接入 B62D 24/00）〔5〕 417

B60H 车辆客室或货室专用加热、冷却、通风或其他空气处理设备的布置或装置 422

B60J 车辆的窗、挡风玻璃、非固定车顶、门或类似装置；专门适用于车辆的可移动的外部护套（这些装置的紧固、悬挂、关闭或开启入 E05） 423

B60K 车辆动力装置或传动装置的布置或安装；两个以上不同的车辆原动机的布置或安装；车辆辅助驱动装置；车辆用仪表或仪表板；与车辆动力装置的冷却、进气、排气或燃料供给结合的布置〔1，8〕 427

B60L 电动车辆动力装置（车辆电动力装置的布置或安装，或具有共有或共同动力装置的多个不同原动机的入 B60K 1/00，B60K 6/20；车辆电力传动装置的布置或安装入 B60K 17/12，B60K 17/14；有轨车通过减小功率防止车轮打滑入 B61C 15/08；电动发电机入 H02K；电动机的控制或调节入 H02P）；车辆辅助装备的供电（与车辆机械耦合装置相连的电耦合设备入 B60D 1/64；车辆电加热入 B60H 1/00）；一般车辆的电力制动系统（电动机的控制和调节入 H02P）；车辆的磁悬置或悬浮；电动车辆的监控操作变量；电动车辆的电气安全装置〔4〕434

B60M 电动车辆的电源线路或沿路轨的装置（沿铁路线的道岔或安全装置的控制入 B61L；一般路轨或道岔的结构入 E01B） 438

B60N 用于车辆的特殊位置；不包含在其他类目中的车辆乘客用设备 440

B60P 适用于货运或运输、装载或包容特殊货物或物体的车辆（带有运送病人或残疾人的，或他们专用运输工具的专用装置的车辆入 A61G 3/00） 443

B60Q 一般车辆照明或信号装置的布置，及其安装或支承或其电路〔4〕 446

B60R 不包含在其他类目中的车辆、车辆配件或车辆部件（专门适用于车辆的防火、抑制或灭火的入 A62C 3/07） 449

B60S 不包含在其他类目中的车辆保养、清洗、修理、支承、举升或调试 456

B60T 车辆制动控制系统或其部件；一般制动控制系统或其部件（电力制动系统的控制

入 B60L 7/00；车辆的制动器和其他部件的联合控制入 B60W）；一般制动元件在车辆上的布置；用于防止车辆发生不希望的运动的便携装置；便于冷却制动器的车辆的改进〔1，8〕 459

B60V 气垫车 466

B60W 不同类型或不同功能的车辆子系统的联合控制；专门适用于混合动力车辆的控制系统；不与某一特定子系统的控制相关联的道路车辆驾驶控制系统 467

B61 铁路 471

B61B 铁路系统；不包含在其他类目中的装置（升降机或起重机，电梯，自动扶梯，移动人行道入 B66B）〔4〕 471

B61C 机车；机动有轨车（一般车辆入 B60；车架或转向架入 B61F；机车用的专门铁路设备入 B61J，B61K） 473

B61D 铁路车辆的种类或车体部件；（一般车辆入 B60；适用于特殊系统的车辆入 B61B；底架入 B61F） 476

B61F 铁路车辆的悬架，如底架、转向架，或轮轴装置；在不同宽度的轨道上使用的铁路车辆；铁路车辆预防脱轨；铁路车辆护轮罩、障碍物清除器或类似装置（用于一般车辆入 B60；车轴或车轮入 B60B；轮胎入 B60C） 480

B61G 专门适用于铁路车辆的连接器；专门适用于铁路车辆的牵引装置或缓冲装置（一般的车辆连接入 B60D） 483

B61H 铁路车辆特有的制动器或其他减速装置；铁路车辆制动器或其他减速装置的安排或配置（车辆的电力制动入 B60L，一般的入 H02K；铁路车辆中调节制动力以适应不同的车辆或线路条件的装置入 B60T 8/00；用动力辅助装置或驱动装置，将制动作用从起始装置传输到最终执行机构，使用这种传输装置的制动系统，如空气压力制动系统入 B60T 13/00；在这种动力传输系统中使用的阀的结构、配置或操作入 B60T 15/00；制动系统的部件、零件或附件入 B60T 17/00；一般的制动器入 F16D） 486

B61J 铁路车辆的移位或调车（一般车辆移位入 B60S；编组系统入 B61B） 488

B61K 用于铁路的其他辅助设备（储能制动器入 B61H；线路防护使之抵抗天气影响的入 E01B；轨道清理，除雪器入 E01H） 489

B61L 铁路交通管理；保证铁路交通安全（制动器或辅助设备入 B61H，B61K；道岔或道口结构入 E01B） 491

B62 无轨陆用车辆 495

B62B 手动车辆，例如手推车或摇篮车；雪橇（以畜力驱动为特点的入 B62C；由驾驶人或发动机推进的雪橇入 B62M） 495

B62C 畜拉车 498

B62D 机动车；挂车（农用机械或机具的转向机构或在所要求轨道上的引导装置入 A01B

B64D 用于与飞机配合或装到飞机上的设备；飞行衣；降落伞；动力装置或推进传动装置在飞机中的配置或安装 555

B64F 与飞机相关联的地面装置或航空母舰甲板装置；其他类目不包括的飞机设计、制造、装配、清洗、维修或修理；其他类目不包括的飞机部件的处理、运输、测试或检查 561

B64G 宇宙航行；及其所用的飞行器或设备（从地球外的来源采集材料的装置和方法入E21C 51/00） 563

B65 输送；包装；贮存；搬运薄的或细丝状材料 565

B65B 包装物件或物料的机械，装置或设备，或方法；启封（雪茄烟的捆扎和压紧装置入 A24C1/44；适合于由物品或要包扎物件支承的包扎带的固定和拉紧装置入 B25B25/00；将瓶子、罐或相似容器的封闭件入 B67B1/00-B67B6/00；对瓶子同时进行清洗，灌注和封装入B67C7/00；瓶子，罐，罐头，木桶，桶或类似容器的排空入 B67C9/00） 565

B65C 贴标签或签条的机械、装置或方法（一般钉钉或钉 U 形钉入 B25C，B27F；采用贴移画印花法工艺入 B44C 1/16；为包装目的加标签入 B65B；标签、名牌入 G09F） 579

B65D 用于物件或物料贮存或运输的容器，如袋、桶、瓶子、箱盒、罐头、纸板箱、板条箱、圆桶、罐、槽、料仓、运输容器；所用的附件、封口或配件；包装元件；包装件 581

B65F 家庭的或类似的垃圾的收集或清除（消毒垃圾入 A61L；垃圾破碎机入 B02C；分拣垃圾入 B03B，B07B；运输垃圾容器的手推车入 B62B；麻袋夹持器入 B65B 67/00；将垃圾转化成肥料入 C05F；将垃圾转化成固体燃料入 C10L；污水管，污水井入 E03F；建筑物内清除垃圾的配置入 E04F 17/10；垃圾焚化炉入 F23G） 606

B65G 运输或贮存装置，例如装载或倾卸用输送机、车间输送机系统或气动管道输送机（包装用的入 B65B；搬运薄的或细丝状材料如纸张或细丝入 B65H；起重机入 B66C；便携式或可移动的举升或牵引器具，如升降机入 B66D；用于装载或卸载目的的升降货物的装置，如叉车，入 B66F9/00；不包括在其他类目中的瓶子、罐、罐头、木桶、桶或类似容器的排空入B67C9/00；液体分配或转移入 B67D；将压缩的、液化的或固体化的气体灌入容器或从容器内排出入 F17C；流体用管道系统入 F17D） 608

B65H 搬运薄的或细丝状材料，如薄板、条材、缆索 623

B66 卷扬；提升；牵引 640

B66B 升降机；自动扶梯或移动人行道（用作替代正常出口的救生装置，如支撑在大楼或者其他结构上的楼梯、用于降下人员的营救笼、袋或具有类似功能的设备入 A62B 1/02；与飞机配合或装在飞机上用于装卸货物或便于乘客乘降或具有类似功能的设备入 B64D 9/00；以用于提升或卷扬机构为特点的制动或停止装置入 B66D 5/00）〔4〕 640

B66C 起重机；用于起重机、绞盘、绞车或滑车的载荷吊挂元件或装置（钢绳、钢缆或链条卷扬机构，及其制动或停止装置入 B66D；核反应堆专用的入 G21） 645

C 部——化学；冶金

本 部 目 录

（附注和参见省略）

C01B 21/08；金属氨化物入 C01B 21/092；亚硝酸盐入 C01B 21/50；磷化物入 C01B 25/08；磷的含氧酸盐入 C01B 25/16；碳化物入 C01B 32/90；含硅的化合物入 C01B 33/00；含硼的化合物入 C01B 35/00；具有分子筛特性但不具有碱交换特性的化合物入 C01B 37/00；具有分子筛和碱交换特性的化合物，如结晶沸石，入 C01B 39/00；氰化物入 C01C 3/08；氰酸盐入 C01C 3/14；氰氨盐入 C01C 3/16；硫氰酸盐入 C01C 3/20；发酵或使用酶的方法制备元素或二氧化碳之外的无机化合物入 C12P 3/00；从混合物，如矿石，制取作为提炼游离金属的冶金工艺中间化合物的金属化合物入 C22B；通过电解法或电泳法生产非金属元素或无机化合物入 C25B） 29

C01G 含有不包含在 C01D 或 C01F 小类中之金属的化合物（金属氢化物入 C01B 6/00；卤素的含氧酸盐入 C01B 11/00；过氧化物、过氧酸盐入 C01B 15/00；硫代硫酸盐、连二亚硫酸盐、连多硫酸盐入 C01B 17/64；含硒或碲的化合物入 C01B 19/00；金属与氮的二元化合物入 C01B 21/06；叠氮化物入 C01B 21/08；金属氨化物入 C01B 21/092；亚硝酸盐入 C01B 21/50；磷化物入 C01B 25/08；磷的含氧酸盐入 C01B 25/16；碳化物入 C01B 32/90；含硅的化合物入 C01B 33/00；含硼的化合物入 C01B 35/00；具有分子筛特性但不具有碱交换特性的化合物入 C01B 37/00；具有分子筛和碱交换特性的化合物，如结晶沸石，入 C01B 39/00；氰化物入 C01C 3/08；氰酸盐入 C01C 3/14；氰氨盐入 C01C 3/16；硫氰酸盐入 C01C 3/20；发酵或使用酶的方法制备元素或二氧化碳之外的无机化合物入 C12P 3/00；从混合物，如矿石，制取作为提炼游离金属的冶金工艺中间化合物的金属化合物入 C21B、C22B；通过电解法或电泳法生产非金属元素或无机化合物入 C25B） 32

C02 水、废水、污水或污泥的处理 38

C02F 水、废水、污水或污泥的处理（通过在物质中产生化学变化使有害的化学物质无害或降低危害的方法入 A62D 3/00；分离、沉淀箱或过滤设备入 B01D；有关处理水、废水或污水生产装置的水运容器的特殊设备，例如用于制备淡水入 B63J；为防止水的腐蚀用的添加物质入 C23F；放射性废液的处理入 G21F 9/04）〔3〕 38

C03 玻璃；矿棉或渣棉 42

C03B 玻璃、矿物或渣棉的制造、成型；玻璃、矿物或渣棉的制造或成型的辅助工艺（表面处理入 C03C） 42

C03C 玻璃、釉或搪瓷釉的化学成分；玻璃的表面处理；由玻璃、矿物或矿渣制成的纤维或细丝的表面处理；玻璃与玻璃或与其他材料的接合 52

C04 水泥；混凝土；人造石；陶瓷；耐火材料〔4〕 59

C04B 石灰；氧化镁；矿渣；水泥；其组合物，例如：砂浆、混凝土或类似的建筑材料；人造石；陶瓷（微晶玻璃陶瓷入 C03C 10/00）；耐火材料（难熔金属的合金入 C22C）；天然石的处理〔4〕 59

C05 肥料；肥料制造〔4〕 74

C08C 橡胶的处理或化学改性 256

C08F 仅用碳 - 碳不饱和键反应得到的高分子化合物（由低碳烃制造液态烃混合物，例如通过齐聚作用入 C10G 50/00；发酵或使用酶的方法合成目标化合物或组合物或从外消旋混合物中分离旋光异构体入 C12P；含有碳 - 碳不饱和键的单体接枝聚合到纤维、丝线、纱线、织物或用这些材料制成的纤维制品入 D06M 14/00）〔2〕 258

C08G 用碳 - 碳不饱和键以外的反应得到的高分子化合物（发酵或使用酶的方法合成目标化合物或组合物或从外消旋混合物中分离旋光异构体入 C12P）〔2〕 283

C08H 天然高分子化合物的衍生物（多糖类入 C08B；天然橡胶入 C08C；天然树脂或其衍生物入 C09F；焦油沥青、石油沥青或天然沥青的加工入 C10C 3/00） 297

C08J 加工；配料的一般工艺过程；不包括在 C08B，C08C，C08F，C08G 或 C08H 小类中的后处理（塑料的加工，如成型入 B29）〔2〕 298

C08K 使用无机物或非高分子有机物作为配料（涂料、油墨、清漆、染料、抛光剂、黏合剂入 C09）〔2〕 301

C08L 高分子化合物的组合物（基于可聚合单体的组成成分入 C08F、C08G；人造丝或纤维入 D01F；织物处理的配方入 D06）〔2〕 307

C09 染料；涂料；抛光剂；天然树脂；黏合剂；其他类目不包含的组合物；其他类目不包含的材料的应用 317

C09B 有机染料或用于制造染料的有关化合物；媒染剂；色淀（发酵或用酶的方法合成的目标化合物入 C12P） 317

C09C 纤维状填料以外的无机材料的处理以增强它们的着色或填充性能（无机化合物或非金属元素本身的制备入 C01；专门适用于增强它们在砂浆、混凝土、人造石或类似物质中填充性能的材料处理入 C04B 14/00、C04B 18/00、C04B 20/00）；炭黑的制备 335

C09D 涂料组合物，例如色漆、清漆或天然漆；填充浆料；化学涂料或油墨的去除剂；油墨；改正液；木材着色剂；用于着色或印刷的浆料或固体；原料为此的应用（化妆品入 A61K，一般将液体或其他流动物料涂到表面上的方法入 B05D；木材着色入 B27K 5/02；釉料或搪瓷釉入 C03C；天然树脂、虫胶清漆、干性油、催干剂、松节油本身入 C09F；除虫胶清漆外的抛光组合物、滑雪屐蜡入 C09G；黏合剂或用作黏合剂的物质入 C09J；用于接头或盖的密封或包装材料入 C09K 3/10；用于防止泄漏的材料入 C09K 3/12；电解或电泳生成镀层的方法入 C25D）〔5〕 337

C09F 天然树脂；虫胶清漆；干性油；催干剂（干料）；松节油 351

C09G 虫胶清漆除外的抛光组合物；滑雪屐蜡 352

C09H 动物胶或明胶的制备 353

C09J 黏合剂；一般非机械方面的黏合方法；其他类目不包括的黏合方法；黏合剂材料

C12C 啤酒的酿造（原料的净化入 A23N；涂沥青或脱沥青装置，酒窖用具入 C12L；增殖酵母入 C12N 1/14） 426

C12F 发酵溶液副产品的回收；酒精的变性或变性酒精〔6〕 429

C12G 果汁酒；其他含酒精饮料；其制备（啤酒入 C12C） 430

C12H 酒精饮料的巴氏灭菌、杀菌、保藏、纯化、澄清、陈酿或其中酒精的去除（葡萄酒脱酸化入 C12G 1/10；防止酒石沉淀入 C12G 1/12；加调味香料模拟老化入 C12G 3/06）〔6〕 431

C12J 醋；其制备 432

C12L 涂沥青或脱沥青装置；酒窖用具 433

C12M 酶学或微生物学装置（粪肥的发酵装置入 A01C 3/02；人或动物的活体部分的保存入 A01N 1/02；啤酒酿造装置入 C12C；果汁酒的发酵装置入 C12G；制醋装置入 C12J 1/10）〔3〕 434

C12N 微生物或酶；其组合物（杀生剂、害虫驱避剂或引诱剂，或含有微生物、病毒、微生物真菌、酶、发酵物的植物生长调节剂，或从微生物或动物材料产生或提取制得的物质入 A01N63/00；药品入 A61K；肥料入 C05F）；繁殖、保藏或维持微生物；变异或遗传工程；培养基（微生物学的试验介质入 C12Q1/00）〔3〕 436

C12Q 包含酶、核酸或微生物的测定或检验方法（免疫检测入 G01N33/53）；其所用的组合物或试纸；这种组合物的制备方法；在微生物学方法或酶学方法中的条件反应控制〔3〕 450

C12R 与涉及微生物的 C12C 至 C12Q 小类相关的引得表 453

C13 糖工业〔4〕 458

C13B 糖的生产；专门适用于此的设备（用化学方法合成糖或糖衍生物入 C07H；发酵或使用酶的方法入 C12P 19/00）〔2011.01〕 458

C13C（转入 C13B） 460

C13D（转入 C13B） 461

C13F（转入 C13B） 462

C13G（转入 C13B） 463

C13H（转入 C13B） 464

C13J（转入 C13B） 465

C13K 通过自然资源获得或用双糖、低聚糖或多糖自然发生水解获得蔗糖以外的糖类（化学合成糖类或糖类衍生物入 C07H；多聚糖，例如淀粉，其衍生物入 C08B；麦芽入 C12C；用于制备含有糖类自由基的化合物发酵或使用酶的方法入 C12P 19/00） 466

C14 使用化学药剂、酶类或微生物处理小原皮、大原皮或皮革的工艺，如鞣制、浸渍

D 部——纺织；造纸

本 部 目 录

（参见及附注省略）

小类） 50

D04H 制造纺织品，例如用纤维或长丝原料（织造入 D03；针织入 D04B；编带入 D04C；制网入 D04G；缝纫入 D05B；簇绒入 D05C；非织造布整理入 D06）；通过此类工艺或设备制造的织物，如毛毡、非织造布；棉絮；衬垫（有不同种类中间层或外层的，例如非织造布的，非织造布入 B32B） 51

D05 缝纫；绣花；簇绒 56

D05B 缝纫（成衣业用的入 A41H；缝纫台板入 A47B 29/00；装订用缝制入 B42B 2/00；改用作针织的缝纫机入 D04B 39/08） 56

D05C 绣花（程序控制的绣花缝纫机入 D05B 19/00，D05B 21/00）；绒簇（制作非织造布入 D04H；缝纫入 D05B） 64

D06 织物等的处理；洗涤；其他类不包括的柔性材料 67

D06B 纺织材料的液相、气相或蒸汽处理（一般液相表面处理入 B05；一般传送、纤维卷和长丝的管理入 B65；皮革处理入 C14C；动物纤维机械除杂入 D01B；洗涤入 D06F；使用化学品参见 D06L 至 D06Q）〔2〕 67

D06C 织物的整理、上浆、拉幅或伸长（化学部分参见 D06L 至 D06Q；干燥入 F26B）〔2〕 71

D06F 纺织品的洗涤、干燥、熨烫、压平或打折（帽类的上楦、熨烫平、汽蒸或伸张设备入 A42C；用液体、气体或蒸汽处理纺织材料入 D06B；化学物质见 D06L，D06M） 73

D06H 纺织材料作标记、检验、接头或切断（缝纫机接缝入 D05B；与制造有关的见有关小类） 83

D06J 织物或服装的打褶，打裥或褶裥处理（织造入 D03D；缝纫入 D05B；熨褶或使褶定型的用具入 D06C） 84

D06L 干洗、水洗或漂白纤维、长丝、纱、线、织物、羽毛或纤维制品；漂白皮革或毛皮 85

D06M 对纤维、纱、线、织物、羽毛或由这些材料制成的纤维制品进行 D06 类内其他类目所不包括的处理（用机械方法处理织物入 D06B 至 D06J） 87

D06N 墙壁、地面或类似物的覆盖材料，如由涂着一层高分子材料的纤维网制成的油毡、油布、人造革、油毛毡（有表面覆盖结构的纸或纸板入 D21H 27/18）；其他类不包括的柔性平幅材料 97

D06P 纺织品的染色或印花；皮革、毛皮或各种形状的固体高分子物质的染色（机械部分入 D06B，D06C；玻璃纤维或矿渣纤维染色入 C03C 25/00） 98

D06Q 纺织品的装饰（通过机械方法处理织物见 D06B 至 D06J；使织物的表面完全金属化入 D06M 11/83；黏结在高分子材料上的纺织的纱、长丝、线或丝束入 D06N 7/00；染色或

E 部——固定建筑物

本部目录

（参见及附注省略）

草机入 A01D 42/06；一般清洗入 B08B)〔4〕 21

E02 水利工程；基础；疏浚 23

E02B 水利工程（提升船舶入 E02C；疏浚入 E02F） 23

E02C 船舶提升设备或机械 26

E02D 基础；挖方；填方（专用于水利工程的入 E02B)；地下或水下结构物〔6〕 27

E02F 挖掘；疏浚（泥炭的开采入 E21C 49/00） 33

E03 给水；排水 36

E03B 取水、集水或配水的装置或方法（钻井，一般从井里取出液体入 E21B；一般管道系统入 F17D） 36

E03C 干净水或废水的户内卫生管道装置（不接通给水总管道和污水管道的入 A47K；用于地下水的设备入 E03B，E03F)；洗涤盆 38

E03D 冲水厕所或带有冲洗设备的小便池；其冲洗阀门 40

E03F 下水道，污水井 43

E04 建筑物 45

E04B 一般建筑物构造；墙，例如，间壁墙；屋顶；楼板；顶棚；建筑物的隔绝或其他防护（墙、楼板或顶棚上的开口的边沿构造入 E06B 1/00） 45

E04C 结构构件；建筑材料（桥梁用的入 E01 D；专门设计作隔绝或其他防护用途的入 E04B；辅助建筑构件入 E04G；采矿用的入 E21；隧道用的入 E21D；具有除建筑工程以外更广泛用途的结构构件入 F16，特别是 F16 S） 51

E04D 屋面覆盖层；天窗；檐槽；屋面施工工具（用灰泥或其他多孔材料作外墙的面层入 E04F 13/00） 54

E04F 建筑物的装修工程，例如，楼梯，楼面（窗、门入 E06B） 58

E04G 脚手架、模壳；模板；施工用具或其他建筑辅助设备，或其应用；建筑材料的现场处理；原有建筑物的修理，拆除或其他工作 62

E04H 专门用途的建筑物或类似的构筑物；游泳或喷水浴槽或池；桅杆；围栏；一般帐篷或天篷（基础入 E02D)〔4〕 68

E05 锁；钥匙；门窗零件；保险箱 74

E05B 锁；其附件；手铐 74

E05C 用于翼扇，专门适用于门或窗的插销或固接器件（用于车辆边板或尾板结构的弹簧栓设施入 B62D 33/037；用于结构或工程元件的固接器件入 E04，F16B；锁，结构上或操纵上与锁结合的或与锁有效协作的固接器件入 E05B；用于操纵或控制翼扇紧固器件与移动翼扇的机构相连接的设施入 E05F） 85

E05D 门、窗或翼扇的铰链或其他悬挂装置（一般的枢轴连接件入 F16C 11/00） 89

F 部——机械工程；照明；加热；武器；爆破

本部目录

（参见及附注省略）

F02B 53/00，F02B 55/00；液力机入 F03，F04） 15

F01D 非变容式机器或发动机，如汽轮机（燃烧发动机入 F02；流体机械或发动机入 F03，F04；非变容式泵入 F04D） 19

F01K 蒸汽机装置；储汽器；不包含在其他类目中的发动机装置；应用特殊工作流体或循环的发动机（燃气轮机或喷射推进装置入 F02；蒸汽发生入 F22；核动力装置，及其发动机装置入 G21D） 23

F01L 机器或发动机用的循环操作阀（一般的阀入 F16K） 27

F01M 一般机器或发动机的润滑；燃机润滑；曲轴箱通风〔2〕 33

F01N 一般机器或发动机的气流消音器或排气装置；内燃机的气流消音器或排气装置（与车辆中的推进装置的排气相关的装置入 B60K 13/00；燃烧空气进气消音器，专门适用于或装在内燃机中的入 F02M 35/00；一般的噪声防止或衰减入 G10K 11/16） 35

F01P 一般机器或发动机的冷却；内燃机的冷却（在车辆中与推进装置的冷却相关的装置入 B60K 11/00；热传递、热交换或储热材料入 C09K 5/00；一般的热交换、散热器入 F28） 38

F02 燃烧发动机；热气或燃烧生成物的发动机装置 40

F02B 活塞式内燃机；一般燃烧发动机（其循环操作阀入 F01L；内燃机润滑入 F01M；其气流消音器或排气装置入 F01N；内燃机的冷却入 F01P；燃气轮机入 F02C；利用燃烧生成物的发动机装置入 F02C，F02G） 40

F02C 燃气轮机装置；喷气推进装置的空气进气道；空气助燃的喷气推进装置燃料供给的控制（涡轮机的构造入 F01D；喷气推进装置入 F02K；压气机或风扇的构造入 F04；在燃料或其他微粒的流化床上发生燃烧的燃烧设备入 F23C 10/00；产生高压或高速燃烧产物的入 F23R；在压缩制冷设备中应用的燃气轮机入 F25B 11/00；燃气轮机装置在运载工具上的应用，参见有关运载工具类） 50

F02D 燃烧发动机的控制（仅作用于单一子系统上，用于自动控制车辆速度的车辆配件入 B60K 31/00；不同类型或不同功能的车辆的子系统的联合控制、不是用于单一子系统的控制的道路车辆驾驶控制系统入 B60W；燃烧发动机的循环操作阀入 F01L；燃烧发动机润滑的控制入 F01M；内燃机冷却入 F01P；供给发动机可燃混合气体或其组成部件，例如，化油器、喷射泵入 F02M；燃烧发动机的启动入 F02N；点火的控制入 F02P；燃气轮机、喷气推进器或燃烧生成物发动机的控制，参见有关小类）〔4，8〕 54

F02F 燃烧发动机的汽缸、活塞或曲轴箱；燃烧发动机的密封装置（专用于旋转活塞或摆动活塞内燃机的入 F02B；专用于燃气轮机装置的入 F02C；专用于喷气推进装置的入 F02K）〔2〕 59

F02G 热气或燃烧产物的变容式发动机装置（蒸汽发动机装置，特殊的蒸汽机装置，用

G 部——物理

入 G03B；声透镜入 G10K 11/30；电子和离子“光学”入 H01J；X 射线“光学”入 H01J，H05G 1/00；结构上与放电管相组合的光学元件入 H01J 5/16，H01J 29/89，H01J 37/22；微波“光学”入 H01Q；光学元件与电视接收机的组合装置入 H04N 5/72；彩色电视系统中的光学系统或装置入 H04N 9/00；专门适用于透明或反射区的加热装置入 H05B 3/84）〔1，7〕 105

G02C 眼镜；太阳镜或与眼镜有同样特性的防护镜；隐形眼镜 115

G02F 用于控制光的强度、颜色、相位、偏振或方向的器件或装置，例如转换、选通、调制或解调，上述器件或装置的光学操作是通过改变器件或装置的介质的光学性质来修改的；用于上述操作的技术或工艺；变频；非线性光学；光学逻辑元件；光学模拟 / 数字转换器〔2，4〕 117

G03 摄影术；电影术；利用了光波以外其他波的类似技术；电记录术；全息摄影术〔4〕 120

G03B 摄影、放映或观看用的装置或设备；利用了光波以外其他波的类似技术的装置或设备；以及有关的附件（这些装置的光学部分入 G02B；照相用的感光材料或加工方法入 G03C；加工曝光后的照相材料的设备入 G03D）〔4〕 120

G03C 照相用的感光材料；照相过程，例如，电影、X 射线、彩色或者立体照相过程；照相的辅助过程（以本身可分类在 G03B 的设备的使用或操作为特征的照相过程参见 G03B） 130

G03D 加工曝光后的照相材料的设备；其附件 136

G03F 图纹面的照相制版工艺，例如，印刷工艺、半导体器件的加工工艺；其所用材料；其所用原版；其所用专用设备（照相排版装置入 B41B；为摄影用的感光材料或处理入 G03C；电记录、感光层或处理入 G03G） 138

G03G 电记录术；电照相；磁记录（依靠记录载体与传感器之间的相对运动存储信息入 G11B；具有写入或读出信息装置的静态存储入 G11C；电视信号的记录入 H04N 5/76） 142

G03H 全息摄影的工艺过程或设备（全息图，例如，用作普通的光学元件的点全息图入 G02B 5/32；借助光学元件执行数学运算的模拟计算机入 G06E 3/00；全息存储入 G11B 7/0065、G11C 13/04）〔2〕 147

G04 测时学 148

G04B 机械驱动的钟或表；一般钟或表的机械零部件；应用太阳、月亮或星辰位置计时的计时器（一般弹簧或重锤驱动的机构入 F03G；电动机械钟或表入 G04C；带有或装在预选时间或预定时间间隔之后操作任一器件的装置的电动机械钟入 G04C 23/00；有停止装置的钟或表入 G04F 7/08；结构细节或特别适于无传动零件的电子计时的入 G04G 17/00） 148

G04C 电动机械钟或表（一般钟表的机械零部件入 G04B；无传动零件的电子计时器，产生定时脉冲的电子电路系统入 G04G） 154

H部——电学

本部目录

（参见及附注：省略）

H02S 由红外线辐射、可见光或紫外光转换产生电能，如使用光伏（PV）模块（从放射性源获取电能入 G21H 1/12；无机光敏半导体器件入 H01L 31/00；热电器件入 H01L35/00，H01L 37/00；有机光敏半导体器件入 H01L 51/42）〔2014.01〕 187

H03 基本电子电路 189

H03B 使用工作于非开关状态的有源元件电路，直接或经频率变换产生振荡；由这样的电路产生噪声（特别用于电子乐器的发生器入 G10H；微波激射器或激光器入 H01S；等离子体振荡的产生入 H05H） 189

H03C 调制（微波激射器或激光器入 H01S；编码、译码或代码变换入 H03M） 192

H03D 由一个载频到另一载频对调制进行解调或变换（微波激射器、激光器入 H01S；调制器和解调器都可应用的电路入 H03C，例如平衡调制器 H03C 1/54；调制器和变频器都可应用的零部件入 H03C；脉冲解调入 H03K 9/00；经连续变量信号调制的脉冲调制形式的变换入 H03K 11/00；；中继系统，例如中继站入 H04B 7/14；用于数字调制载波系统的解调器入 H04L 27/00；用于彩色电视的同步解调器入 H04N 9/66） 194

H03F 放大器（测量、试验入 G01R；光参量放大器入 G02F；具有二次发射管的电路装置入 H01J 43/30；微波激射器，激光器入 H01S；电动放大器入 H02K；放大的控制入 H03G；与放大器特性无关的耦合装置，分压器入 H03H；只能处理脉冲的放大器入 H03K；传输线路中的中继器电路入 H04B 3/36、H04B 3/58；电话通信中音频放大器的应用入 H04M 1/60，H04M 3/40） 197

H03G 放大的控制（阻抗网络，例如衰减器入 H03H；线路中传输的控制入 H04B 3/04） 201

H03H 阻抗网络，例如谐振电路；谐振器（测量，试验入 G01R；产生混响或回声装置入 G10K 15/08；由分布阻抗，例如波导型，组成的阻抗网络或谐振器入 H01P；放大的控制，例如放大器的带宽控制入 H03G；调谐谐振电路，例如调谐耦合谐振电路入 H03J；改善通信系统频率特性的网络入 H04B） 204

H03J 谐振电路的调谐；谐振电路的选择（测量的指示装置入 G01D；测量、试验入 G01R；一般遥控入 G05，G08；发生器的自动控制或稳定入 H03L） 208

H03K 脉冲技术（脉冲特性测量入 G01R；用脉冲调制正弦波振荡的入 H03C；数字信息的传输入 H04L；利用对振荡周期进行计数或积分来检定两个信号相位差的鉴别器电路入 H03D 3/04；与发生器类型无关的或者并非特指的电子振荡发生器或脉冲发生器的自动控制、起振、同步或稳定入 H03L；编码、一般译码或代码转换入 H03M）〔4〕 211

H03L 电子振荡器或脉冲发生器的自动控制、起振、同步或稳定（发电机的入 H02P）〔3〕 222

H03M 一般编码、译码或代码转换（用射流方法入 F15C 4/00；光学模 / 数转换器入

来源：国家知识产权局，http://www.sipo.gov.cn/wxfw/zlwxxggfw/zsyd/bzyfl/flgj_gjzlfl/1120508.htm。

附录D　ICS国际标准分类法一级分类目录

01 综合、术语学、标准化、文献		
01.020 术语学（原则和协调配合）	01.040 词汇	01.060 量和单位
01.070 颜色编码	01.075 字符符号	01.080 图形符号
01.100 技术制图	01.110 技术产品文件	01.120 标准化总则
01.140 信息学、出版		
03 社会学、服务、公司（企业）的组织和管理、行政、运输		
03.020 社会学、人口统计学	03.040 劳动、就业	03.060 金融、银行、货币体系、保险
03.080 服务	03.100 公司（企业）的组织与管理	03.120 质量
03.140 专利、知识产权	03.160 法律、行政管理	03.180 教育
03.200 娱乐、旅游	03.220 运输	03.240 邮政服务
07 数学、自然科学		
07.020 数学	07.030 物理学、化学	07.040 天文学、大地测量学、地理学

07.060 地质学、气象学、水文学	07.080 生物学、植物学、动物学	07.100 微生物学
11 医药卫生技术		
11.020 医学科学和保健装置综合	11.040 医疗设备	11.060 牙科
11.080 消毒和灭菌	11.100 实验室医学	11.120 制药学
11.140 医院设备	11.160 急救	11.180 残疾人用设备
11.200 人口控制、避孕器具	11.220 兽医学	
13 环保、保健与安全		
13.020 环境保护	13.030 废物	13.040 空气质量
13.060	13.080 土质、土壤学	13.100 职业安全、工业卫生
13.110 机械安全	13.120 家用品安全	13.140 噪声（与人有关的）
13.160 振动和冲击（与人有关的）	13.180 人类工效学	13.200 事故和灾害控制
13.220 消防	13.230 防爆	13.240 超压防护
13.260 电击防护	13.280 辐射防护	13.300 危险品防护
13.310 犯罪行为防范	13.320 预警和报警系统	13.340 防护设备
17 计量学和测量、物理现象		
17.020 计量学和测量综合	17.040 长度和角度测量	17.060 体积、质量、密度和粘度的测量
17.080 时间、速度、加速度、角速度的测量	17.100 力、重力和压力的测量	17.120 流体流量的测量
17.140 声学和声学测量	17.160 振动、冲击和振动测量	17.180 光学和光学测量
17.200 热力学和温度测量	17.220 电学、磁学、电和磁的测量	17.240 辐射测量
19 试验		
19.020 试验条件和规程综合	19.040 环境试验	19.060 机械试验
19.080 电工和电子试验	19.100 无损检测	19.120 粒度分析、筛分
21 机械系统和通用件		

21.020 机器、装置、设备的特性和设计	21.040 螺纹	21.060 紧固件
21.080 铰链、孔眼和其他关节连接件	21.100 轴承	21.120 轴和联轴器
21.140 密封件、密封装置	21.160 弹簧	21.180 机箱、外壳、其他机械部件
21.200 齿轮及齿轮传动	21.220 挠性传动和传送	21.240 旋转 - 往复式机构及其部件
21.260 润滑系统		
23 流体系统和通用件		
23.020 流体存储装置	23.040 管道部件和管道	23.060 阀门
23.080 泵	23.100 流体动力系统	23.120 通风机、风扇、空调器
23.140 压缩机和气动机械	23.160 真空技术	
25 机械制造		
25.020 制造成型过程	25.040 工业自动化系统	25.060 机床装置
25.080 机床	25.100 切削工具	25.120 无屑加工设备
25.140 手持工具	25.160 焊接、钎焊和低温焊	25.180 工业炉
25.200 热处理	25.220 表面处理和涂覆	
27 能源和热传导工程		
27.010 能源和热传导工程综合	27.020 内燃机	27.040 燃气和蒸汽轮机、蒸汽机
27.060 燃烧器、锅炉	27.070 燃料电池	27.080 热泵
27.100 电站综合	27.120 核能工程	27.140 水力工程
27.160 太阳能工程	27.180 风力发电系统和其	27.200 制冷技术
27.220 热回收、绝热		
29 电气工程		
29.020 电气工程综合	29.030 磁性材料	29.035 绝缘材料
29.040 绝缘流体	29.045 半导体材料	29.050 导体材料

29.060 电线和电缆	29.080 绝缘	29.100 电工设备元件
29.120 电工器件	29.140 电灯及有关装置	29.160 旋转电机
29.180 变压器、电抗器	29.200 整流器、转换器、稳压电源	29.220 电池和蓄电池
29.240 输电网和配电网	29.260 特殊工作条件用电气设备	29.280 电力牵引设备

31 电子学

31.020 电子元件综合	31.040 电阻器	31.060 电容器
31.080 半导体器件	31.100 电子管	31.120 电子显示器件
31.140 压电器件和介质器件	31.160 滤波器	31.180 印制电路和印制电路板
31.190 电子器件组件	31.200 集成电路、微电子学	31.220 电子电信设备用机电零部件
31.240 电子设备用机械构件	31.260 光电子学、激光设备	

33 电信、音频和视频技术

33.020 电信综合	33.030 电信业务、应用	33.040 电信系统
33.050 电信终端设备	33.060 无线通信	33.080 综合业务数字网(ISDN)
33.100 电磁兼容性 (EMC)	33.120 电信设备用部件和附件	33.140 电信专用测量设备
33.160 音频、视频和视听工程	33.170 电视播放和无线电广播	33.180 光纤通信
33.200 遥控、遥测、遥感		

35 信息技术、办公机械设备

35.020 信息技术 (IT) 综合	35.040 字符集和信息编码	35.060 信息技术用语言
35.080 软件开发和系统文件	35.100 开放系统互连 (OSI)	35.110 网络
35.140 计算机图形技术	35.160 微处理机系统	35.180 终端和其他外围设备
35.200 接口和互连设备	35.220 数据存储设备	35.240 信息技术应用
35.260 办公机械		

37 成像技术

37.020 光学设备	37.040 摄影技术	37.060 电影

37.080 文献成象技术	37.100 印制技术	
39 精密机械、珠宝		
39.020 精密机械	39.040 钟表学	39.060 珠宝
43 道路车辆工程		
43.020 道路车辆综合	43.040 道路车辆装置	43.060 道路车辆内燃机
43.080 商用车辆	43.100 旅行客车、篷车和轻型挂车	43.120 电车
43.140 摩托车和机动自行车	43.150 自行车	43.160 专用汽车
43.180 检查、维修和试验设备		
45 铁路工程		
45.020 铁路工程综合	45.040 铁路工程材料和零件	45.060 铁路车辆
45.080 钢轨和线路构件	45.100 架空索道设备	45.120 铁路/架空索道建筑和维护设备
47 造船和海上建筑物		
47.020 船舶和海上建筑物综合	47.040 远洋轮	47.060 内河船
47.080 小型船		
49 航空器和航天器工程		
49.020 航空器与航天器综合	49.025 航空航天制造用材料	49.030 航空航天制造用紧固件
49.035 航空航天用零部件	49.040 有关航空航天制造用涂覆与有关工艺	49.045 结构和结构元件
49.050 航空航天发动机和推进系统	49.060 航空航天用电气设备与系统	49.080 航空航天用流体系统和零部件
49.090 机上设备和仪器	49.095 客运设备和座舱设备	49.100 地面服务和维修设备
49.120 货运设备	49.140 航天系统和操作装置	
53 材料储运设备		
53.020 起重设备	53.040 连续搬运设备	53.060 工业车辆
53.080 储藏设备	53.100 土方机械	53.120 手工搬运工具
55 货物的包装和调运		

55.020 货物的包装和调运综合	55.040 包装材料和辅助物	55.060 卷轴、线轴
55.080 麻袋、袋子	55.100 瓶、罐、瓮	55.120 罐、听、管
55.130 雾化剂罐	55.140 粗腰桶、桶、罐等	55.160 箱、盒、板条箱
55.180 货运调运	55.200 包装机械	55.220 堆栈、仓储
55.230 发售机和自动售货机		
59 纺织和皮革技术		
59.020 纺织工艺	59.040 纺织辅助材料	59.060 纺织纤维
59.080 纺织产品	59.100 复合增强材料	59.120 纺织机械
59.140 皮革技术		
61 服装工业		
61.020 服装	61.040 帽子、服饰品、衣扣	61.060 鞋袜
61.080 服装工业用缝纫机和其他设备		
65 农业		
65.020 农业和林业	65.040 农用建筑物、结构和装置	65.060 农业机械、工具和设备
65.080 肥料	65.100 杀虫剂和其他农用化工产品	65.120 饲料
65.140 养蜂	65.145 狩猎	65.150 捕捞和水产养殖
65.160 烟草、烟草制品和烟草工业设备		
67 食品技术		
67.020 食品工艺	67.040 食品综合	67.050 食品试验和分析的一般方法
67.060 谷物、豆类及其制品	67.080 水果、蔬菜及其制品	67.100 奶和奶制品
67.120 肉、肉制品和其他动物类食品	67.140 茶、咖啡、可可	67.160 饮料
67.180 糖、糖制品、淀粉	67.190 巧克力	67.200 食用油和脂肪、含油种子
67.220 香料和调料、食品添加剂	67.230 预包装食品和精制食品	67.240 感观分析

67.250 与食品接触的物	67.260 食品工业厂房和	
71 化工技术		
71.020 化工生产	71.040 分析化学	71.060 无机化学
71.080 有机化学	71.100 化工产品	71.120 化工设备
73 采矿和矿产品		
73.020 采矿和挖掘	73.040 煤	73.060 金属矿
73.080 非金属矿	73.100 采矿设备	73.120 矿产加工设备
75 石油及相关技术		
75.020 石油和天然气的开采与加工	75.040 原油	75.060 天然气
75.080 石油产品综合	75.100 润滑剂、工业油及相关产品	75.120 液压液
75.140 石蜡、沥青材料和其他石油产品：	75.160 燃料	75.180 石油和天然气工业设备
75.200 石油产品和天然气储运设备		
77 冶金		
77.020 金属生产	77.040 金属材料试验	77.060 金属的腐蚀
77.080 黑色金属	77.100 铁合金	77.120 有色金属
77.140 钢铁产品	77.150 有色金属产品	77.160 粉末冶金
77.180 冶金设备		
79 木材技术		
79.020 木材加工技术	79.040 木材、原木和锯材	79.060 木基板材
79.080 半成品材	79.100 软木和软木制品	79.120 木工设备
81 玻璃和陶瓷工业		
81.020 玻璃和陶瓷生产工艺	81.040 玻璃	81.060 陶瓷
81.080 耐火材料	81.100 玻璃和陶瓷生产设备	
83 橡胶和塑料工业		

83.020 橡胶和塑料工业的生产工艺	83.040 橡胶原料和塑料原料	83.060 橡胶
83.080 塑料	83.100 泡沫材料	83.120 增强塑料
83.140 橡胶和塑料制品	83.160 轮胎	83.180 粘合剂和胶粘产品
83.200 橡胶和塑料工业设备		
85 造纸技术		
85.020 纸生产工艺	85.040 纸浆	85.060 纸和纸板
85.080 纸制品	85.100 造纸工业设备	
87 涂料和颜料工业		
87.020 涂覆工艺	87.040 涂料和清漆	87.060 涂料配料
87.080 墨水、油墨	87.100 涂料涂覆设备	
91 建筑材料和建筑物		
91.010 建筑工业	91.020 自然规划、城市规划	91.040 建筑物
91.060 建筑构件	91.080 建筑物结构	91.090 外围建筑物
91.100 建筑材料	91.120 建筑物的防护	91.140 建筑物中的设施
91.160 照明	91.180 内部装修	91.190 建筑附件
91.200 施工技术	91.220 施工设备	
93 土木工程		
93.010 土木工程综合	93.020 土方工程、挖掘、地基构造、地下工程	93.030 外部污水排放系统
93.040 桥梁建筑	93.060 隧道建筑	93.080 道路工程
93.100 铁路建筑	93.110 架空索道的建造	93.120 飞机场建筑
93.140 航道和港口建筑	93.160 水利建筑	
95 军事工程		
95.020 军事工程、军事物资、武器		
97 家用和商用设备、文娱、体育		

97.020 家政	97.030 家用电气设备综合	97.040 厨房设备
97.060 洗衣设备	97.080 地板处理设备	97.100 家用、商用和工业用加热器具
97.120 家用自动控制装置	97.130 商店设施	97.140 家具
97.145 梯子	97.150 铺地非织物	97.160 家用织物、亚麻织物
97.170 人体保健器具	97.180 其他家用和商用设备	97.190 儿童用器具
97.195 艺术和手工艺品	97.200 文娱活动设备	97.220 运动设备和设施

来源：工标网，http://www.csres.com/sort/ics.jsp。